みんなが欲しかった！
簿記の教科書

1 損益会計・資産会計 編

滝澤ななみ[監修]
TAC出版開発グループ

日商 **1** 級

商業簿記
会計学

はしがき

「教室講座と書籍の両方の強みを取り入れた本を作ろう」という企画のもとスタートした「独学で日商簿記検定に合格するためのテキスト」である『簿記の教科書・簿記の問題集2級・3級』は刊行直後から、「わかりやすい」「仕方なく丸覚えしていたところが理解できた！」と非常に好評をいただきました。はやくも本シリーズで合格しましたというお声や、1級シリーズ刊行へのご希望もいただくようになり、1級を刊行する運びとなりました。

本書は2級・3級と同様、**「これならわかる」「ひとこと」**というコーナーを設け、一読しただけではわかりづらい項目について詳細に解説したり、補足的な説明により知識を補完するなど、スムーズに理解が進むような工夫をしています。また、講師が授業で使用する板書のイメージをそのまま**「図解」**として掲載しています。これはテキストの内容を視覚的にまとめたもので、復習にも役立つことと思います。

簿記検定は教科書を読むだけでは、得点を取れるまでには至りません。問題を解いて、解法手順を身につけてこそ、安心して試験にのぞむことができるのです。本書では、インプットした知識がきちんと使えるまでになっているかがすぐに確認できる**「基本問題」**を各CHAPTERの終わりに掲載しておりますので、本文を読んだら基本問題を解いて、知識の確認をしてみてください。なお、答案用紙は巻末の別冊に入っていますが、ダウンロードサービスもありますので、ご利用ください。

学習内容が非常に広く、複雑になり、挫折率がもっとも高いといわれる1級において、いちばんわかりやすく挫折しない『簿記の教科書』ができたと自負しております。

本書を利用して、一日もはやく合格し、試験勉強で得た知識をもって社会にはばたいてください。皆様の合格を心よりお祈り申し上げます。

● **第9版刊行にあたって**

本書は『簿記の教科書　日商1級　商業簿記・会計学1　第8版』につき、収益認識に関する会計基準に基づき、改訂を行っています。

2021年10月
TAC出版 開発グループ

「簿記の教科書・問題集」で合格するためには？

ここでは、日商簿記の効果的な勉強方法を紹介します。

Step1 『簿記の教科書』をしっかりと読み込む！

　　最低2回は読みましょう。実際に勘定科目を書きながら読み進めると効果的です。

Step2 『簿記の教科書』の章末にある基本問題を繰り返し解く！

　　こちらも最低2回は解きましょう。1回目は教科書を見ながらでも構いません。2回目以降は何も見ずにスラスラ解けるようになるまで繰り返しましょう。

Step3 『簿記の問題集』（別売り）の個別問題を解く！

　　教科書の基本問題がすべて解けるようになったら、問題集にとりかかります。教科書で身につけた知識を、本試験で活用できるレベルまで上げていきます。わからないところは、教科書の関連CHAPTERに戻り、しっかりと復習しましょう。

Step4 『簿記の問題集』（別売り）の模擬試験問題を2回分解く！

　　本試験形式の問題を解くことで、**Step1～3**の知識がしっかり定着しているかを確認することができます。
　　また、過去問題集を解くこともオススメいたします。
※　模擬試験は「簿記の教科書・問題集1級商会1～3」の内容にもとづき、横断的に出題されています。

※TAC出版刊行の過去問題集…「合格するための過去問題集」

『簿記の教科書』 の効果的な使いかた

❶ まずは日商1級で学習する範囲を確認しましょう。

日商簿記1級商業簿記・会計学で学習する内容がひと目でわかります。学習するうえで非常に重要なので、しっかりと頭に入れておきましょう。

❷ 本文を読み込みましょう。

❸ 図解 をみて、重要事項を記憶に刷りこみましょう。

本文の内容を視覚的にまとめた最重要ポイントです。最重要ポイントがまとめられているので、試験直前に図解部分だけを流し読みすることも効果的です。

❹ これならわかる!! で「なぜ、どうして」のモヤモヤを解消!

受験生がつまずきそうなモヤモヤポイントについては、身近な例を使いながら、解説しています。

❺ ひとこと を確認して、さらに納得!

補助的な知識を説明した箇所です。さらに理解が深まります。

❻ 基本問題 で知識を万全に!

簿記検定試験合格のために必要なこと、それは問題を繰り返し解いて、解法手順を身につけることです。インプットした知識がきちんと使える知識になっているか「基本問題」で確認しましょう。

CHAPTER 04 工事契約（建設業会計） 基本問題

問1 工事契約に関する会計処理
　次の一連の取引を(A)工事進行基準と(B)工事完成基準によって仕訳しなさい。なお、工事進行基準における決算日の工事進捗度は原価比例法により算定すること。
(1) 石川建設㈱は、×1年6月1日にビルの建設（完成予定は×2年9月30日）を3,500,000円で請け負い、契約時に手付金として250,000円を小切手で受け取った。
(2) ×2年3月31日 決算日を迎えた。当期中に発生した費用は材料費400,000円、労務費520,000円、経費160,000円であった。なお、見積工事原価総額は2,700,000円である。

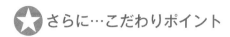 さらに…こだわりポイント

●RIRON ～理論～（本書別冊部分）

　教科書で登場する重要な理論は、別冊のRIRONでまとめました。取り外して
いつでもどこでも利用することができます。

　なお、このうち、理論問題「重要論点○×カード」はスマホ学習に対応してい
ます。

　スマホ学習用PDFをTAC出版書籍販売サイト「サイバーブックストア」から
ダウンロードして、理論学習にお役立てください。

● CHAPTER01 会計学の基礎知識

「企業会計原則」に掲げる一般原則は、
真実性の原則、正規の簿記の原則、資本取
引・損益取引区分の原則、重要性の原則、
継続性の原則、保守主義の原則、単一性の
原則の7つである。

×
重要性の原則ではなく、明瞭性の原則で
ある。
「一般原則一～七」

重要論点○×カード

■ダウンロードページへのアクセス方法

TAC出版　　検索
↓
トップページの
書籍連動ダウンロードサービス
をクリック
↓
パスワード
21119909
を入力

※ダウンロードページのアクセスには
上記のパスワードが必要です。

●Reviewマーク

　1度学習したテーマについては、*Review* を入れました。該当箇所に戻って
確認してください。

日商簿記検定試験について

受験資格	なし
試 験 日	年3回（1級は年2回） 6月（第2日曜日）／11月（第3日曜日）／2月（第4日曜日） ※2月は1級試験の実施はありません。
申込方法	試験の約2か月前から開始。申込期間は、各商工会議所によって異なります。
受 験 料 （税込）	1級 8,800円 ／ 2級 5,500円 ／ 3級 3,300円 ※一部の商工会議所およびネット試験では事務手数料がかかります。
試験科目	1級 商業簿記・会計学・工業簿記・原価計算 2級 商業簿記・工業簿記 3級 商業簿記
試験時間	1級 3時間 ／ 2級 90分 ／ 3級 60分
合格基準	1級 70点以上 ただし、1科目ごとの得点は10点以上 2級 70点以上 3級 70点以上

　刊行時のデータです。最新の情報は、商工会議所の検定試験ホームページ（https://www.kentei.ne.jp/）をご確認ください。

　なお、2020年12月より、2級・3級に関して、従来の試験方式（ペーパーで行う統一試験方式）に加え、ネット試験が実施されています（2級90分、3級60分）。また、簿記入門者向けに簿記初級が、原価計算入門者向けに原価計算初級がネット試験（40分）にて実施されています。

 # 本試験の出題傾向（1級商業簿記・会計学）

　1級の本試験問題は、商業簿記・会計学、工業簿記・原価計算からなり、それぞれ1時間30分ずつで試験が行われます。商業簿記・会計学の出題内容は下記のとおりです。

商業簿記	損益計算書の作成、貸借対照表の作成、本支店合併財務諸表の作成、連結財務諸表の作成など、通常、総合問題の形式（1問形式）で出題されます。配点は25点です。
会 計 学	会計学は2問から4問の小問形式で出題され、通常、このうち1問が理論問題（正誤問題や穴埋め問題）、残りが計算問題です。配点は25点です。

簿記の教科書 日商1級 商業簿記・会計学1

目 次

日商簿記の最高峰、1級へのチャレンジ方法をみていきましょう
●日商簿記1級に合格するには
●商業簿記・会計学1で学習する内容

日商簿記1級（商業簿記・会計学）
スタートアップ講義

日商簿記1級に合格するには

経営コンサルタント
日商簿記1級

南野　星子

日商簿記1級は、日商簿記検定の中でも最高峰の資格です。
合格者はさまざまな企業で経理のプロとして活躍するほか、その知識を活かしてコンサル業務に携わるなど、昇進・就転職に大いに役に立つ資格です。

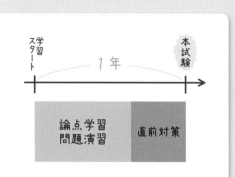

学習期間は平均約1年。この期間で、商業簿記・会計学、工業簿記・原価計算の4科目の学習をします。全体の流れとしてはまず、論点学習と問題演習を進め、直前対策へと進むことになります。

論点学習では、インプットしたらすぐに基本問題を解いておくようにしましょう。このとき、過去問題までみておくと、その後の学習が楽になります。余裕があればがんばってみましょう。

① 時間を計って解くこと！

90分　時間内に解けないと意味ないからね

② 復習すること！

とにかくやるべし！

直前対策では、本試験と同じ、1回分の問題を解いていくことになります。この時のポイントは①時間を計ること②復習をすることです。本試験までには、時間内に解き終われるように練習を重ねましょう。

基本を大切に！

カンペキ！　基礎的な論点

あれ…？　基礎的な論点　難しい論点

 よい例　 ダメな例

また、日商簿記1級の合格率は平均10%。
なかなかの難関試験に思えますが、合格のポイントは、「みんなができている基礎的な論点は落とさないこと！」です。
直前期になればなるほど難しい論点が気になると思いますが、基礎的な論点があやふやなままでは元も子もありません。
がんばりましょう！

商業簿記・会計学1で学習する内容

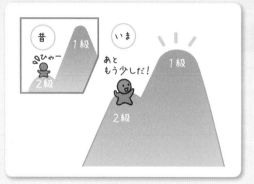

かつて2級の合格者にとって、1級は非常に高い山でしたが、最近の試験制度改定で1級と2級の差は狭まってきています。

★1級新論点★

★ 特殊商品売買
★ 会計上の変更・誤謬の訂正
★ デリバティブ取引

とはいえ、1級で新たに加わる論点はあります。
1冊目では、「特殊商品売買」や「会計上の変更・誤謬の訂正」「デリバティブ取引」などですが、これらを、ザックリとみていきましょう。

これまで

当社は委託販売を行っている。

収益認識基準適用後

当社はB社に販売を委託しており、B社は当社の代理人として商品を販売している。

2021年4月から収益認識基準が施行されました。これまでは「一般商品売買」「割賦販売」「委託販売」という言葉だけで取引の内容を説明していましたが、収益認識基準の適用後は、契約ごとにその内容を細かく見ていく必要があります。試験で「割賦販売」「委託販売」などの言葉が使われていても、細かい契約内容に注意しながら問題文を読みましょう。

商品売買の形態

一般商品売買

1級で学習する
特殊商品売買

- ・割賦販売
- ・委託販売
- ・試用販売
  ⋮

特殊商品売買とは、先に代金を予約金として受け取り、後日、商品の引き渡しを行う取引（予約販売）のように、今まで学習してきた、通常の商品売買（一般商品売買）と異なる、特殊な販売方法のことです。

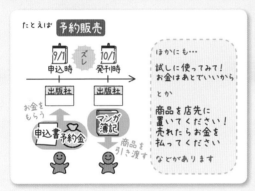

たとえば 予約販売

9/1 申込時 → 10/1 発刊時 ズレ

出版社　　　出版社

お金をもらう

申込書 予約金

マンガ 簿記

商品を引き渡す

ほかにも…

試しに使ってみて！
お金はあとでいいから

とか

商品を店先に置いてください！
売れたらお金を払ってください

などがあります

1級では、割賦販売・委託販売・試用販売・予約販売・未着品売買・受託販売などを学習します。

棚卸の評価方法を
変えよう！

過去の決算書も
修正しなきゃ

そして、「会計上の変更、誤謬の訂正」とは、今まで採用していた会計処理方法を変えたり、間違いを修正したりすることです。過去のものにさかのぼって修正することもあります。

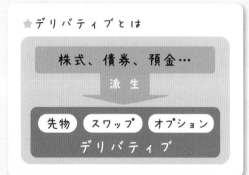

最後に、デリバティブ取引とは、株式や債券など、従来から存在する金融商品から派生して生まれた金融商品を扱う取引をいいます。具体的には、先物取引、スワップ取引、オプション取引などを学びます。

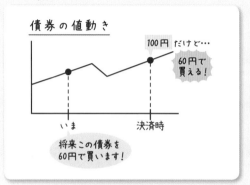

たとえば、債券先物取引とは、将来その債券の価格がいくらになったとしても、契約時に決めた価格で売買することができる取引です。

正確な会計帳簿により
財務諸表を作らなければならない！

ふむふむ

正規の簿記の原則

また、2級ですでにおなじみの、各種会計処理に対応する会計基準を学んだり、一般商品売買や有価証券でも、これまでに学習しなかった新たな処理が加わったりしますが、詳しくは本編でお会いしましょう！

特別企画
2

日商簿記検定では、数字を扱いますが、その計算式はどれも基本的なもの。とはいえ、最後に学んでからだいぶ時間が経ってしまった…なんて人は「分数の掛け算って、何をどうするんだっけ?」なんてこともあるやもしれません。ここでは、日商簿記で必要となる数式の解き方をまとめました。もちろん、覚えていらっしゃる方は読み飛ばしていただいて構いません。

いまさら聞けない

算数の基本をおさらい!

1　分数

Ⅰ　分数の足し算と引き算

① 分母が同じ分数同士のときは、分子同士をそのまま加算・減算します。

例1

$$\frac{3}{7} + \frac{2}{7}$$ ← 分母が同じなので

$$= \frac{3+2}{7}$$ ← 分子をそのまま足す

$$= \frac{5}{7}$$

例2

$$\frac{3}{7} - \frac{2}{7}$$ ← 分母が同じなので

$$= \frac{3-2}{7}$$ ← 分子の引き算をする

$$= \frac{1}{7}$$

② 分母が違う分数同士のときは、分母の数を揃えてから（通分）、分子同士を加算・減算します。

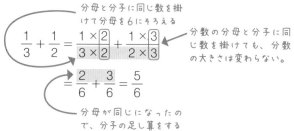

分母と分子に同じ数を掛けて分母を6にそろえる

$$\frac{1}{3} + \frac{1}{2} = \frac{1 \times 2}{3 \times 2} + \frac{1 \times 3}{2 \times 3}$$

分数の分母と分子に同じ数を掛けても、分数の大きさは変わらない。

$$= \frac{2}{6} + \frac{3}{6} = \frac{5}{6}$$

分母が同じになったので、分子の足し算をする

Ⅱ 分数の掛け算

分数同士の掛け算は、分母同士、分子同士を掛ける。

$$\frac{1}{3} \times \frac{2}{5} = \frac{1 \times 2}{3 \times 5} = \frac{2}{15}$$

分母は分母と、分子は分子と掛け算をする

Ⅲ 分数の割り算

割り算は、割る数の逆数（分子と分母を入れ替えた分数）を掛ける。

$$\frac{1}{3} \div \frac{2}{5} = \frac{1}{3} \times \frac{5}{2} = \frac{1 \times 5}{3 \times 2} = \frac{5}{6}$$

後ろの分数の分子と分母を入れ替える（逆数にする）

分母は分母と、分子は分子と掛け算をする

2 歩合と百分率

割合を表す単位として、歩合や百分率などがあります。

Ⅰ 歩合

通常、試合の勝率などを「〇割〇分〇厘」のように表しますが、これを歩合といいます。

「割」は分数で10分の1（小数で0.1）、「分」は100分の1（0.01）、「厘」は1,000分の1（0.001）を表します。

具体的には、試合の勝率で「5割4分1厘」を小数で表すと0.541となります。

Ⅱ 百分率

百分率とは、％（パーセント）のことをいい、もとになるものを100等分した場合の割合を表したものをいいます。

たとえば、空気中に含まれる窒素の割合はおよそ78％ですが、これは、もとになる空気を100等分したうちのおよそ78の割合が窒素であることを表します。空気を1としたとき、窒素の割合を小数で表すと、およそ0.78となります。

Ⅲ 小数、分数、歩合、百分率の関係

小数、分数、歩合、百分率を表にすると以下のようになります。

小数	0.1	0.25	0.5
分数	$\dfrac{1}{10}=\dfrac{10}{100}$	$\dfrac{1}{4}=\dfrac{25}{100}$	$\dfrac{1}{2}=\dfrac{5}{10}=\dfrac{50}{100}$
歩合	1割	2割5分	5割
百分率	10%	25%	50%

3 一次方程式

　一次方程式とは、わからない数（x）を含む等式*で、xの次数が1のものです。最終的に左辺をxだけにすることで、xの数を求めることができます。

＊　等式とは、イコール（＝）で結ばれた式のことです。

例1　$\underline{25x} \; \underline{-50} = 75$

　　　　左辺を×だけにするには、この2つが邪魔

| Step 1 | 左辺の「－50」を右辺に移項する。このとき、符号の「－」は「＋」に変わる。 |

$$25x - 50 = 75$$

これは両辺に50を加算することと同じ。
$25 \times -50 + 50 = 75 + 50$

$$25x = 75 + \underline{50}$$
$$25x = 125$$

| Step 2 | 両辺を25で割って、xを求める。 |

$$25x \div 25 = 125 \div 25$$
$$x = 5$$

例2　$4 - x = 3(2 - x)$

　左辺を×だけにするには、これが邪魔　　　あと、右辺にある×を左辺に持ってこないといけない

| Step 1 | 右辺のカッコ（　）をはずす。 |

　　　　　　　　　　　かける
$$4 - x = 3(2 - x)$$
　　　　　　　　　　　かける
$$4 - x = 3 \times 2 - 3 \times x$$
$$4 - x = 6 - 3x$$

Step 2 | 右辺の $-3x$ を左辺に移項する。
$$4 - x + 3x = 6$$
$$4 + 2x = 6$$

Step 3 | 左辺の 4 を右辺に移項する。
$$2x = 6 - 4$$
$$2x = 2$$

Step 4 | 両辺を 2 で割って、x を求める。
$$2x \div 2 = 2 \div 2$$
$$x = 1$$

日商 **1** 級 **商業簿記・会計学 1**

簿記の教科書

よーし！モヤモヤ
解消するぞー !!

▶ 1級の全体像

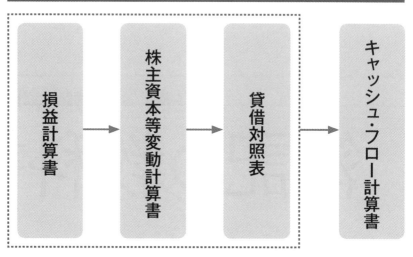

個別財務諸表の流れ

損益計算書 → 株主資本等変動計算書 → 貸借対照表 → キャッシュ・フロー計算書

▶ 1級で学習する内容

教科書1

会計学の基礎

会計学の基礎知識……CHAPTER 01
損益計算書の基礎……CHAPTER 02
貸借対照表の基礎……CHAPTER 10

収益に関する会計基準

収益の認識基準………CHAPTER 03

商品売買取引

一般商品売買…………CHAPTER 05
割賦販売………………CHAPTER 06
委託販売………………CHAPTER 07
試用販売………………CHAPTER 08

工事契約・会計上の変更等

建設業会計……………CHAPTER 04
会計上の変更等………CHAPTER 09

現金預金・金銭債権

現金預金………………CHAPTER 11
金銭債権・貸倒引当金…CHAPTER 12

有価証券・デリバティブ

有価証券………………CHAPTER 13
デリバティブ取引……CHAPTER 14

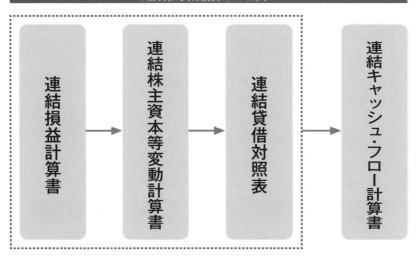

連結財務諸表の流れ

連結損益計算書 → 連結株主資本等変動計算書 → 連結貸借対照表 → 連結キャッシュ・フロー計算書

教科書2・3

CHAPTER 01

会計学の基礎知識

◆着実に理解しよう！

ここでは、わが国の会計の基本的なルールを定めた企業会計原則を中心に、会計学全体に関連する基礎的な理論について学習します。

2級までで学習した計算は、すべてこの会計理論にもとづいて行われていますので、いままで学習した内容を思い出しながら学習しましょう。

▶ 1級で学習する内容 ──────────────

会計学の基礎知識

2級までに学習済み	➡	1級で学習する内容

一般原則

損益計算書原則

貸借対照表原則

1 会計とは

I 企業会計とは

「会計」ということばは、金銭の出し入れ等の経済活動の内容を記録し、管理し、結果を報告する一連の手続きを表します。

会計の対象は家庭、学校、企業などさまざまですが、日商簿記1級で取り扱う企業会計は企業を対象としたものです。

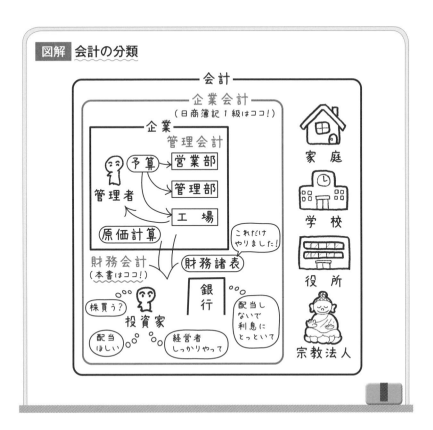

図解 会計の分類

Ⅱ 財務会計と管理会計

　企業会計は、**財務会計**と**管理会計**の2つに分けられます。

　財務会計は、株主や債権者といった企業外部の利害関係者に対して、企業がどのような資産を持ち、どのように資金を調達し、そしてどのくらいもうかっているかに関する情報を提供します。

　財務会計には、企業の株や社債を買おうと考えている人の意思決定に役立つ情報を提供する**情報提供機能**と、会社・株主・債権者らの利害を調整する**利害調整機能**があります。

　管理会計は、企業内部の管理者に対して、業績の報告や、意思決定あるいは予算等による管理において有用な情報を提供します。

III 会計公準

会計公準とは、会計を行ううえでの基礎的前提をいいます。

1 企業実体の公準
企業実体の公準とは、経営者や株主から独立した実体としての「企業」を会計の対象とすることで、会計の対象範囲を明確にするものです。

2 継続企業の公準
継続企業の公準とは、企業は解散を予定しておらず、永久に活動することを前提としているとみなすことをいいます。解散という区切りがないため、一定の会計期間を定めて定期的に計算を行う必要があります。

3 貨幣的評価の公準
貨幣的評価の公準とは、会計はすべて貨幣という統一的な単位で測定することをいいます。

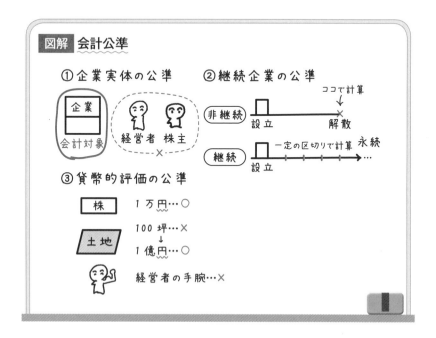

6

2 企業会計原則

Ⅰ 企業会計原則とは

　企業会計原則とは、わが国の企業会計の基本的なルールを定めたもの
で、一般原則、損益計算書原則、貸借対照表原則の3つから構成されてい
ます。

　一般原則には、次のものがあります。

●一般原則

◆真実性の原則　　　　　　　　　◆正規の簿記の原則

◆資本取引・損益取引区分の原則　◆明瞭性の原則

◆継続性の原則　　　　　　　　　◆保守主義の原則

◆単一性の原則

Ⅱ 真実性の原則

一般原則　一

　企業会計は、企業の財政状態及び経営成績に関して、真実な報告を
提供するものでなければならない。

　真実性の原則では、その名のとおり真実な報告をしなければならないと
しています。真実性の原則はすべての企業会計の前提となる最高規範とさ
れています。

　また、ここでいう真実とは、いつでもどこでも普遍的で変わることのな
い絶対的な真実ではなく、**相対的な真実**を意味しています。

Ⅲ　正規の簿記の原則

一般原則　二

　企業会計は、すべての取引につき、正規の簿記の原則に従って、正確な会計帳簿を作成しなければならない。

　正規の簿記の原則では、まず正確な会計帳簿を作成し、その帳簿をもとに財務諸表を作成するとしています。

　この会計帳簿にもとづいて財務諸表を作成することを**誘導法**といいます。

Ⅳ　資本取引・損益取引区分の原則

一般原則　三

　資本取引と損益取引とを明瞭に区別し、特に資本剰余金と利益剰余金とを混同してはならない。

　資本取引・損益取引区分の原則は、その名のとおり資本取引と損益取引

の混同を禁止しています。

　資本取引とは、株式の発行のように株主資本を直接増減させるために行う株主との直接的な取引であり、**損益取引**とは、利益を獲得するために行う取引です。

　また、資本剰余金とは、株主からの払込みのうち資本金としなかったものであり、利益剰余金とは、損益取引によって稼いだ利益のうち、企業内に留保されているものをいいます。

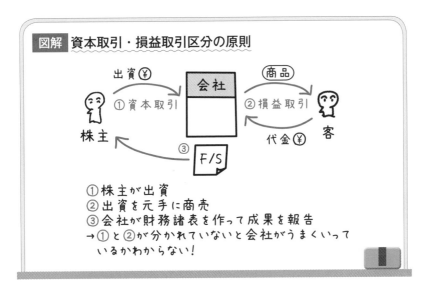

図解 資本取引・損益取引区分の原則

① 株主が出資
② 出資を元手に商売
③ 会社が財務諸表を作って成果を報告
→①と②が分かれていないと会社がうまくいっているかわからない!

ひとこと

　資本取引は株主が元手（資本）としてどれだけ払い込んだかを表すもので、損益取引は元手からどれだけ利益を生み出したかを表すものです。そのため、両者を混同すると、損益計算書に元手の増減が含まれてしまい、成果がいくらだったのかがわからなくなってしまいます。そのため、両者の混同が禁止されているのです。

> **一般原則　四**
>
> 　企業会計は、財務諸表によって、利害関係者に対し必要な会計事実を明瞭に表示し、企業の状況に関する判断を誤らせないようにしなければならない。

　明瞭性の原則は、企業が公表する財務諸表は明瞭でわかりやすい表示にするよう求めています。

> ### ひとこと
>
> 　明瞭性には、財務諸表をいくつかの区分に分けて表示することなどの「形式に関する明瞭性（形式的明瞭性）」と、財務諸表に記載された金額がどのような会計処理にもとづいているのかを注記により示すことなどの「内容に関する明瞭性（実質的明瞭性）」があります。
> 　この実質的明瞭性にもとづき、重要な会計方針の注記や、重要な後発事象の注記が行われます。

１ **形式に関する明瞭性**

　財務諸表の様式、区分表示などの形式に関する明瞭性をいいます。

> ### ひとこと
>
> 　総額主義による表示も形式に関する明瞭性といえます。

２ **内容に関する明瞭性**

(1)　**重要な会計方針の注記**

　会計方針とは、企業が採用している会計処理の原則および手続きをいいます。たとえば、減価償却を定額法で行うというのも会計方針です。会計方針のうち重要なものは財務諸表に注記します。

(2)　**重要な後発事象の注記**

　後発事象とは、決算日後財務諸表作成日前に生じた事象であって、次期以降の財政状態または経営成績に影響を与えるものをいいます。後発事象も、重要なものは財務諸表に注記します。

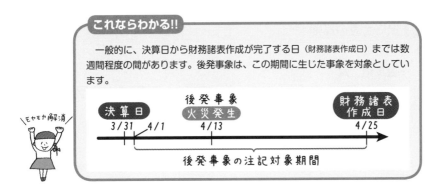

これならわかる!!

　一般的に、決算日から財務諸表作成が完了する日（財務諸表作成日）までは数週間程度の間があります。後発事象は、この期間に生じた事象を対象としています。

後発事象
火災発生

| 決算日 | | 4/1 | 火災発生 4/13 | 財務諸表作成日 |
| 3/31 | | | | 4/25 |

後発事象の注記対象期間

Ⅵ 継続性の原則

一般原則　五
　企業会計は、その処理の原則及び手続を毎期継続して適用し、みだりにこれを変更してはならない。

　継続性の原則は、いったん採用した会計処理の原則および手続きはむやみに変更しないことを求めています。

　継続性の原則が求められる１つ目の理由は、会計方針の変更による利益操作を防ぐためです。

　２つ目の理由は、年度ごとに会計方針が異なると財務諸表の期間比較可能性を損なうためです。

　ただし、正当な理由がある場合は変更が容認されます。このとき正当な理由として適用対象となるのは、認められた方法から他の認められた方法への変更のみであって、認められない方法への変更は継続性以前の問題であり認められません。

●正当な理由にもとづく変更

変更前	変更後	継続性の原則
認められた方法 →	認められた方法	適用対象
認められない方法 →	認められた方法	当然の変更
認められた方法 →	認められない方法	そもそも認められない
認められない方法 →	認められない方法	そもそも認められない

Ⅶ 保守主義の原則

> **一般原則　六**
>
> 　企業の財政に不利な影響を及ぼす可能性がある場合には、これに備えて適当に健全な会計処理をしなければならない。

　保守主義の原則では、企業に慎重な会計処理を求めています。つまり、複数の会計処理が考えられる場合、より収益を小さく・遅く、費用を大きく・早く計上することで、不確実な利益をできるだけ計上しないようにすべきとしています。

　たとえば、利益が大きく計上されると、税金や配当によって現金が想定していたよりも多く流出してしまいます。そのため、できるだけ利益が小さくなるような会計処理を行ったほうが、支出を抑えることになり、会社の財政が健全なものになるからです。

ひとこと

　保守主義の原則は、あくまで複数の認められた会計処理の中でもっとも保守的なものを行うべきというものであって、経済的実態から離れて不必要に利益を小さくする過度の保守主義は、真実性の原則に反するため認められません。

図解　保守主義の原則

保守的に処理すると…

収益 － 費用 ＝ 利益 ⟶ 税金 ⟶ 流出が少ない
　　　　　　　　　　⟶ 配当
少なめ　多め

保守的でないと…

収益 － 費用 ＝ 利益 ⟶ 税金 ⟶ 流出が多い
　　　　　　　　　　⟶ 配当
多め　少なめ

Ⅷ 単一性の原則

一般原則　七

　株主総会提出のため、信用目的のため、租税目的のため等種々の目的のために異なる形式の財務諸表を作成する必要がある場合、それらの内容は、信頼しうる会計記録に基づいて作成されたものであって、政策の考慮のために事実の真実な表示をゆがめてはならない。

　単一性の原則は、目的によって複数の形式の財務諸表を作ることがあったとしても、そのもととなる会計帳簿は単一のものでなければならないとしています。

　たとえば、税金の支払いのために別の帳簿をつけるような行為は、単一性の原則により禁止されています。

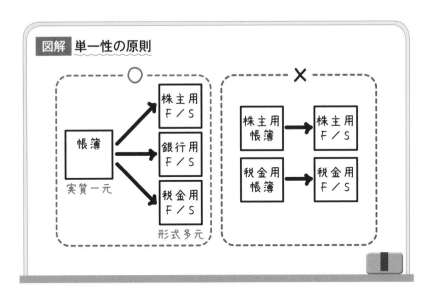

図解 単一性の原則

3 損益計算書原則

損益計算書原則には、次のものがあります。

●損益計算書原則

◆費用収益対応の原則　　◆収支額基準

◆発生主義の原則　　　　◆実現主義の原則

◆総額主義の原則

I 費用収益対応の原則

損益計算書原則　一

　損益計算書は、企業の経営成績を明らかにするため、一会計期間に属するすべての収益とこれに対応するすべての費用とを記載して経常利益を表示し、これに特別損益に属する項目を加減して当期純利益を表示しなければならない。

　損益計算書を作成する目的は、当期の収益から費用を差し引いて、企業の経営成績を明らかにすることです。

　このように、まず収益を集計し、それに費やした費用を対応させて利益を計算することを**費用収益対応の原則**といいます。

　この費用と収益の対応には、特定の製品や商品を通して対応させる**個別的対応**と、発生した期間で対応させる**期間的対応**の２つがあります。

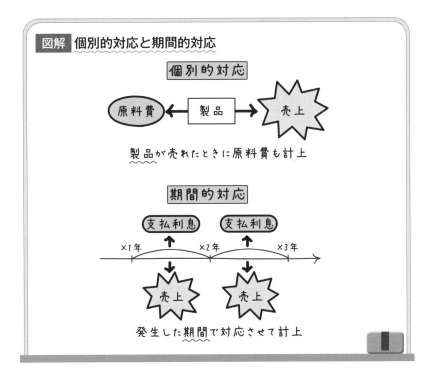

図解 個別的対応と期間的対応

個別的対応

原料費 ← 製品 → 売上

製品が売れたときに原料費も計上

期間的対応

支払利息　支払利息

×1年　×2年　×3年

売上　売上

発生した期間で対応させて計上

Ⅱ 収支額基準

損益計算書原則　一A

　すべての費用及び収益は、その支出及び収入に基づいて計上し、その発生した期間に正しく割当てられるように処理しなければならない。(以下略)

　収益および費用の金額を計上するための基礎を、現金の収支額にもとづいて行うことを**収支額基準**といいます。

　この場合の収支額基準は、あくまで金額決定の基礎を現金の収支に求めるものなので、一定の期間における現金の収支と損益は必ずしも一致しません。

　この場合の発生主義会計における収支額には、現在の収支額だけでなく、過去や未来の収支額も含まれます。

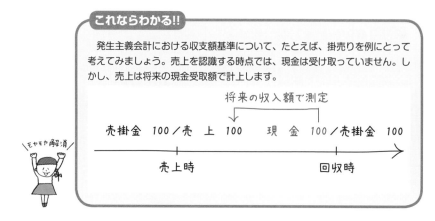

　発生主義会計における収支額基準について、たとえば、掛売りを例にとって考えてみましょう。売上を認識する時点では、現金は受け取っていません。しかし、売上は将来の現金受取額で計上します。

将来の収入額で測定

売掛金　100／売　上　100　　現　金　100／売掛金　100

売上時　　　　　　　　　　　　回収時

モヤモヤ解消

Ⅲ 発生主義の原則

損益計算書原則　一A
　すべての費用及び収益は、その支出及び収入に基づいて計上し、その発生した期間に正しく割当てられるように処理しなければならない。(以下略)

　経済的価値の増減にもとづいて収益および費用を認識する基準を**発生主義**といいます。現在の会計では、費用の認識において発生主義がとられています。

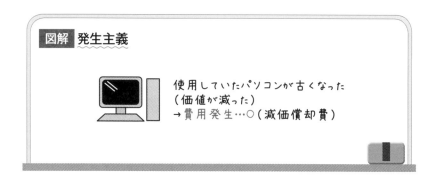

図解 発生主義

使用していたパソコンが古くなった
（価値が減った）
→費用発生…○（減価償却費）

ひとこと

　収支額基準は収益および費用の「測定」基準、発生主義は費用の「認識」基準です。

ふむふむ…

　測定とは、認識された取引をいくらで財務諸表に計上するかという金額の決定をいい、認識とは、ある取引をいつ財務諸表に計上するかのタイミングの決定をいいます。

Ⅳ 実現主義の原則

損益計算書原則　一A

　すべての費用及び収益は、その支出及び収入に基づいて計上し、その発生した期間に正しく割当てられるように処理しなければならない。ただし、未実現収益は、原則として、当期の損益計算に計上してはならない。（以下略）

　収益は、企業外部の第三者に対して財貨またはサービスを提供し、その対価として現金または現金等価物（現金のかわりに受け取る受取手形や売掛金など）を受け取った時点で認識します。この基準を**実現主義**といいます。

　実現主義は、企業外部との取引にもとづいているため**客観性**があり、財の提供と対価の受取りが済んでいるため**確実性**もあります。

　したがって、発生主義で認識される費用とは異なり、収益は原則として実現主義によって認識されます。

　これに対して、実現していない収益を**未実現収益**といい、未実現収益は当期の損益計算から除外します。

●実現主義

◆企業外部の第三者に対する財貨またはサービスの提供

◆現金または現金等価物の受領

の2要件を満たした時点で収益を認識する。

ひ と こ と

収益認識基準が適用されると、営業活動によって生じる収益は、「一時点で充足される履行義務」と「一定の期間にわたり充足される履行義務」の2つにわけて認識することになります。

Ⅴ 総額主義の原則

損益計算書原則　一B

　費用及び収益は、総額によって記載することを原則とし、費用の項目と収益の項目とを直接に相殺することによってその全部又は一部を損益計算書から除去してはならない。

　総額主義とは、原則として収益および費用を総額によって表示することをいいます。

　収益と費用を相殺した純額によって表示した場合、それぞれの活動の規模がわからなくなってしまい、投資家に適切な情報が伝わらなくなるため、総額で表示することが求められています。

　具体的には、売上と売上原価の相殺や、受取利息と支払利息の相殺の禁止などがあります。

ひ と こ と

売買目的有価証券の運用損益のように、収益と費用が同じ活動から発生するために例外的に純額表示が行われる場合もあります。また、他の会社の販売代理人として売り上げた場合には、受取手数料部分を純額で収益計上します。

4 貸借対照表原則

貸借対照表原則には、次のものがあります。

●貸借対照表原則

◆貸借対照表完全性の原則　　◆総額主義の原則
◆区分表示の原則　　　　　　◆取得原価主義の原則
◆費用配分の原則

Ⅰ 貸借対照表完全性の原則

貸借対照表原則　一

貸借対照表は、企業の財政状態を明らかにするため、貸借対照表日におけるすべての資産、負債及び純資産（資本）を記載し、株主、債権者その他の利害関係者にこれを正しく表示するものでなければならない。ただし、正規の簿記の原則に従って処理された場合に生じた簿外資産及び簿外負債は、貸借対照表の記載外におくことができる。

企業会計原則は、貸借対照表にすべての資産・負債・純資産（資本）をもれなく記載することを求めています。

ただし、例外として、正規の簿記の原則にもとづいて、重要性の低い資産や負債を計上しないことは認められています。

Ⅱ 総額主義の原則

貸借対照表原則　一B

資産、負債及び純資産（資本）は、総額によって記載することを原則とし、資産の項目と負債又は純資産（資本）の項目とを相殺することによって、その全部又は一部を貸借対照表から除去してはならない。

損益計算書原則と同様に、貸借対照表原則においても総額主義の原則が求められています。

Ⅲ 区分表示の原則

> **貸借対照表原則　二**
>
> 　貸借対照表は、資産の部、負債の部及び純資産（資本）の部の三区分に分ち、さらに資産の部を流動資産、固定資産及び繰延資産に、負債の部を流動負債及び固定負債に区分しなければならない。
>
> **貸借対照表原則　三**
>
> 　資産及び負債の項目の配列は、原則として、流動性配列法によるものとする。

　貸借対照表原則では、資産・負債・純資産（資本）の３つの部を設け、それぞれに流動・固定分類等の一定の分類をすることを求めています。

　また、貸借対照表の表示は、流動性の高い（現金化しやすい）ものから順に表示する**流動性配列法**を原則としています。

ひとこと

鉄道会社や電力会社のように固定資産が多く、その重要性が高い企業では、例外的に流動性の低いものから順に表示する固定性配列法を採用することがあります。

Ⅳ 取得原価主義の原則

> **貸借対照表原則　五**
>
> 　貸借対照表に記載する資産の価額は、原則として、当該資産の取得原価を基礎として計上しなければならない。（以下略）

　企業会計原則では、原則として、資産を取得したときの価額にもとづい

て測定することを求めています。これを**取得原価主義**といいます。

V 費用配分の原則

貸借対照表原則　五

　資産の取得原価は、資産の種類に応じた費用配分の原則によって、各事業年度に配分しなければならない。(以下略)

　費用配分の原則とは、計上した資産の金額を、その資産を使用した期間にもとづいて費用として配分することを定めたものです。

> ### ひとこと
>
> 　棚卸資産であれば、取得原価は売却されるまでは資産（商品）として計上され、売却されれば売上原価として費用に配分されます。
> 　また、固定資産であれば、使用した期間に応じて減価償却することで、取得原価を費用に配分します。

ふむふむ…

CHAPTER 02

損益計算書の基礎

◆これをみれば、企業の経営成績がわかります！

　ここでは、これから1級で学習する財務諸表のうち、損益計算書の全体像についてみていきます。損益計算書を作成するうえで基礎となる内容ですが、ほとんどが2級の復習ですので思い出しながら読んでいきましょう。

▶ 1級で学習する内容

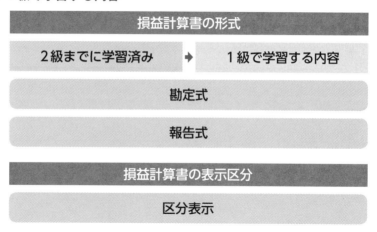

損益計算書の形式	
2級までに学習済み →	1級で学習する内容
勘定式	
報告式	

損益計算書の表示区分
区分表示

1　商業簿記と会計学の違い

I　1級で学習する範囲

　これまで、中小規模の株式会社を前提とした会計処理を学習しました。

1級では、子会社が存在する場合の会計処理（連結会計）や海外企業との取引がある場合の会計処理（外貨換算会計）など、大規模の株式会社を前提とした会計処理を学習します。

Ⅱ 商業簿記と会計学

1級を学習するにあたっては、まず会計処理を身につけ、その背景の裏づけとなる考え方を学ぶことが重要です。

●商業簿記と会計学の学習範囲

◆商業簿記：会計処理
◆会 計 学：会計処理の考え方

ただし、本書では商業簿記と会計学を明確には区別せず、基本的に計算（商業簿記）を中心として、必要に応じ、その考え方（会計学）を補助的に学習していきます。

2 損益計算書のつくり

Ⅰ 損益計算書とは

損益計算書とは、一会計期間に発生した収益と費用を集計して、その企業の経営成績を利害関係者（株主や債権者など）に報告するための書類をいいます。

Ⅱ 損益計算書の表示区分

損益計算書は、企業の経営成績をより詳細に表示するために、収益、費用を発生源泉別に、①**営業損益計算**（本業から生じたもの）、②**経常損益計算**（本業以外から生じたもの）、③**純損益計算**（臨時に生じたもの）の各区分に分けて表示します。

報告式の損益計算書のひな形は次のとおりです（金額は仮の数字です）。

損 益 計 算 書

㈱東京産業 　　　自×1年4月1日　至×2年3月31日　　　（単位：円）

Ⅰ 売　　上　　高		500,000
Ⅱ 売　上　原　価		
1．期首商品棚卸高	50,000	
2．当期商品仕入高	300,000	
合　　　計	350,000	
3．期末商品棚卸高	50,000	300,000
売 上 総 利 益		200,000
Ⅲ 販売費及び一般管理費		
1．広 告 宣 伝 費	20,000	
2．貸倒引当金繰入	10,000	
3．減 価 償 却 費	40,000	70,000
営 業 利 益		130,000
Ⅳ 営 業 外 収 益		
1．受取利息配当金	3,000	
2．有 価 証 券 利 息	7,500	10,500
Ⅴ 営 業 外 費 用		
1．支 払 利 息	1,000	
2．社 債 利 息	3,000	4,000
経 常 利 益		136,500

❶ 営業損益計算

❷ 経常損益計算

Ⅵ　特　別　利　益		
1．保　険　差　益		5,000
❸ Ⅶ　特　別　損　失		
純損益計算 　1．固定資産売却損		3,500
税引前当期純利益		138,000
法人税、住民税及び事業税		55,200
当　期　純　利　益		82,800

●損益計算書の区分

❶　営業損益計算

　営業損益計算の区分では、その企業の主たる営業活動から生じた損益を計上して営業利益を計算します。

営業利益＝売上総利益－販売費及び一般管理費

販売費及び一般管理費…商品販売に要した費用

広告宣伝費、租税公課、支払地代、貸倒引当金繰入（営業債権に対するもの）、減価償却費、ソフトウェア償却、のれん償却額、研究開発費、退職給付費用など

❷　経常損益計算

　経常損益計算の区分では、営業利益にその企業の主たる営業活動以外から生じた損益を加減して経常利益を計算します。

経常利益＝営業利益＋営業外収益－営業外費用

営業外収益…企業の主たる営業活動以外から生じた収益

受取利息配当金、仕入割引、有価証券利息、有価証券売却益、投資有価証券評価益、為替差益、貸倒引当金戻入、償却債権取立益など

営業外費用…企業の主たる営業活動以外から生じた費用

支払利息、社債利息、有価証券売却損、投資有価証券評価損、為替差損、貸倒引当金繰入（営業外債権に対するもの）など

❸ 純損益計算

　純損益計算の区分では、経常利益に臨時的、偶発的に生じた損益を加減して税引前当期純利益を計算し、そこから、法人税、住民税及び事業税を加減して当期純利益を計算します。

税引前当期純利益＝経常利益＋特別利益－特別損失

特別利益…臨時的、偶発的に生じた利益

固定資産売却益、保険差益、投資有価証券売却益、社債償還益、新株予約権戻入益など

特別損失…臨時的、偶発的に生じた損失

固定資産売却損、火災損失、投資有価証券売却損、社債償還損、減損損失など

当期純利益＝税引前当期純利益－法人税、住民税及び事業税

ふむふむ…

ひ と こ と

「法人税、住民税及び事業税」は、「法人税等」で表示することもあります。

Ⅲ 簿記一巡

　すでに2級で学習済みですが、簿記一巡における損益計算書の位置づけを確認しておきましょう。

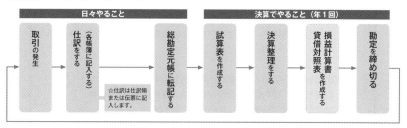

ふむふむ…

ひ と こ と

日々の取引を仕訳帳に記入し、総勘定元帳に転記し、期末の決算手続を経て、財務諸表を作成します。

収益の認識基準

◆売上をいつ計上するかの具体的なルール

　ここでは、収益認識に関する会計基準（以下、「収益認識基準」）について学習します。今までは、実現主義の原則に従い売上を計上していましたが、今後は、原則としてこの「収益認識基準」に従い売上を計上することになります。

　まずは、全体像から把握していきましょう。

▶ 1級で学習する内容 ────────────────●

収益認識に関する会計基準

2級までに学習済み　➡　1級で学習する内容

収益認識の5ステップ

履行義務の識別

履行義務の充足

履行義務の3パターン

取引価格の算定

変動対価

契約における重要な金融要素

取引価格の配分

取引価格を各履行義務に配分

履行義務の充足による収益の認識

履行義務が一定の期間にわたり充足される場合

履行義務が一時点で充足される場合

契約資産・契約負債

契約資産

契約負債

カスタマー・ロイヤルティ・プログラム

1 収益認識基準の基本

I 収益認識基準とは

　収益認識とは、簡単にいえば「売上をいつ計上するか」ということです。今まで日本では「売上は実現主義の原則に従って計上する」とされていたものの、一部を除きそれ以上の具体的なルールが定められていませんでした。そこで、具体的なルールとして収益認識基準が作られました。

　収益認識基準は、基本的に、顧客との契約から生じる収益に関する会計処理及び開示に適用されます。また、重要性の乏しい取引には、収益認識基準を適用しないことができます。なお、金融商品会計基準に含まれる金融商品にかかる取引や、リース取引に関する会計基準の範囲に含まれるリース取引といった独自に基準が定められているものは、収益認識基準の適用範囲からは除外されています。

ひとこと

　収益認識基準が作られる前までは、特に複雑な取引については各社がそれぞれの判断で会計処理を行っていたため、比較可能性の面で問題がありました。

II 収益認識基準の基本的な考え方

　収益認識の基本となる考え方は、財（商品）またはサービスの顧客への提供と引換えに、それらを提供する企業が顧客から得ると見込まれる対価の額で収益を認識するというものです。ここで財またはサービスを提供することについて顧客と交わした約束のことを**履行義務**といいます。

ひとこと

　サービス業における特殊な処理方法については、CHAPTER 15 **1**でみていきます。

Ⅲ 履行義務の充足と収益認識

履行義務の充足には、次の３つの場合が考えられ、それぞれ、収益の認識時点が異なります。

●履行義務の充足

① 一時点で充足される履行義務のみの場合
② 一定期間にわたり充足される履行義務のみの場合
③ １つの契約の中に２つ以上の履行義務がある場合

---

1 一時点で充足される履行義務のみの場合

たとえば、通常の商品販売がこれに該当します。つまり、商品を引き渡した時点で履行義務を充足したことになります。この場合、商品を引き渡した時点で収益を認識します。

2 一定期間にわたり充足される履行義務のみの場合

たとえば、保守サービスの提供がこれに該当します。保守サービスは契約した期間にわたりサービスを提供し続けることによって、履行義務を充足します。そのため、たとえ契約時点で対価を受け取ったとしても、その時点で収益を認識することはできません。この場合、サービスを提供するにつれて収益を認識します。

3 １つの契約の中に２つ以上の履行義務がある場合

この場合は、受け取った対価をそれぞれの履行義務に配分し、各履行義務を充足した時点または充足するにつれて収益を認識します。

ひとこと

履行義務については、2で詳しく説明します。

2 収益認識の5ステップ

収益認識基準では、次の5つのステップに従って収益を認識します。

図解 収益認識の5ステップ

STEP1 契約の識別
↓
STEP2 履行義務の識別
↓
STEP3 取引価格の算定
↓
STEP4 履行義務に取引価格を配分
↓
STEP5 履行義務の充足により収益を認識

I STEP1 契約の識別

STEP1では、各々の顧客との契約が「収益認識基準の適用対象となる契約」に該当するかどうかを判断します。契約に収益認識基準を適用するには次の5つの要件をすべて満たす必要があります。

●契約の識別の要件5つ

◆当事者が、書面、口頭、取引慣行等により契約を承認し、それぞれの義務の履行を約束していること
◆移転される財またはサービスに関する各当事者の権利を識別できること
◆移転される財またはサービスの支払条件を識別できること
◆契約に経済的実質があること
◆対価の回収可能性が高いこと

> **ひ と こ と**
>
> 顧客との契約が、取引開始日において契約識別要件を満たす場合には、事実
> および状況の重要な変化の兆候がない限り、当該要件を満たすかどうかについ
> て見直しは行いません。

なお、顧客との契約が契約識別要件を満たさない場合には、当該要件を事後的に満たすかどうかを引き続き評価し、顧客との契約が当該要件を満たしたときに「収益認識基準」を適用します。また、顧客との契約が契約識別要件を満たさない場合において、顧客から対価を受け取った際には、顧客への返金が不要であり、かつ履行義務が残っていないか、契約が解除されているときは、受け取った対価を収益として認識します。

Ⅱ STEP2　履行義務の識別

STEP2では**STEP1**で識別した「顧客との契約」の中に含まれる「履行義務」を識別します。収益認識基準では履行義務ごとに収益を認識するタイミングや方法が異なるので、履行義務を適切に識別する必要があります。

STEP2では「顧客との契約」の中に履行義務がいくつあるかがポイントになります。履行義務は次の3パターンに分けることができます。

> **●履行義務の3パターン**
>
> ◆別個の財またはサービス
> ◆別個の財またはサービスの束
> ◆一連の別個の財またはサービス

1 別個の財またはサービス

財（商品）またはサービスの相互依存性や相互関連性が弱く、それぞれ単独で顧客が便益を得ることができるものをいいます。

具体例としては、パソコンとプリンターをセット販売する場合などが挙げられます。これらは単独でも顧客が便益を享受することができるからで

す。この場合は、それぞれ別個の履行義務 (パソコンを引き渡すことと、プリンターを引き渡すことの２つの履行義務) を認識します。

2 別個の財またはサービスの束

　財 (商品) またはサービスの相互依存性や相互関連性が強く、まとまらないと顧客が便益を享受できないものをいいます。

　具体例としては、建設会社が建物の設計から建設まで一貫して行う場合が挙げられます。この場合は、建物の設計から建設までをまとめて別個の束として認識します。

3 一連の別個の財またはサービス

　顧客が単独で便益を享受できるが、それぞれの特性が実質的に同じ、かつ顧客への履行パターンが同じものをいいます。

　具体例としては、清掃会社が提供する定期清掃サービスが挙げられます。毎月１回、内容がまったく同じ清掃サービスを１年間提供する場合は、それぞれを別個のサービスとして履行義務を認識することはせず、清掃サービス12回分をまとめて１つの履行義務として捉えます。

ひ と こ と

　財またはサービスの提供とは、簡単にいえば、商品の引渡しやサービスを行うことです。

Ⅲ STEP3　取引価格の算定

　STEP3では収益計上額の基礎となる取引価格を算定します。取引価格とは、顧客への商品またはサービスの提供と引換えに、企業が受け取ることができると見込まれる対価の額のことをいいます。ただし、第三者のために回収する額は除きます。

取引価格を算定する際は、次の4つの要素を考慮する必要があります。

●取引価格算定時の4つの考慮事項

◆変動対価
◆契約における重要な金融要素
◆現金以外の対価
◆顧客に支払われる対価

---

1 変動対価

変動対価とは、顧客と約束した対価のうち、変動する可能性のある部分をいいます。

変動対価が含まれる例としては、**返品権付販売**や**売上割戻**（いわゆるリベート）などが挙げられます。

❶ 返品権付販売

返品権付きの商品などを販売した場合は、次の①から③のすべてについて処理します。

●返品権付販売

① 企業が権利を得ると見込む対価の額（②の返品されると見込まれる商品の対価を除く）で収益を認識する。
② 返品されると見込まれる商品については、収益を認識せず、当該商品について受け取ったまたは受け取る対価の額で返金負債を認識する。
③ 返金負債の決済時に顧客から商品を回収する権利について資産（返品資産）を認識する。

▶ 例1 ━━━━━━━━━━━━━━━━━━ **返品権付販売①**

当社は、商品Ａ（販売価格：１個あたり500円、原価：１個あたり200円）を現金で販売している。この商品には、１か月以内であれば返品が可能であり、その場合販売代金を顧客に返金するという条件がついている。

今回得意先にこの商品を10,000個販売した。今までの実績から500個の返品が見込まれる。なお、売上原価対立法により処理すること。

例1の仕訳	（現　　　　金）	5,000,000[*1]	（売　　　　上）	4,750,000[*3]
			（返　金　負　債）	250,000[*2]
	（売　上　原　価）	1,900,000[*6]	（商　　　　品）	2,000,000[*4]
	（返　品　資　産）	100,000[*5]		

＊1　販売価格@500円×販売数量10,000個＝5,000,000円
＊2　販売価格@500円×返品見込数量500個＝250,000円
＊3　貸借差額
＊4　売上原価@200円×販売数量10,000個＝2,000,000円
＊5　売上原価@200円×返品見込数量500個＝100,000円
＊6　貸借差額

ひとこと

返金負債とは、顧客から受け取ったまたは受け取る対価の一部あるいは全部を顧客に返金すると見込む場合、受け取ったまたは受け取る対価の額のうち、企業が権利を得ると見込まない額について認識するものです。

また、返品資産とは、返金負債の決済時に顧客から製品を回収する権利をいい、回収が見込まれる資産の額が計上されます。

▶ 例2（例1の続き）━━━━━━━━━━━ **返品権付販売②**

例1の取引があった同月に、販売した商品が500個返品され、契約にもとづき当社は代金を現金で支払った。

例2の仕訳	（返　金　負　債）	250,000	（現　　　　金）	250,000[*1]
	（商　　　　品）	100,000[*2]	（返　品　資　産）	100,000

＊1　販売価格@500円×返品数量500個＝250,000円
＊2　売上原価@200円×返品数量500個＝100,000円

❷ 売上割戻

　割戻しとは、一定期間に多額または多量の取引をしたときに行われる商品代金の返戻額や免除額をいいます。収益の著しい減額が予想される場合には、取引価格に含めたり収益に計上したりせず、返金負債として処理します。

▶ **例3** ━━━━━━━━━━━━━━━━━━━━━━ **売上割戻**

　当社は、顧客Kに商品Ａ（販売価格：１個あたり500円）を掛けで1,000個販売した。この商品には「１か月以内に2,000個を超えて購入する場合は商品１個あたり50円の割戻しを遡って行う」という条件がついている。

　なお、顧客Kの購入個数は１か月以内に2,000個を超える可能性が高いと判断した。

例3の仕訳	（売　掛　金）	500,000*1	（売　　　　　上）	450,000*3
			（返　金　負　債）	50,000*2

> ＊１　販売価格@500円×販売数量1,000個＝500,000円
> ＊２　商品１個あたり割戻額@50円×販売数量1,000個＝50,000円
> ＊３　貸借差額

❸ 最頻値法と期待値法

　変動対価の額を見積るときは、**最頻値法**か**期待値法**のいずれかのうち対価の額を適切に予測できる方法を用います。最頻値法とは、もっとも発生確率の高い金額による方法で、期待値法とは、発生し得る対価の額を確率で加重平均した金額による方法です。

| 図解 | 最頻値法と期待値法 |

発生し得る対価の額	発生確率
100円	20%
200円	50%
300円	30%

期待値法210円 ←（200円の行）→ 最頻値法200円

期待値法：100円×20%＋200円×50%＋300円×30%＝210円
最頻値法：もっとも発生確率の高い対価の額
　　　　　→発生確率50%→200円

2 契約における重要な金融要素

顧客との取引に重要な金融要素（金利部分）が含まれる場合、取引価格の算定にあたっては、約束した対価の額に含まれる金利相当分の影響を調整します。

ひとこと

契約における取引開始日において、約束した財またはサービスを顧客に移転する時点と顧客が支払いを行う時点の間が1年以内であると見込まれる場合には、重要な金融要素の影響について、約束した対価の額を調整しないことができます。

❶ 重要な金融要素の会計処理

約束した財またはサービスが顧客に移転した時点において、現金販売価格を反映する金額で計上し、金利相当分は、各期に受取利息として配分します。

ひとこと

現金販売価格とは、現金による一括払いで商品を引き渡した場合に受け取ることになる金額をいいます。

当期首において、得意先に工作機械を 4 年分割払いの16,000円で売却する。同じ工作機械を現金一括払いの場合には13,000円で売却している。よって、この取引には金利相当分3,000円が含まれている。

各期の収益を示しなさい（金利相当分は定額法によって期間配分する）。

例4の解答　当期（1期）：**13,750円**[*1]

2 期：**750円**[*2]

3 期：**750円**[*2]

4 期：**750円**[*2]

* 1　現金販売価格分13,000円 $+\dfrac{金利相当分3,000円}{4年}$

　　　$=13,750円$（売上＋受取利息）

* 2　$\dfrac{金利相当分3,000円}{4年}=750円$（受取利息）

❷　売上割引

売上割引とは、決済期日前の割引適用期間において代金の決済が行われた場合に、代金に含まれる金利相当分を免除することをいいます。

顧客から受け取る対価の額に含まれている金利相当分が重要な金融要素に該当する場合、商品を販売した時点で約束した対価の額から金利相当分を控除した金額で売上を計上します。

割引適用期間内に決済された場合は、約束した対価の額から金利相当分を控除した金額を代金として受け取ります。

一方、割引適用期間を過ぎて決済されたときは、金利相当分を**受取利息**として処理します。

〉 ▶ 例5 ──────────────────────── **売上割引**

(1) 商品10,000円を売り上げ、代金は掛けとした。なお、掛け代金の決済について「30日後に支払い。ただし10日以内に支払うときは200円の割引きを行う」という条件をつけている。また、掛け代金10,000円に含まれる金利相当分は200円であり、重要な金融要素に該当する。

(2) (1)の売掛金について割引適用期間内に決済されたため、掛け代金10,000円から金利相当分200円を控除した残額を現金で受け取った。

(3) (1)の売掛金について決済期日に決済されたため、掛け代金10,000円を現金で受け取った。

例5の仕訳(1) (売 掛 金)	9,800	(売 上)	9,800*
(2) (現 金 預 金)	9,800	(売 掛 金)	9,800
(3) (現 金 預 金)	10,000	(売 掛 金)	9,800
		(受 取 利 息)	200

    * 10,000円－200円＝9,800円

ひとこと

　例5の(2)のように、割引適用期間内に売掛金が決済された場合、あらかじめ金利相当分が控除された9,800円を減額するのみとなるので、特別な処理は必要ありません。

3 現金以外の対価

　契約における対価が現金以外の場合に取引価格を算定するにあたっては、当該対価を時価により算定します。時価を合理的に見積ることができない場合には、当該対価と交換する顧客に約束した財またはサービスの独立販売価格（財またはサービスを独立して企業が顧客に販売する場合の価格）を基礎として当該対価を算定します。

ひとこと

　たとえば、コンサルティングの対価としてストックオプションを受け取った場合などが該当します。

CHAPTER 03　収益の認識基準　　**39**

4 顧客に支払われる対価

顧客に支払われる対価とは、企業が顧客に対して支払うまたは支払うと見込まれる現金の額や、顧客が企業に対する債務額に充当できるもの（たとえばクーポン）の額をいいます。

Ⅳ STEP4 履行義務に取引価格を配分

STEP4では、STEP3で算定した取引価格をSTEP2で識別した各履行義務に配分します。

▼ 例6 ─────────────── 履行義務に取引価格を配分

当社は、当期首に機械の販売と1年間の保守サービスの提供をセットにして2,000円で顧客に提供した。

独立販売価格は機械が1,500円、保守サービスが年額1,000円である。

この場合の機械と保守サービスそれぞれの収益額を示しなさい。

例6の解答	機械の収益額：1,200円[*1]
	保守サービスの収益額：800円[*2]

〈解説〉

「機械の引渡し」と「1年間の保守サービス」という2つの履行義務があるため、セット販売の取引価格を各商品またはサービスの独立販売価格で配分して収益を計上します。

「機械の引渡し」については、相手に引き渡した時点で履行義務を充足し収益を認識します。

「1年間の保守サービス」については、サービスを提供するにつれて履行義務を充足していきますが、当期で履行義務が充足するため配分された収益を全額認識します。

* 1　セット販売の取引価格2,000円×$\dfrac{機械の独立販売価格1,500円}{機械の独立販売価格1,500円＋保守サービスの独立販売価格1,000円}$

　　　＝1,200円

* 2　セット販売の取引価格2,000円×$\dfrac{保守サービスの独立販売価格1,000円}{機械の独立販売価格1,500円＋保守サービスの独立販売価格1,000円}$

　　　＝800円

ふむふむ...

ひ と こ と

取引価格の配分は、基本的に独立販売価格にもとづいて行います。

Ⅴ STEP5　履行義務の充足により収益を認識

　STEP5では収益を認識するタイミングを検討します。基本的な考え方は「履行義務の充足によって収益を認識する」とされていますが、各履行義務は必ずしも同じタイミングで充足されるわけではありません。なぜなら、「一時点で充足されるもの」と「一定の期間にわたり充足されるもの」が混在している場合もあるからです。

　具体的には以下の３点によって判断します。

●収益認識のタイミング

◆一定の期間にわたり充足されるものかまたは一時点で充足されるものかの判定
◆一定の期間にわたり充足される場合、進捗度を合理的に見積ることができるかの判定
◆一時点で充足される場合、充足される時点を判定

￭１ 履行義務が一定期間にわたり充足される場合

　履行義務が一定の期間にわたり充足される場合は、履行義務の充足にかかる進捗度を合理的に見積ることができるかどうかによって収益の認識時点が異なります。

⑴　進捗度を合理的に見積ることができる場合

　進捗度を合理的に見積ることができる場合は、進捗度に応じて収益を認識します。

ひとこと

　履行義務の充足にかかる進捗度の合理的な見積方法には、インプット法（発生した労働時間やコストなどにもとづき見積る方法）とアウトプット法（達成した成果の評価や生産単位数などにもとづき見積る方法）があります。

例6の条件を一部変更し、機械の販売と2年間の保守サービスの提供をセットにして2,000円で提供することにした。

独立販売価格は機械が1,500円、保守サービスが2年間で1,000円である。このとき、保守サービスの当期の収益の額と翌期の収益の額を示しなさい。

例7の解答	保守サービスの当期の収益額：400円
	保守サービスの翌期の収益額：400円

〈解説〉

例6と異なり、保守サービスの履行義務が複数期間にわたり充足されることになったため、「2年間の保守サービス」に配分された収益額を、進捗度に応じて各期に配分します。

サービスを提供するにつれて履行義務を充足していくので、当期は1年分の収益を認識し、残りは翌期に収益を認識します。

保守サービスの収益額：

セット販売の取引価格2,000円× $\dfrac{\text{保守サービスの独立販売価格1,000円}}{\text{機械の独立販売価格1,500円＋保守サービスの独立販売価格1,000円}}$

＝800円

当期分の収益額：保守サービスの収益額800円× $\dfrac{1\,年}{2\,年}$ ＝400円

翌期分の収益額：保守サービスの収益額800円－当期分の収益額400円
＝400円

ひとこと

ふむふむ...

なお、機械の収益額は**例6**と同様、当期に1,200円が認識されます。

(2) 進捗度を合理的に見積ることができない場合

進捗度を合理的に見積ることができない場合には、履行義務の充足にかかる発生費用の回収が見込まれるかどうかで収益の認識時点が異なります。

履行義務の充足にかかる発生費用の回収が見込まれる場合は、回収が見込まれる費用の金額で履行義務の充足時に収益を認識します。

発生費用の回収が見込まれない場合は履行義務が完了するか、進捗度を合理的に見積ることができるまで収益を認識しません。

ひとこと

CHAPTER 04 工事契約で学習する原価回収基準は進捗度を合理的に見積ることができないが発生費用の回収が見込まれる場合に用いる処理方法です。

2 履行義務が一時点で充足される場合

履行義務が一時点で充足される場合、財またはサービスが顧客に移転した時点で履行義務が充足され、収益を認識します。

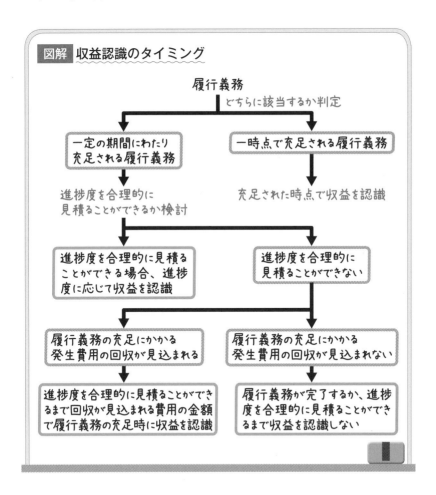

図解 収益認識のタイミング

履行義務
どちらに該当するか判定

一定の期間にわたり充足される履行義務 ／ 一時点で充足される履行義務

進捗度を合理的に見積ることができるか検討 ／ 充足された時点で収益を認識

進捗度を合理的に見積ることができる場合、進捗度に応じて収益を認識 ／ 進捗度を合理的に見積ることができない

履行義務の充足にかかる発生費用の回収が見込まれる ／ 履行義務の充足にかかる発生費用の回収が見込まれない

進捗度を合理的に見積ることができるまで回収が見込まれる費用の金額で履行義務の充足時に収益を認識 ／ 履行義務が完了するか、進捗度を合理的に見積ることができるまで収益を認識しない

Ⅰ 契約資産とは

　契約資産とは、企業が顧客に移転した財またはサービスと交換に受け取る対価に対する企業の権利（ただし、顧客との契約から生じた債権を除く）をいいます。契約資産は貸借対照表上、契約資産、工事未収入金等として表示します。

> **ひ と こ と**
>
> 　顧客との契約から生じた債権とは、対価に対する権利のうち無条件のものをいいます。無条件とは、時間経過以外の要件がないことをいい、貸借対照表上の売掛金や営業債権等のことを指します。

▶ **例8** ーーーーーーーーーーーーーーーーーーーーーーーーーーーーー　**契約資産**

　当社はB社（顧客）に商品Xおよび商品Yを合わせて20,000円で販売する契約を結んだ。当該契約では、まず商品Xの引渡しを行うが、商品Xの引渡しに対する支払いは商品Yの引渡しを条件にすると定められている。20,000円の対価は、当社が商品Xと商品Yの両方をB社に移転した後にはじめて支払われる。

　当社における商品Xおよび商品Yの独立販売価格は8,000円および12,000円である。

　商品に対する支配がB社に移転する時に、それぞれの履行義務について収益を認識している。

　この商品販売に関して、収益の計上に関する仕訳を示しなさい。

例8の仕訳　　商品Xの移転時

（契　約　資　産）	8,000	（売　　　　　上）	8,000[*1]

商品Yの移転時

（売　　　　掛　　　　金）	20,000[*3]	（契　約　資　産）	8,000[*1]
		（売　　　　　上）	12,000[*2]

＊1　商品Xの独立販売価格
＊2　商品Yの独立販売価格
＊3　顧客との契約から生じた債権

〈解説〉

　商品Xの対価を受け取るには、商品Yの引渡しが条件となっているため、商品Xの移転時には売掛金ではなく契約資産を計上します。

　商品Yの引渡しが行われたとき、契約資産を商品Xの対価として売掛金に振り替えます。

Ⅱ 契約負債とは

　契約負債とは、財またはサービスを顧客に移転する企業の義務に対して、企業が顧客から対価を受け取ったものまたは対価を受け取る期限が到来しているものをいいます。契約負債は貸借対照表上、契約負債、前受金等として表示します。

Ⅲ カスタマー・ロイヤルティ・プログラム（ポイント制度）

　カスタマー・ロイヤルティ・プログラムとは、企業が財またはサービスを提供する契約に、追加の財またはサービスを値引き価格または無償で提供するオプションを付与する制度をいいます。たとえば、家電量販店が商品の販売時に、将来商品と交換できるポイントを付与する場合等です。

●カスタマー・ロイヤルティ・プログラムの収益認識

契約：財またはサービス＋重要な権利を顧客に提供するオプション

↓

STEP2　当該オプションを別個の履行義務として識別

↓

STEP4　独立販売価格の比率にもとづいて取引価格を配分

↓

STEP5　将来の財またはサービスが顧客に移転するときまたは当該オプションが消滅するときに収益を認識

ひとこと

　重要な権利を顧客に提供する場合とは、たとえば、追加の財またはサービスを取得するオプションにより、顧客が属する地域や市場における通常の値引きの範囲を超える値引きを顧客に提供する場合をいいます。

1 ポイントを付与したとき（商品販売時）

　商品を販売したときにポイントを付与した場合は、使用されると見込まれるポイントを別個の履行義務として認識し、ポイント使用時まで**契約負債**として計上します。**売上**は、取引価格から契約負債を控除した金額となります。

▼ 例9 ━━━━━━━━━━ ポイントを付与したとき（商品販売時）

　×1年4月1日　当社は商品を販売する際にポイントを顧客に付与している。1ポイントは1円に換算され、顧客は当社の商品を将来購入する際に、1ポイントあたり1円の値引きを受けることができる。

　当社は、当期中に顧客に対して独立販売価格80,000円の商品を現金80,000円で販売し、ポイント（25,000ポイント）を付与した。

　なお、当社は商品販売時点で、将来20,000ポイントが使用されると見込まれ、1ポイントあたりの独立販売価格を1円と見積っている。

例9の仕訳	（現　金　預　金）	80,000	（売　　　　　上）	64,000*1
			（契　約　負　債）	16,000*2

* 1　商品の取引価格 × $\dfrac{\text{商品の独立販売価格}}{\text{商品の独立販売価格＋使用されると見込まれるポイントの独立販売価格}}$

　　　＝80,000円 × $\dfrac{80,000円}{80,000円＋20,000円^{*3}}$＝64,000円

* 2　商品の取引価格 × $\dfrac{\text{使用されると見込まれるポイントの独立販売価格}}{\text{商品の独立販売価格＋使用されると見込まれるポイントの独立販売価格}}$

　　　＝80,000円 × $\dfrac{20,000円^{*3}}{80,000円＋20,000円^{*3}}$＝16,000円

* 3　20,000ポイント × 1 ＝20,000ポイント（20,000円）

2 ポイントが行使されたとき

　ポイントが行使されたときは、契約負債の残高のうち使用されたポイントの割合を算定して、**契約負債**から**売上**に振り替えます。

例10（例9の続き）――ポイントが行使されたとき

×1年7月10日　4,000ポイントが使用された。
なお、使用が見込まれるポイントの総数に変更はなかった。

例10の仕訳	（契約負債）	3,200	（売上）	3,200*

*　ポイントが使用された場合、それに相当する収益を認識します。

$$\text{当初の契約負債計上額}\times\frac{\text{当期に使用されたポイント}}{\text{使用されると見込まれるポイント総数}}$$

$$=16{,}000\text{円}\times\frac{4{,}000\text{ポイント}}{20{,}000\text{ポイント}}=3{,}200\text{円}$$

3 使用見込みポイント総数が変更されたとき

使用されると見込まれるポイント総数は、会計期間ごとに見直しを行います。

使用されると見込まれるポイント総数を変更した場合には、次の計算にもとづいて、**契約負債**から**売上**へ振り替えます。

収益認識額

$$=\text{当初の契約負債計上額}\times\frac{\text{使用されたポイントの累計額}}{\text{変更後の使用見込みポイント総数}}-\text{収益既計上額}$$

例11（例10の続き）――使用見込みポイント総数が変更されたとき

×2年3月31日　当期末において使用されるポイント総数の見積りを10,000ポイントに変更した。また、**例10**の後、当期末までに2,000ポイント使用された。
なお、当期末までに使用された累計ポイントは6,000ポイントである。

例11の仕訳	（契約負債）	6,400	（売上）	6,400*

〈解説〉
使用されると見込まれるポイント総数が変更された場合、変更後の使用見込ポイント総数にもとづいて、収益を認識します。

*　売上：$16{,}000\text{円（当初の契約負債計上額）}\times\frac{6{,}000\text{ポイント}}{10{,}000\text{ポイント}}$

$-3{,}200\text{円（すでに計上された売上）}=6{,}400\text{円}$

Ⅰ 本人と代理人の区分

収益認識基準では、顧客への財またはサービスの提供に他の当事者が関与している場合において、財またはサービスを提供する企業が本人に該当するのか、または代理人に該当するかで会計処理が異なります。

Ⅱ 本人に該当する場合

顧客への財またはサービスの提供に他の当事者が関与している場合、顧客との約束が当該財またはサービスを企業が自ら提供する履行義務であると判断され、企業が**本人**に該当するときには、財またはサービスの提供と交換に企業が権利を得ると見込む対価の総額を収益として認識します。

ひとこと

当社が、本人であるかの判定基準には、商品の価格設定における裁量権や在庫リスクを有していることなどが挙げられます。

▶ 例12 ＝＝＝＝＝＝＝＝＝＝＝＝＝＝＝＝＝＝ 本人に該当する場合

当社は、商品Ｘを800円でＡ社に販売した。当社は、契約条件に従い商品Ｘを確保し、Ａ社に提供する責任を負う。当社は、商品Ｘを保管・販売するために外部業者Ｂ社を利用しており、商品は当社の指図にもとづいてＢ社からＡ社に提供される。当社は、当該販売取引において本人に該当すると判断した。売上原価対立法により処理すること。代金は販売時に現金で受け取っている。なお、商品Ｘの原価はＢ社へ支払う費用などを含めて500円と算定された。

例12の仕訳	（現 金）	800	（売 上）	800
	（売 上 原 価）	500	（商 品）	500

Ⅲ 代理人に該当する場合

　顧客への財またはサービスの提供に他の当事者が関与している場合、顧客との約束が財またはサービスを他の当事者によって提供されるように企業が手配する履行義務であると判断され、企業が**代理人**に該当するときには、他の当事者により提供されるように手配することと交換に企業が権利を得ると見込む報酬または手数料の金額（あるいは他の当事者が提供する財またはサービスと交換に受け取る額から他の当事者に支払う額を控除した純額）を収益として認識します。

▼ 例13 ━━━━━━━━━━━━━━━━━━ 代理人に該当する場合

　当社は仕入先Ｂ社より商品Ｙの販売を請け負っており、店舗に陳列し、販売を行っている。

　当社は、店舗への商品納品時に検収を行わず、店舗にある商品の所有権はＢ社が保有しており、販売価格の決定権もＢ社にある。なお、顧客への販売時に、商品の所有権はＢ社から当社に移転し、同時に顧客へ移転する。当社は、商品の販売代金を顧客から受け取り、販売代金の80%をＢ社に対して支払う義務を負う。

　当社はこの契約において、自らは代理人であると判断した。

　当社は、顧客に商品Ｙを1,000円で販売し、代金は現金で受け取った。同時に、商品ＹのＢ社との契約にもとづき買掛金800円（1,000円×80%）を計上した。

例13の仕訳	（現　　　　金）	1,000	（買　　掛　　金）	800
			（受 取 手 数 料）	200*

＊　貸借差額

ひとこと

　このような契約を消化仕入契約といいます。当社は代理人に該当するため、売上および売上原価の計上は行わず、顧客から受け取った額からＢ社に対して支払う額を控除した純額を収益として計上します。

　次の資料にもとづいて、以下の各問に答えなさい。なお、売上原価対立法により処理すること。

［資　料］

1．当社は商品Aを掛け販売している。商品Aは1個あたりの販売価格100円であり、1個あたりの原価80円である。

2．商品Aには、1か月以内であれば返品が可能であり、その場合販売代金を掛けから減額するという条件がついている。

⑴　×1年4月1日、取引先である甲株式会社に商品A200個を販売し、代金は月末に受け取ることとした。今までの実績から20個の返品が見込まれている。なお、甲株式会社から受け取る対価は変動対価に該当する。この取引について仕訳をしなさい。

⑵　×1年4月15日、甲株式会社より商品A20個が返品され、契約にもとづき、甲株式会社に対する売掛金から減額した。この取引について仕訳をしなさい。

解答

(1) 販売時の仕訳

(売　掛　金)	20,000*1	(売　　　　上)	18,000*3
		(返　金　負　債)	2,000*2
(売　上　原　価)	14,400*6	(商　　　　品)	16,000*4
(返　品　資　産)	1,600*5		

(2) 返品時の仕訳

(返　金　負　債)	2,000*7	(売　　掛　　金)	2,000
(商　　　　品)	1,600*8	(返　品　資　産)	1,600

* 1　@100円×200個＝20,000円
　　　　　　 販売数量
* 2　@100円×20個＝2,000円
　　　　　　 返品見込数量
* 3　20,000円－2,000円＝18,000円
* 4　@80円×200個＝16,000円
　　　　　　 販売数量
* 5　@80円×20個＝1,600円
　　　　　　 返品見込数量
* 6　16,000円－1,600円＝14,400円
* 7　@100円×20個＝2,000円
　　　　　　 返品数量
* 8　@80円×20個＝1,600円
　　　　　　 返品数量

〈解説〉

(1) 販売時の仕訳

　商品Aは1か月以内であれば返品が可能であり、返品に応じて掛け代金を減額するという条件がついています。

　返品権付販売では、返品されると見込まれる商品の対価を返金負債として計上し、残りの対価を売上として収益認識します。

(2) 返品時の仕訳

　1か月以内の返品であるため、返金負債および掛け代金を減額します。また、返品された商品Aを原価で計上し、返品資産を減額します。

工事契約（建設業会計）

◆建設業会計独特の会計処理に注意！

　これから学習する建設業会計は、当社の立場が、いままでの商品販売業から建設業に変わります。建設業は商品販売業とは異なり、独特な会計処理を行いますので、商品販売業と比較しながら学習していきましょう。

▶1級で学習する内容

建設業会計の認識基準

2級までに学習済み	➡	1級で学習する内容

工事の履行義務の充足にかかる進捗度の見積りができる場合（工事進行基準）

原価回収基準

工事の完成・引渡しまでの期間がごく短い場合（工事完成基準）

1　工事契約とは

　工事契約とは、仕事の完成に対して対価が支払われる請負契約のうち、土木、建設や一定の機械装置の製造等、基本的な仕様や作業内容を顧客の指図にもとづいて行うものをいいます。

　ひとこと

　注文住宅は、実際にお客さんの要望を聞いて建てられますね。

2 収益と原価の認識

Ⅰ 商品販売業と建設業

　日商簿記3級や2級で学習してきた商品販売業は、商品を引き渡したときに売上を計上しました。

　一方、建設業では、受注時の顧客との契約により受け取る金額が確定します。また、顧客との契約により、顧客の指図にもとづいて工事を進めていき、完成したあとに引き渡します。

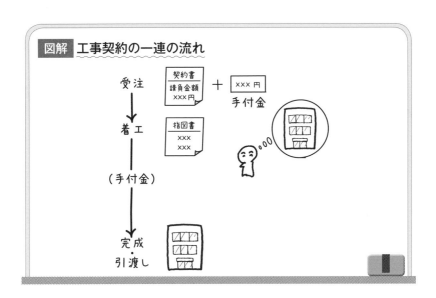

図解 工事契約の一連の流れ

Ⅱ 工事契約の収益認識

工事契約の収益を認識する方法は、進捗度の見積りや工事期間によって3つの方法があります。

ひとこと

工事契約に関する収益の認識には、以前は「工事契約に関する会計基準」を適用していましたが、現在は廃止され、「収益認識に関する会計基準」が適用されています。

1 履行義務の充足にかかる進捗度の見積りができる場合

工事の進捗度を合理的に見積ることができる場合は、進捗度にもとづき、収益を一定の期間にわたり認識します。本書では、この方法を**工事進行基準**とよびます。

なお、工事の進捗度に応じて収益を計上する場合には、通常、**工事収益総額**、**工事原価総額**、**決算日における工事進捗度**を見積ります。

●工事契約の収益認識に関する用語

◆工事収益総額：工事契約において定められた対価の総額
◆工事原価総額：工事契約において定められた施工者が完成までに支出した原価の総額
◆決算日における工事進捗度：決算日までに実施した工事に関して発生した工事原価が工事原価総額に占める割合

$$工事進捗度 = \frac{決算日までに発生した工事原価}{見積工事原価総額}$$

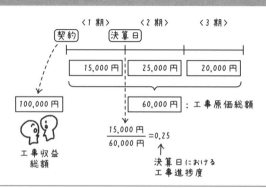

2 進捗度を見積ることができないが、**履行義務を充足する際に発生する費用を回収することができる場合**

　工事の進捗度を合理的に見積ることができないが、履行義務を充足する際に発生する費用を回収することが見込まれる場合は、進捗度を合理的に見積ることができる時まで、原則として履行義務を充足する際に発生する費用のうち、回収することが見込まれる費用の金額で収益を認識します。これを**原価回収基準**といいます。

> **ひ と こ と**
>
> 進捗度を見積ることができない場合であっても、原価回収基準を適用せずに、工事の進捗度を合理的に見積ることができるようになった時から、収益を認識する方法も容認されています。

3 完成・引渡しまでの期間がごく短い場合

　完成・引渡しまでの期間がごく短い場合は、一定の期間にわたって収益を認識せずに、完全に履行義務を充足した時点（完成・引渡しの時点）で収益を認識することができます。本書では、この方法を**工事完成基準**とよびます。

> **ひ と こ と**
>
> 収益認識基準の適用にともない、「工事契約に関する会計基準」は廃止となり、「工事進行基準」や「工事完成基準」といった用語も廃止されました。ただし、基本的な会計処理は一部を除き、変わっていないため、本書では、便宜上「工事進行基準」や「工事完成基準」という表現を使用しています。

3 勘定科目

I 使用する勘定科目

　建設業は、通常の製造業とは使用する勘定科目が異なり、本試験では次のような勘定科目を使用します。

図解 通常の製造業と建設業の勘定科目

財務諸表	通常の製造業	建設業
損益計算書	売上高	工事収益 完成工事高
	売上原価	（完成）工事原価
	売上総利益	（完成）工事利益
貸借対照表	売掛金	（完成）工事未収入金
	仕掛品	未成工事支出金
	買掛金	工事未払金
	前受金	未成工事受入金 契約負債

ひとこと

　建設業においては、工事の進捗度に応じて計上した収益に対応する対価に対する権利のうち、相手に支払いの請求を行っていないものは、契約資産として計上することもあります。

4 工事収益の計算

I 工事進行基準 （履行義務の充足にかかる進捗度の見積りができる場合）

1 工事進行基準による処理

　工事進行基準では、工事進捗度を合理的に見積り、これに応じて当期の工事収益および工事原価を認識します。

ひとこと

完成前でも、工事進捗度に応じて収益を計上します。

2 工事進捗度の見積り

　工事進捗度の見積りは、本試験では原価比例法にもとづいて計算します。

　原価比例法とは、決算日までに実施した工事に関して発生した工事原価が工事原価総額に占める割合をもって決算日における工事進捗度とする方法をいいます。

> **ひとこと**
>
> たとえば、全体で原価が10万円かかると見積っている場合に、1年目に1万円原価がかかったとします。その場合、全体に占める割合は0.1ですね。これを、工事の進み具合と考えるのが原価比例法の考え方です。

3 工事収益の計算

　各期に計上すべき工事収益の金額は、当期までの工事収益から過年度の工事収益を差し引いて求めます。

　なお、当期までの工事収益は、工事収益総額に工事進捗度を掛けて求めます。

> 当期の工事収益＝当期までの工事収益 － 過年度の工事収益
>
> 当期までの工事収益＝工事収益総額×工事進捗度

▼ **例1**

ビル工事を請け負う当社は、A社とマンション建設にかかる契約を次のように締結した。このとき、各期の工事収益、工事原価および工事利益を求めなさい。

・工期：当期（第1期）から3年
・契約価額：30,000円、見積工事原価総額：20,000円
・各決算日において、履行義務の充足にかかる進捗度を合理的に見積ることができる。

なお、各期の実際工事原価は次のとおりである。

第1期：6,000円　第2期：9,000円　第3期：5,000円（第3期に完成し、引渡しを行った）

例1の解答

	第1期	第2期	第3期
工 事 収 益	9,000円[*2]	13,500円[*5]	7,500円[*8]
工 事 原 価	6,000円[*1]	9,000円[*4]	5,000円[*7]
工 事 利 益	3,000円[*3]	4,500円[*6]	2,500円[*9]

〈解説〉

履行義務の充足にかかる進捗度を合理的に見積ることができるため、工事進行基準により収益を認識します。

*1　第1期の工事原価：6,000円（実際工事原価から）

*2　第1期の工事収益：$\underset{\text{契約価額}}{30,000円} \times \underset{\text{進捗度＝30％}}{\frac{6,000円}{20,000円}} = 9,000円$

*3　第1期の工事利益：9,000円－6,000円＝3,000円

*4　第2期の工事原価：9,000円（実際工事原価から）

*5　第2期の工事収益：$30,000円 \times \left(\underset{\text{進捗度＝75％}}{\frac{6,000円＋9,000円}{20,000円}} - \underset{\substack{\text{過年度}\\\text{進捗度}}}{30\%} \right) = 13,500円$

*6　第2期の工事利益：13,500円－9,000円＝4,500円

*7　第3期の工事原価：5,000円（実際工事原価から）

*8　第3期の工事収益：$30,000円 - \underset{\text{過年度工事収益累計額}}{(9,000円＋13,500円)} = 7,500円$

*9　第3期の工事利益：7,500円－5,000円＝2,500円

Ⅱ 原価回収基準 （進捗度の見積りができない場合）

　工事の進捗度を合理的に見積ることができないが、各期に発生する費用を回収することが見込まれる場合は、原価回収基準によって当期の工事収益と工事原価を認識します。原価回収基準とは当期の工事原価と同額を工事収益とする方法です。

当期の工事収益＝当期の工事原価

完成し引渡しを行った期の工事収益　＝契約価額－　**過年度の工事収益累計額**

▼ 例2 　　　　　　　　　　　　　　　　　　　　　　　原価回収基準

　ビル工事を請け負う当社は、Ａ社とマンション建設にかかる契約を次のように締結した。このとき、各期の工事収益、工事原価および工事利益を求めなさい。

・工期：当期（第1期）から3年
・契約価額：30,000円、見積工事原価総額：20,000円
・契約時点において、契約価額は工事原価総額を回収できる金額とすることが合意されている。
・各決算日において、履行義務の充足にかかる進捗度は合理的に見積ることができない。
なお、各期の実際工事原価は次のとおりである。
　第1期：6,000円　第2期：9,000円　第3期：5,000円（第3期に完成し、引渡しを行った）

例2の解答

	第1期	第2期	第3期
工 事 収 益	6,000円*2	9,000円*5	15,000円*8
工 事 原 価	6,000円*1	9,000円*4	5,000円*7
工 事 利 益	0円*3	0円*6	10,000円*9

〈解説〉
　履行義務の充足にかかる進捗度を合理的に見積ることができず、かつ、契約価額は工事原価総額を回収できる金額とすることが合意されているため、原価回収基準により収益を認識します。
＊1　第1期の工事原価：6,000円（実際工事原価から）

＊2　第1期の工事収益：6,000円（工事原価と同額）
＊3　第1期の工事利益：6,000円－6,000円＝0円
＊4　第2期の工事原価：9,000円（実際工事原価から）
＊5　第2期の工事収益：9,000円（工事原価と同額）
＊6　第2期の工事利益：9,000円－9,000円＝0円
＊7　第3期の工事原価：5,000円（実際工事原価から）
＊8　第3期の工事収益：30,000円－（6,000円＋9,000円）＝15,000円
　　　　　　　　　　　　　　契約価額　　過年度工事収益累計額
＊9　第3期の工事利益：15,000円－5,000円＝10,000円

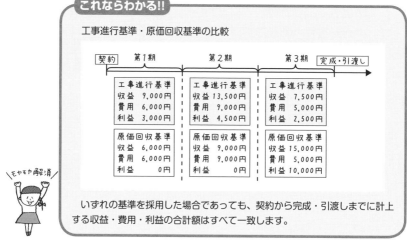

これならわかる!!

工事進行基準・原価回収基準の比較

| 契約 | 第1期 | | 第2期 | | 第3期 | 完成・引渡し |

工事進行基準 収益　9,000円 費用　6,000円 利益　3,000円	工事進行基準 収益13,500円 費用　9,000円 利益　4,500円	工事進行基準 収益　7,500円 費用　5,000円 利益　2,500円
原価回収基準 収益　6,000円 費用　6,000円 利益　　　0円	原価回収基準 収益　9,000円 費用　9,000円 利益　　　0円	原価回収基準 収益15,000円 費用　5,000円 利益10,000円

モヤモヤ解消

　いずれの基準を採用した場合であっても、契約から完成・引渡しまでに計上する収益・費用・利益の合計額はすべて一致します。

Ⅲ 工事完成基準（完成・引渡しまでの期間がごく短い場合）

　完成・引渡しまでの期間がごく短い場合は、工事完成基準によって、工事が完成し目的物の引渡しを行った時点で工事収益と工事原価を認識できます。

例3 ————————————————————————— 工事完成基準

　ビル工事を請け負う当社は、B社とマンション建設にかかる契約を次のように締結した。このとき、各期の工事収益、工事原価および工事利益を求めなさい。なお、当社は3月末を決算日とする1年を会計期間としている。

・工期：当期（第1期）の1月から翌期（第2期）の7月までの6か月間
・契約価額：30,000円、見積工事原価総額：20,000円
・契約から履行義務の充足までの期間はごく短いものである。

なお、各期の実際工事原価は次のとおりである。

第1期：6,000円　第2期：14,000円（第2期に完成し、引渡しを行った）

例3の解答

	第1期	第2期
工 事 収 益	0円 [*2]	30,000円 [*5]
工 事 原 価	0円 [*1]	20,000円 [*4]
工 事 利 益	0円 [*3]	10,000円 [*6]

〈解説〉
　契約から履行義務の充足までの期間がごく短いものであるため、完成工事基準により収益を認識します。完成工事基準では、完成・引渡しを行うまで収益と費用を計上しません。

* 1　第1期の工事原価：0円
* 2　第1期の工事収益：0円
* 3　第1期の工事利益：0円
* 4　第2期の工事原価：20,000円（実際工事原価合計）
* 5　第2期の工事収益：30,000円（契約価額）
* 6　第2期の工事利益：30,000円－20,000円＝10,000円

5 　工事進行基準の会計処理

I 　工事代金を受け取ったとき

　工事の契約を締結して工事代金を受け取ったときは、**未成工事受入金**（または**契約負債**）で処理します。

ひ と こ と

未成工事受入金は製造業における前受金に相当する勘定科目です。

工事代金を受け取ったとき

×1年2月1日　A株式会社は、マンションの建設を工事収益総額70,000円で請け負い、工事代金の一部として13,000円を小切手で受け取り、工事を着工した。なお、完成予定日は×3年3月31日である。

例4の仕訳	（現　　　金）	13,000	（未成工事受入金）	13,000

Ⅱ 費用が発生したとき

材料費、労務費、経費などの費用が発生したときは、それぞれの費用科目で処理します。なお、これらの費用に関して未払いがある場合は、**工事未払金**（製造業における買掛金に相当する勘定科目）で処理します。

例5 費用が発生したとき

×1年3月1日　材料費6,000円、労務費4,500円、経費1,500円が発生した。このうち、3,000円は現金で支払い、残りは翌月支払うこととした。

例5の仕訳	（材　料　費）	6,000	（現　　　金）	3,000
	（労　務　費）	4,500	（工事未払金）	9,000
	（経　　　費）	1,500		

材　料　費
6,000

労　務　費
4,500

経　　　費
1,500

Ⅲ 決算時

1 工事収益

決算において、工事進捗度に応じて工事収益を計上します。

なお、後日に代金を受け取るときは、**工事未収入金**（製造業における売掛金に相当する勘定科目）で処理します。

2 工事原価

建設中の工事にかかる原価は**未成工事支出金**に振り替え、工事収益に対応する原価を未成工事支出金から**工事原価**に振り替えます。

▼ 例6 ─────────────────────────────── 決算時①

×1年3月31日　決算を迎えた。当期末において、この工事は未完成である。当期に発生した費用は材料費6,000円、労務費4,500円、経費1,500円であった。なお、工事収益総額70,000円、見積工事原価総額40,000円で受注し、契約時に受け取った13,000円は未成工事受入金で処理しており、履行義務の充足にかかる進捗度を合理的に見積ることができる。また、決算日における工事進捗度は原価比例法により算定すること。

例6の仕訳　工事収益の計上

（未成工事受入金）	13,000	（工　事　収　益）	21,000*1
（工事未収入金）	8,000		

当期に発生した原価の振替え

（未成工事支出金）	12,000	（材　　料　　費）	6,000
		（労　　務　　費）	4,500
		（経　　　　　費）	1,500

工事原価の計上

（工　事　原　価）	12,000	（未成工事支出金）	12,000

＊1　工事収益総額70,000円×0.3*2＝21,000円

＊2　$\dfrac{\text{決算日までに発生した工事原価12,000円}}{\text{見積工事原価総額40,000円}}=0.3$

材　料　費		未成工事支出金		工　事　原　価
6,000	6,000	→ 6,000		
労　務　費		→ 4,500	12,000	→ 12,000
4,500	4,500	→ 1,500		
経　　　費				工　事　収　益
1,500	1,500			21,000

ひとこと

　仮に、工事進捗度を合理的に見積ることができなくても、発生した費用を回収できると見込まれるときは、原価回収基準を適用します。原価回収基準の場合、各期に発生した費用の金額で収益を認識します。

（未成工事支出金）	12,000	（材　　料　　費）	6,000
		（労　　務　　費）	4,500
		（経　　　　　費）	1,500
（未成工事受入金）	12,000	（工　事　収　益）	12,000
（工　事　原　価）	12,000	（未成工事支出金）	12,000

▸ 例7（例6の続き）　　　　　　　　　　　　　　　　決算時②

　×2年3月31日　決算を迎えた。当期には工事原価が18,000円発生した。当期末において、この工事は未完成である。なお、当工事は履行義務の充足にかかる進捗度を合理的に見積ることができるため、工事進捗度は原価比例法により算定すること。

例7の仕訳　　工事収益の計上

| （工 事 未 収 入 金） | 31,500 | （工　事　収　益） | 31,500*1 |

工事原価の計上

| （工　事　原　価） | 18,000 | （未成工事支出金） | 18,000 |

* 1　工事収益総額70,000円×0.75*2－過年度の工事収益21,000円
　　＝31,500円
* 2　$\dfrac{\text{決算日までに発生した工事原価12,000円＋18,000円}}{\text{見積工事原価総額40,000円}}=0.75$

ひとこと

　原価回収基準の場合、2期目も1期目と同様、発生した費用の金額を当期の収益とします。

（未成工事受入金）	1,000	（工　事　収　益）	18,000
（工 事 未 収 入 金）	17,000		
（工　事　原　価）	18,000	（未成工事支出金）	18,000

▌例8（例7の続き）───────────────────── 決算時③

×3年3月31日　決算を迎えた。当期には工事原価が9,800円発生した。当期中に工事が完成し、引渡しを行った。

例8の仕訳　工事収益の計上

（工事未収入金）	17,500	（工　事　収　益）	17,500*

工事原価の計上

（工　事　原　価）	9,800	（未成工事支出金）	9,800

＊　工事収益総額70,000円－過年度の工事収益（21,000円＋31,500円）
　　＝17,500円

ひ と こ と

原価回収基準の場合、当期に残りの工事収益40,000円を工事収益に計上し、当期に発生した費用9,800円を工事原価に振り替えます。

（工事未収入金）	40,000	（工　事　収　益）	40,000
（工　事　原　価）	9,800	（未成工事支出金）	9,800

ふむふむ…

6　工事収益総額、工事原価総額を変更した場合

I　工事収益総額を変更した場合

　工事の途中で工事収益総額を変更した場合、変更後の工事収益総額にもとづいて当期の工事収益（完成工事高）を計算します。

$$
\begin{array}{c}
当期の\\工事収益
\end{array}
=
\begin{array}{c}
変更後工事\\収益総額
\end{array}
\times 工事進捗度 -
\begin{array}{c}
過年度の\\工事収益
\end{array}
$$

▶ 例9 ━━━━━━━━━━━━━━━━━━━━━━━━ 工事収益総額の変更

　×2年3月31日　決算を迎えた。当期には工事原価が18,000円発生した。当期末において、この工事は未完成である。当工事は履行義務の充足にかかる進捗度を合理的に見積ることができるため、工事進捗度は原価比例法により算定すること。なお、当期末に工事収益総額を80,000円から60,000円に変更している。

　また、当該工事における見積工事原価総額は40,000円であり、過年度までに発生した工事収益は24,000円、工事原価総額は12,000円であった。

例9の仕訳　　工事収益の計上

（工事未収入金）	21,000	（工　事　収　益）	21,000*1

- ＊1　変更後工事収益総額60,000円×0.75*2－過年度の工事収益24,000円　　　　=21,000円
- ＊2　$\dfrac{決算日までに発生した工事原価（12,000円＋18,000円）}{見積工事原価総額40,000円}=0.75$

Ⅱ 見積工事原価総額を変更した場合

　工事の途中で見積工事原価総額を変更した場合、変更後の見積工事原価総額にもとづいて当期の工事収益を計算します。

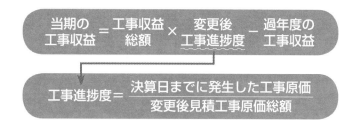

当期の工事収益 ＝ 工事収益総額 × 変更後工事進捗度 － 過年度の工事収益

工事進捗度 ＝ 決算日までに発生した工事原価 ／ 変更後見積工事原価総額

▶ 例10 ━━━━━━━━━━━━━━━━━━━━━━ 見積工事原価総額の変更

　×2年3月31日　決算を迎えた。当期には工事原価が18,000円発生した。当期末において、この工事は未完成である。当工事は履行義務の充足にかかる進捗度を合理的に見積ることができるため、工事進捗度は原価比例法により算定すること。なお、当期末に見積工事原価総額を40,000円から50,000円に変更している。

　また、当該工事における契約時の工事収益総額は70,000円であり、過年度までに発生した工事収益は21,000円、工事原価総額は12,000円であった。

例10の仕訳　　工事収益の計上

| （工事未収入金） | 21,000 | （工　事　収　益） | 21,000*1 |

* 1　工事収益総額70,000円×0.6*2－過年度の工事収益21,000円
　　　＝21,000円
* 2　$\dfrac{決算日までに発生した工事原価(12,000円＋18,000円)}{変更後見積工事原価総額50,000円}$＝0.6

7　工事契約から損失が見込まれる場合の処理

Ⅰ　工事損失引当金

　工事契約について、工事原価総額等が工事収益総額を超過する可能性が高く、かつ、その金額を合理的に見積ることができる場合には、この超過すると見込まれる額（工事損失）のうち、その工事契約に関してすでに計上された損益の額を控除した残額を工事損失が見込まれた期の損失として処理し、**工事損失引当金**を計上します。

> **ひとこと**
>
> 　工事損失引当金は、次期以降に見込まれる赤字分（損失分）を、次期以降に備えて引当金として先に計上しておこうとするものです。

Ⅱ　工事損失引当金の会計処理

1　設定時

　工事収益総額と工事原価総額を比較して工事損失が見込まれる場合、工事契約の全体から見込まれる工事損失から、当期までの工事損益を控除した金額を**工事損失引当金**として計上します。

| （工　事　原　価） | ×× | （工事損失引当金） | ×× |

工事損失引当金繰入

2 取崩時

工事の進捗や完成・引渡しにより工事損失が確定したときは、確定した分を取り崩します。

（工事損失引当金）　　×× 　（工　事　原　価）　　××
　　　　　　　　　　　　　　　　　工事損失引当金戻入

> **ひ と こ と**
>
> 工事損失引当金繰入、工事損失引当金戻入は、損益計算書の表示上は工事原価に含めて処理します。

▶ **例11** ──────────────────── **工事損失引当金**

次の資料にもとづいて、各期の処理を行い、工事損益を計算しなさい。なお、当工事は履行義務の充足にかかる進捗度を合理的に見積ることができる。

［資　料］

(1) 工事収益総額15,000円、請負時の見積工事原価総額14,250円

(2) 第2期において見積工事原価総額を15,150円に変更している。

(3) 実際に発生した原価

	第1期	第2期	第3期
材料費	1,500円	2,700円	900円
労務費	900円	2,400円	2,100円
経　費	450円	2,655円	1,545円
合　計	2,850円	7,755円	4,545円

(4) 決算日における工事進捗度は、原価比例法により決定する。

(5) 第3期に完成し、引き渡した。

例11の解答　　第1期の工事損益：3,000円－2,850円＝**150円**（利益）

第2期の工事損益：7,500円－（7,755円＋45円）＝**△300円**（損失）

第3期の工事損益：4,500円－（4,545円－45円）＝**0円**

〈解説〉

仕訳を示すと、次のとおりです。

第 1 期：（工 事 未 収 入 金）　3,000　（工　事　収　益）　3,000*1
　　　　　（工　事　原　価）　2,850　（未成工事支出金）　2,850

68

第 2 期：（工事未収入金）　7,500　（工　事　収　益）　7,500*3
　　　　　（工　事　原　価）　7,755　（未成工事支出金）　7,755
　　　　　（工　事　原　価）　　　45*5（工事損失引当金）　　　45
　　　　　　工事損失引当金繰入

第 3 期：（工事未収入金）　4,500　（工　事　収　益）　4,500*6
　　　　　（工　事　原　価）　4,545　（未成工事支出金）　4,545
　　　　　（工事損失引当金）　　　45　（工　事　原　価）　　　45
　　　　　　　　　　　　　　　　　　　　工事損失引当金戻入

* 1　工事収益総額15,000円×0.2*2＝3,000円

* 2　$\dfrac{\text{決算日までに発生した工事原価2,850円}}{\text{見積工事原価総額14,250円}}$＝0.2

* 3　工事収益総額15,000円×0.7*4－3,000円＝7,500円

* 4　$\dfrac{\text{決算日までに発生した工事原価2,850円＋7,755円}}{\text{変更後見積工事原価総額15,150円}}$＝0.7

* 5　工事契約全体の損失：15,000円－15,150円＝△150円
　　　これまで計上した損益：150円＋（7,500円－7,755円）＝△105円
　　　　　　　　　　　　　　　　　　第1期　　　　第2期
　　　これから見込まれる損失：△150円－△105円＝△45円

* 6　工事収益総額15,000円－（3,000円＋7,500円）＝4,500円
　　　　　　　　　　　　　　　　　　第1期　　第2期

ひ と こ と

　　第1期から第3期までの工事損益は150円（150円＋△300円＋0円）の損失と
なっていますが、工事契約全体から発生する損失150円（15,000円－15,150円）
と一致します。

Ⅲ　財務諸表の表示

1　損益計算書

　工事損失引当金繰入は工事原価に加算、工事損失引当金戻入は工事原価
から控除します。

2　貸借対照表

　工事損失引当金は、原則として**流動負債**に表示します。

　なお、同一の工事契約に関する棚卸資産（未成工事支出金）と工事損失引
当金がともに計上されるときは、相殺して表示することができます。

8 工事契約の解き方

次の例を使って、具体的な工事契約の問題の解き方をみてみましょう。

▶ 例12 ———————— 工事契約の解き方（工事進行基準と原価回収基準）

次の資料にもとづいて、①工事進行基準（工事進捗度を合理的に見積ることができる場合）と②原価回収基準（工事進捗度を合理的に見積ることができない場合）により各年度の工事収益、工事原価、工事利益を求めなさい。なお、会計期間は1年、決算日は3月31日である。

[資　料]
⑴　工事収益総額は8,000万円。工事契約は、×1年8月10日に着工し、×3年10月25日に完成・引渡しの約束をした。
⑵　×1年度と×2年度の各決算日の翌日から完成までに要する残り工事原価の見積額は、×1年度末が3,000万円、×2年度末が1,600万円である。
⑶　発生工事原価は×1年度が3,000万円、×2年度が1,800万円、×3年度が1,700万円である。なお、発生した原価については、各年度において全額回収することが見込まれている。
⑷　決算日における工事進捗度は、原価比例法により決定する。

例12の解答　　①　工事進行基準

	×1年度	×2年度	×3年度
工事収益	4,000万円	2,000万円	2,000万円
工事原価	3,000万円	1,800万円	1,700万円
工事利益	1,000万円	200万円	300万円

②　原価回収基準

	×1年度	×2年度	×3年度
工事収益	3,000万円	1,800万円	3,200万円
工事原価	3,000万円	1,800万円	1,700万円
工事利益	0万円	0万円	1,500万円

〈解説〉
1．発生原価の整理

×1年8/10　　×2年3/31　　　×3年3/31　　　×3年10/25

工事原価総額

←―― 3,000万円 ――→ ←―――― 3,000万円 ―――→　6,000万円

←―― 3,000万円 ――→ ←― 1,800万円 ――→ ←― 1,600万円 ―→　6,400万円

←―― 3,000万円 ――→ ←― 1,800万円 ――→ ←― 1,700万円 ―→　6,500万円

←―――→ ：発生工事原価

←‐‐‐‐→ ：完成までに要する工事原価

2．工事進行基準
(1)　×1年度

見積工事原価総額：3,000万円＋3,000万円＝6,000万円

工事進捗度：$\dfrac{3,000万円}{6,000万円}$＝0.5

工　事　収　益：8,000万円×0.5＝4,000万円
工　事　原　価：3,000万円（発生工事原価）
工　事　利　益：4,000万円－3,000万円＝1,000万円

(2)　×2年度

見積工事原価総額：(3,000万円＋1,800万円)＋1,600万円＝6,400万円

工事進捗度：$\dfrac{4,800万円}{6,400万円}$＝0.75

工　事　収　益：8,000万円×0.75－4,000万円＝2,000万円
工　事　原　価：1,800万円（発生工事原価）
工　事　利　益：2,000万円－1,800万円＝200万円

(3)　×3年度

×3年度においては、工事の完成・引渡しの年度なので、工事収益は差額で求めます。

工　事　収　益：8,000万円－4,000万円－2,000万円＝2,000万円
工　事　原　価：1,700万円（発生工事原価）
工　事　利　益：2,000万円－1,700万円＝300万円

3．原価回収基準

工事進捗度を合理的に見積ることができない場合は、原則として原価回収基準を適用します。原価回収基準では、工事原価の金額で工事収益を計上します。

(1)　×1年度

工　事　原　価：3,000万円（発生工事原価）
工　事　収　益：3,000万円（工事原価と同額）
工　事　利　益：3,000万円－3,000万円＝0万円

(2)　×2年度

工　事　原　価：1,800万円（発生工事原価）
工　事　収　益：1,800万円（工事原価と同額）
工　事　利　益：1,800万円－1,800万円＝0万円

(3)　×3年度

×3年度に残りの収益と×3年度発生原価を計上します。

工　事　収　益：8,000万円（工事収益総額）－3,000万円（×1年度）
　　　　　　　　－1,800万円（×2年度）＝3,200万円
工　事　原　価：1,700万円（発生工事原価）
工　事　利　益：3,200万円－1,700万円＝1,500万円

次の資料にもとづいて、各期の工事収益、工事原価、工事利益を求めなさい。なお、工事の進捗度を合理的に見積ることができるが、当工事については工事の完成・引渡し時において収益を認識するものとする。

[資　料]

(1)　工事収益総額は1,000万円である。工事契約は×1年9月10日に着工し、×2年4月9日に完成・引渡しが完了している。

(2)　工事原価の実際発生額は×1年度700万円、×2年度100万円である。

(3)　当該工事の工期はごく短い期間である。

例13の解答

	×1年度	×2年度
工 事 収 益	0円	1,000万円
工 事 原 価	0円	800万円
工 事 利 益	0円	200万円

〈解説〉

　工事の工期がごく短い場合には、いわゆる工事完成基準を適用することができます。

(1)　×1年度

　　　×1年度では工事が未完成であるため、収益、原価を計上しません。

　　　工事収益：0円

　　　工事原価：0円

　　　工事利益：0円

(2)　×2年度

　　　×2年度に工事が完成し、引渡しが完了しているので当該工事にかかるすべての収益、原価を計上します。

　　　工事収益：1,000万円

　　　工事原価：700万円＋100万円＝800万円

　　　工事利益：1,000万円－800万円＝200万円

問1　工事契約に関する会計処理

　次の一連の取引を(A)工事進行基準と(B)工事完成基準によって仕訳しなさい。な
お、工事進行基準における決算日の工事進捗度は原価比例法により算定すること。

(1)　石川建設㈱は、×1年6月1日にビルの建設（完成予定は×2年9月30日）を
　　3,500,000円で請け負い、契約時に手付金として250,000円を小切手で受け取った。

(2)　×2年3月31日　決算日を迎えた。当期中に発生した費用は材料費400,000円、
　　労務費520,000円、経費160,000円であった。なお、見積工事原価総額は
　　2,700,000円である。

(3)　×2年4月30日　ビルが完成し、引渡しが完了した。引渡時に契約金の残額
　　3,250,000円を小切手で受け取った。なお、当期中に発生した費用は材料費
　　696,000円、労務費594,000円、経費330,000円であった。

問2　工事進行基準と原価回収基準　答案用紙あり

　次の資料にもとづいて、(A)工事進行基準（工事進捗度を合理的に見積ることが
できる場合）と(B)原価回収基準（工事進捗度を合理的に見積ることができない場
合）の(1)各年度の工事利益、(2)×2年度の貸借対照表に記載される工事未収入金、
未成工事受入金および未成工事支出金の金額を求めなさい。なお、すべての工事
は×1年度に着工し、甲工事は×2年度に、乙工事は×3年度に完成・引渡しが完了し
ている。

　また、発生した原価は、各年度において全額回収することが見込まれている。

［資　料］

（単位：千円）

		甲工事	乙工事
請負金額		250,000	600,000
各年度の入金額	×1年度	80,000	250,000
	×2年度	100,000	125,000
	×3年度	70,000	225,000
各年度の実際発生 工事原価	×1年度	60,000	135,000
	×2年度	100,000	150,000
	×3年度	—	200,000
各年度末における 見積工事原価総額	×1年度	150,000	450,000
	×2年度	—	475,000

問3　工事進行基準（見積りの変更）　答案用紙あり

次の資料にもとづいて、工事進捗度を合理的に見積ることができる場合の各期における工事収益、工事原価、工事利益を計算しなさい。

［資　料］

(1) 工事契約の施工者である当社は、第1期にダムの建設（建設期間は3年）について契約を締結した。契約で取り決めた当初の工事収益総額は700,000円であり、工事原価総額の当初見積額は650,000円である。

(2) 第1期末において、工事原価総額の見積額を656,000円に変更した。

(3) 第2期末において、契約内容の変更があり、工事収益総額を750,000円とする契約条件の変更が決定した。また、当該変更により工事原価が21,000円増加すると見積られる。

(4) 当社は決算日における工事進捗度を原価比例法により算定している。なお、各期に発生した工事原価は次のとおりである。

	第1期	第2期	第3期
各期に発生した工事原価	164,000円	323,440円	180,560円

（注）　当該工事は第3期に完成・引渡しが完了した。

解答

問1　工事契約に関する会計処理

(A)　工事進行基準

(1)	(現　　　　　金)	250,000	(未成工事受入金)	250,000
(2)	(未成工事支出金)	1,080,000	(材　料　費)	400,000
			(労　務　費)	520,000
			(経　　　費)	160,000
	(工　事　原　価)	1,080,000	(未成工事支出金)	1,080,000
	(未成工事受入金)	250,000	(工　事　収　益)	1,400,000*¹
	(工 事 未 収 入 金)	1,150,000		
(3)	(未成工事支出金)	1,620,000	(材　料　費)	696,000
			(労　務　費)	594,000
			(経　　　費)	330,000
	(工　事　原　価)	1,620,000	(未成工事支出金)	1,620,000
	(工 事 未 収 入 金)	2,100,000	(工　事　収　益)	2,100,000*²
	(現　　　　　金)	3,250,000	(工 事 未 収 入 金)	3,250,000

$$*1 \quad 3,500,000円 \times \frac{1,080,000円}{2,700,000円} = 1,400,000円$$
$$*2 \quad 3,500,000円 - 1,400,000円 = 2,100,000円$$

(B)　工事完成基準

(1)	(現　　　　　金)	250,000	(未成工事受入金)	250,000
(2)	(未成工事支出金)	1,080,000	(材　料　費)	400,000
			(労　務　費)	520,000
			(経　　　費)	160,000
(3)	(未成工事支出金)	1,620,000	(材　料　費)	696,000
			(労　務　費)	594,000
			(経　　　費)	330,000
	(工　事　原　価)	2,700,000*³	(未成工事支出金)	2,700,000
	(未成工事受入金)	250,000	(工　事　収　益)	3,500,000
	(現　　　　　金)	3,250,000		

$$*3 \quad 1,080,000円 + 1,620,000円 = 2,700,000円$$

問2 工事進行基準と原価回収基準

(1) 各年度の工事利益

	×1年度	×2年度	×3年度
(A)工事進行基準	85,000千円	80,000千円	40,000千円
(B)原価回収基準	— 千円	90,000千円	115,000千円

(2) ×2年度末の貸借対照表項目

	工事未収入金	未成工事受入金	未成工事支出金
(A)工事進行基準	70,000千円	15,000千円	— 千円
(B)原価回収基準	70,000千円	90,000千円	— 千円

〈解説〉

(A) 工事進行基準 (原価比例法)

工事進行基準では、決算日における工事進捗度に応じて工事収益を計上し、期中に発生した原価を工事原価として計上します。

(1) ×1年度

① 工事収益

甲工事：$250,000千円 \times \dfrac{60,000千円}{150,000千円}(0.4) = 100,000千円$

乙工事：$600,000千円 \times \dfrac{135,000千円}{450,000千円}(0.3) = 180,000千円$

② 工事原価

甲工事：60,000千円

乙工事：135,000千円

③ 工事利益

$(100,000千円 + 180,000千円) - (60,000千円 + 135,000千円) = 85,000千円$

(2) ×2年度

① 工事収益

甲工事：$250,000千円 - 100,000千円 = 150,000千円$

乙工事：$600,000千円 \times \dfrac{135,000千円 + 150,000千円}{475,000千円}(0.6) - 180,000千円$

$= 180,000千円$

② 工事原価

甲工事：100,000千円

乙工事：150,000千円

③ 工事利益

$(150,000千円 + 180,000千円) - (100,000千円 + 150,000千円) = 80,000千円$

④ 工事未収入金または未成工事受入金

工事収益と入金額との差額は、工事未収入金（工事収益＞入金額）または未成工事受入金（工事収益＜入金額）で処理します。

甲工事：（100,000千円＋150,000千円）－（80,000千円＋100,000千円）
＝70,000千円（工事未収入金）

乙工事：（180,000千円＋180,000千円）－（250,000千円＋125,000千円）
＝△15,000千円（未成工事受入金）

(3) ×3年度

① 工事収益

乙工事：600,000千円－180,000千円－180,000千円＝240,000千円

② 工事原価

乙工事：200,000千円

③ 工事利益

240,000千円－200,000千円＝40,000千円

(B) 原価回収基準

原価回収基準では、工事収益、工事原価は回収することが見込まれる費用の発生した期に計上します。各期にかかった費用は未成工事支出金（仕掛品）に計上し、そのうち回収が見込まれる部分を工事原価に振り替えます。

(1) ×1年度

① 工事収益

甲工事：60,000千円

乙工事：135,000千円

② 工事原価

当期に発生した原価は、未成工事支出金に計上し、その後工事原価に振り替えます。

甲工事：60,000千円

乙工事：135,000千円

③ 工事利益

甲工事：60,000千円－60,000千円＝0千円

乙工事：135,000千円－135,000千円＝0千円

(2) ×2年度

① 工事収益

甲工事：250,000千円－60,000千円＝190,000千円

乙工事：150,000千円

② 工事原価

甲工事：100,000千円

乙工事：150,000千円

③ 工事利益

甲工事：190,000千円－100,000千円＝90,000千円

乙工事：150,000千円－150,000千円＝0千円

④ 工事未収入金または未成工事受入金

工事収益と入金額との差額は、工事未収入金（工事収益＞入金額）または未成工事受入金（工事収益＜入金額）で処理します。

甲工事：250,000千円－180,000千円＝70,000千円（工事未収入金）

乙工事：135,000千円＋150,000千円－250,000千円－125,000千円

＝△90,000千円（未成工事受入金）

⑤ 未成工事支出金

未成工事支出金は工事原価に振り替えているため、貸借対照表上には計上されません。

(3) ×3年度

① 工事収益

乙工事は当期に完成・引渡しが行われているので、全額売上計上します。

乙工事：600,000千円－135,000千円－150,000千円＝315,000千円

② 工事原価

乙工事：200,000千円

③ 工事利益

315,000千円－200,000千円＝115,000千円

問3　工事進行基準（見積りの変更）

	第1期	第2期	第3期
工事収益	175,000円	365,000円	210,000円
工事原価	164,000円	323,440円	180,560円
工事利益	11,000円	41,560円	29,440円

〈解説〉

工事収益総額と工事原価総額の変更があった場合、変更があった年度以降は変更後の金額を用いて工事進捗度を計算します。

(1) **第1期**

第1期末において、工事原価総額の見積額が656,000円に変更されているので、第1期の工事進捗度の計算では、当初の工事原価総額の見積額ではなく、変更後の工事原価総額の見積額を用いて工事進捗度を計算します。

工事収益：$700,000円 \times \dfrac{164,000円}{656,000円} = 175,000円$

(2)　**第2期**

　第2期において、工事収益総額と工事原価総額の見積額が変更されているので、第2期の工事進捗度の計算では、変更後の工事収益総額と工事原価総額の見積額を用いて計算します。

$$工事収益：750,000円 \times \frac{164,000円 + 323,440円}{656,000円 + 21,000円} = 540,000円$$

$$540,000円 - 175,000円 = 365,000円$$

(3)　**第3期**

$$工事収益：750,000円 - (175,000円 + 365,000円) = 210,000円$$

CHAPTER 05

一般商品売買

◆新たに原価率を学習します

　返品や割戻しなどは3・2級で学習しました。1級ではこれらに加えて、利益率・原価率・値入率の計算方法を学習します。

　また、3・2級では三分法・売上原価対立法を学習しましたが、総記法や期末商品の評価として売価還元法も新たに学習します。

▶ 1級で学習する内容 ─────────────────────

利益率と原価率

2級までに学習済み	➡	1級で学習する内容
		利益率・原価率・値入率

他勘定振替高

他勘定振替高

総　記　法

購入・販売
決算時の処理

商品の払出単価の決定

先入先出法・移動平均法・総平均法

個別法・最終仕入原価法・ 売価還元法

期末商品の評価

棚卸減耗損・商品評価損

1 利益率と原価率

Ⅰ 利益率と原価率

利益率とは、売価に占める利益の割合のことをいい、**原価率**とは、売価に占める原価の割合のことをいい、利益率と原価率を合計すると1（＝100%）になります。

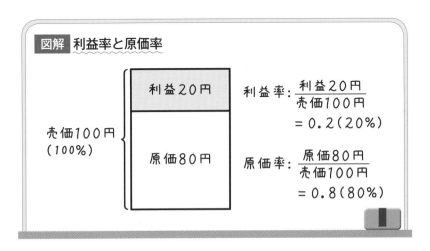

図解 利益率と原価率

利益20円

売価100円
（100%）

原価80円

利益率：$\dfrac{利益20円}{売価100円}$
$= 0.2（20\%）$

原価率：$\dfrac{原価80円}{売価100円}$
$= 0.8（80\%）$

▼ 例1 ━━━━━━━━━━━━━━ **利益率と原価率**

以下の資料にもとづいて、当期の利益率と原価率を計算しなさい。

[資　料]

決算整理前残高試算表（一部）　　（単位：円）			
繰 越 商 品	700	売　　　上	12,125
仕　　　入	9,300		

・期末商品棚卸高は300円である。

例1の解答　利益率：20%[*1]

　　　　　　原価率：80%[*2]

商	品
期首 700円	売上原価 ∴9,700円
当期 9,300円	期末 300円

利益率：$\dfrac{\text{利益（売上12,125円－売上原価9,700円）}}{\text{売上12,125円}}=0.2（20\%）$

＊2　原価率：$\dfrac{\text{売上原価9,700円}}{\text{売上12,125円}}=0.8（80\%）$

Ⅱ 値入率

　値入率とは、原価を1（100%）としたとき、原価に対する利益の加算割合をいい、利益加算率、付加率、マークアップ率ともよばれています。

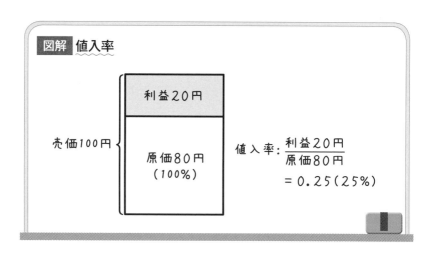

図解　値入率

売価100円 ⎰ 利益20円 ／ 原価80円（100%）

値入率：$\dfrac{\text{利益20円}}{\text{原価80円}}=0.25（25\%）$

例2 ───────────────── 値入率

　当社は、1,000円で仕入れた商品Aを1,250円で販売している。以下の問いに答えなさい。

　(1)　商品Aの値入率は何パーセントか答えなさい。

　(2)　700円で仕入れた商品Bを商品Aと同じ値入率で販売したとき、商品Bの売価はいくらになるか答えなさい。

例2の解答　(1)　値入率：**25%**＊1

　　　　　　(2)　売　価：**875円**＊2

　　　　＊1　値入率：$\dfrac{\text{利益（売価1,250円－原価1,000円）}}{\text{原価1,000円}}＝0.25（25\%）$

　　　　＊2　売　価：700円×（1 ＋ $\underset{\text{値入率}}{0.25}$ ）＝875円

2　返品・割戻しと割引

Ⅰ　返品とは

　商品の品違いなどを理由に、商品を仕入先に戻したり、得意先から商品が戻ってくることを**返品**といいます。

Ⅱ　割戻しとは

　一定期間に大量に商品を仕入れてくれた取引先に対して、リベートとして代金の一部を返還することを**割戻し**といいます。

1　仕入割戻し

　仕入側が割戻しを受けたときは、**仕入**を取り消す処理をします。

例3 ───────────────── 仕入割戻し

　仕入先から10,000円の割戻しを受けたため、買掛金と相殺した。

例3の仕訳　（買　　掛　　金）　　10,000　　（仕　　　　　入）　　10,000

2 売上割戻し

売上割戻しの取引は、変動対価が含まれる取引となります。そのため、売上側の割戻しについては、商品を販売した時点で、売上割戻しを行う可能性が高いと見積られる金額を**返金負債**として処理します。

また、売上として計上する金額は、売上割戻しの見積金額を控除した金額となります。

▎**例4** ━━━━━━━━━━━━━━━━━━━━━━━━━ **売上割戻し**

(1) 当社（3月決算）は、商品Aを1個あたり40円で販売する契約を×1年4月1日にX社（顧客）と締結した。この契約における対価には変動性があり、X社が×2年3月31日までに商品Aを500個よりも多く購入する場合には、1個あたりの価格を遡及的に36円に減額すると定めている。

(2) ×1年6月30日に、商品A250個をX社に掛けで販売した。当社は、新たな事実を考慮して、X社の購入数量は×2年3月31日までに500個を超えるであろうと見積り、1個あたりの価格を36円に遡及的に減額することが必要になると判断した。

例4の仕訳(1) 　　　　　　　　　仕　訳　な　し

	(2) (売　　掛　　金)	10,000	(売　　　　　上)	9,000*1
			(返　金　負　債)	1,000*2

＊1　＠36円×250個＝9,000円
＊2　（＠40円－＠36円）×250個＝1,000円

ひ と こ と

　商品を販売した時点で売上割戻しを行う可能性が高いと判断した場合、売上割戻しの見積金額を控除した9,000円で売上を計上します。また、約束された対価の額10,000円との差額1,000円については、将来顧客に返金する可能性が高い部分となるので返金負債として処理します。

Ⅲ 割引とは

あらかじめ決められた決済期日前に掛け代金の決済が行われた場合に、掛け代金に含まれる金利相当分を免除することを**割引**といいます。

1 仕入割引

仕入側が掛け代金に含まれる金利相当分を免除してもらったときは、金利相当分を**仕入割引**として処理します。

例5 ━━━━━━━━━━━━━━━━━━━━━━━━━━━ **仕入割引**

(1) 商品10,000円を仕入れ、代金は掛けとした。なお、掛け代金の決済について「30日後に支払い。ただし10日以内に支払うときは200円の割引きを行う」という条件がついている。
(2) (1)の買掛金について割引適用期間内に決済したため、掛け代金10,000円から金利相当分200円を控除した残額を現金で支払った。
(3) (1)の買掛金について決済期日に決済したため、掛け代金10,000円を現金で支払った。

例5の仕訳(1)	(仕　　　　　入)	10,000	(買　　掛　　金)	10,000
(2)	(買　掛　金)	10,000	(現　　　　　金)	9,800*
			(仕　入　割　引)	200
(3)	(買　掛　金)	10,000	(現　　　　　金)	10,000

＊　10,000円－200円＝9,800円

ひ と こ と

割引の会計処理…仕入割引（収益）で処理
割引の損益計算書（P/L）上の表示…仕入割引は営業外収益

ひ と こ と

売上割引の処理については、CHAPTER 03を参照してください。

3 他勘定振替高

I 他勘定振替高とは

　販売の目的で仕入れた商品を、見本品として提供したり、広告宣伝のために使う場合など、販売以外の原因で商品が減少したときには、仕入勘定から他の勘定に振り替えます。この振り替えた部分を**他勘定振替高**といいます。

II 他勘定振替高の処理

　商品を仕入れたときに仕入勘定で処理しているので、これをほかの適当な科目に振り替えます。

| （○　　○　　○） | ××× | （仕　　　　入） | ××× |

見本品費、広告宣伝費、
火災損失、盗難損失など

▸ **例6** ────────────────────────── 他勘定振替高

商品500円を見本品として得意先に引き渡した。

| 例6の仕訳 | （見 本 品 費） | 500 | （仕　　　入） | 500 |

ひ と こ と

　広告宣伝に使用した場合は「広告宣伝費」、火災による商品の減少なら「火災損失」、盗難による減少なら「盗難損失」などの勘定科目を用います。

86

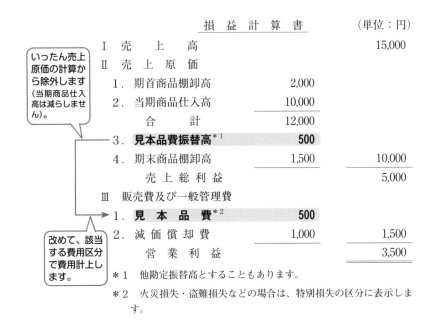

Ⅲ 損益計算書の表示

　帳簿上は**仕入**を減らしますが、損益計算書上は当期商品仕入高から直接控除せず、いったん売上原価の計算から除外します。その後、該当する費用区分で費用計上します（見本品も外部から仕入れたことに変わりはないからです）。

損　益　計　算　書　　　　　（単位：円）

> いったん売上原価の計算から除外します（当期商品仕入高は減らしません）。

> 改めて、該当する費用区分で費用計上します。

Ⅰ　売　　　　上　　　　高　　　　　　　　　　　15,000
Ⅱ　売　　上　　原　　価
　　1．期首商品棚卸高　　　　　　2,000
　　2．当期商品仕入高　　　　　 10,000
　　　　合　　　　計　　　　　　 12,000
　　3．**見本品費振替高***1　　　　　**500**
　　4．期末商品棚卸高　　　　　　1,500　　　 10,000
　　　　売　上　総　利　益　　　　　　　　　　　 5,000
Ⅲ　販売費及び一般管理費
　　1．**見　本　品　費***2　　　　　　**500**
　　2．減　価　償　却　費　　　　　1,000　　　　1,500
　　　　営　業　利　益　　　　　　　　　　　　　 3,500

＊1　他勘定振替高とすることもあります。

＊2　火災損失・盗難損失などの場合は、特別損失の区分に表示します。

Ⅰ 総記法とは

総記法とは、商品を仕入れたとき、および商品を販売したときに**商品勘定**で記帳する方法です。

すなわち、商品を仕入れたときには原価で商品勘定の借方に記入し、商品を販売したときには売価で商品勘定の貸方に記入します。

Ⅱ 仕入時、売上時の処理

1 仕入時

総記法では、商品を仕入れたときには原価で**商品勘定**の借方に記入します。

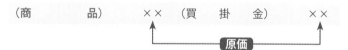

2 売上時

商品を販売したときは、売価で**商品勘定**の貸方に記入します。

上記のように商品勘定は「資産の増減」と「収益の増減」が混合して記入されるので、商品勘定（総記法の場合）は混合勘定といわれます。

Ⅲ 決算時の処理

　仕入時には原価を商品勘定の借方に記入し、売上時には売価を商品勘定の貸方に記入しているので、決算整理前残高試算表の商品勘定は期末商品棚卸高とは異なります。

　したがって、決算整理仕訳で、売価と原価の差額である利益部分を調整することにより、商品勘定を期末商品棚卸高となるように修正します。

▼ 例7 ──────────────────── 決算時の処理

　次の各取引について、決算整理仕訳を行いなさい。なお、当社は総記法で処理している。

　(1)　当社は、仕入先B社から商品5,000円を仕入れ、原価4,500円の商品を6,000円で売り上げた。なお、期末商品棚卸高は500円である。

　(2)　当社は、仕入先B社から商品5,000円を仕入れ、原価3,800円の商品を4,500円で売り上げた。なお、期末商品棚卸高は1,200円である。

例7の仕訳(1)　(商　　　　品)　　1,500　　(商 品 売 買 益)　　1,500*1

　　　(2)　(商　　　　品)　　　700　　(商 品 売 買 益)　　　700*2

　　　　＊1　6,000円－4,500円＝1,500円
　　　　＊2　4,500円－3,800円＝700円

　〈解説〉
　(1)　期中の取引から、商品勘定は次のようになっています。

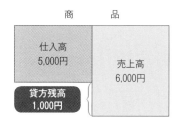

　　　決算整理仕訳によって、利益部分を計上し、商品勘定が期末商品棚卸高になるよう修正します。

(2) 期中の取引から、商品勘定は次のようになっています。

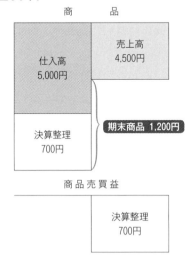

決算整理仕訳によって、利益部分を計上し、商品勘定が期末商品棚卸高になるよう修正します。

ひ と こ と

期末商品棚卸高が判明している場合、次のように計算することもできます。
・貸方残高の場合
　商品売買益＝期末商品棚卸高＋商品勘定の貸方残高
・借方残高の場合
　商品売買益＝期末商品棚卸高－商品勘定の借方残高

Ⅳ 返品・割戻しの処理

　返品や割戻しの処理方法は、三分法と同じです。

　ただし、総記法では仕入戻しや仕入割戻しがあったときは、仕入戻しや仕入割戻し部分を商品勘定で取り消します。

▶ **例8** ━━━━━━━━━━━━━━━━━━━ **返品・割戻しの処理**

次の各取引の仕訳を示しなさい。なお、当社は総記法で処理している。
(1)　B社から掛けで仕入れた商品のうち100円を返品した。
(2)　B社から掛けで仕入れた商品の一部について50円の割戻しを受けた。

例8の仕訳　　(1)　仕入戻しの場合

（買　掛　金）	100	（商　　　品）	100

　　　　　　　(2)　仕入割戻しの場合

（買　掛　金）	50	（商　　　品）	50

棚卸資産とは、企業の営業活動において消費されることにより費用となる資産で、その消費部分を数量で把握できるものをいいます。

期末に保有する棚卸資産は、貸借対照表の**流動資産**に表示します。

ひ と こ と

簿記では、棚卸資産のイメージとして、一般的な商品を思い浮かべてもらえれば十分ですが、理論上は次のものが棚卸資産となります。

❶ 商品、製品
❷ 仕掛品、半製品、建設業の未成工事支出金
❸ 原材料、工場消耗品
❹ トレーディング目的で保有する資産
❺ 事務用消耗品、荷造用品

ふむふむ…

これならわかる!!

仕入れた棚卸資産は、期中に販売すれば売上原価として費用化され、期末に残っていれば商品として資産計上されます。そのほか、期中になくなったり（棚卸減耗損）、見本品として使用されるもの（見本品費）もあります。

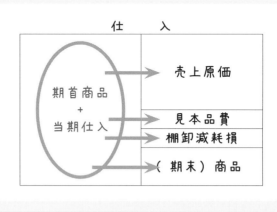

モヤモヤ解消

92

6 期末商品の評価方法

期末商品の評価額は、**数量×単価**で求めます。まずは数量の計算方法からみていきましょう。

Ⅰ 棚卸資産の数量の計算方法

棚卸資産の数量の計算方法には、継続記録法と棚卸計算法があります。

1 継続記録法

継続記録法とは、商品有高帳を用いて、仕入れた数と払い出した数をそのつど記録する方法です。

●継続記録法

◆**メリット**…期中でもつねに在庫数量が明らかになる。
  　　　　　　実地棚卸と併用すれば、棚卸減耗を把握できる。
◆**デメリット**…記録に手間がかかる。

2 棚卸計算法

棚卸計算法とは、受入れの記録はしますが、払出しの記録を省略する方法です。払出数量の把握は、期末に実地棚卸を行って実際数量を把握し、受入数量と期末数量との差から間接的に計算します。

●棚卸計算法

◆**メリット**…記録に手間がかからない。
◆**デメリット**…期中は在庫数量を把握できない。また、帳簿残高（あるべき残高）がわからないので棚卸減耗を把握することができない。

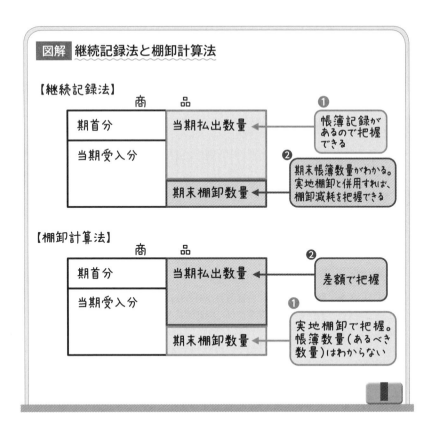

図解 継続記録法と棚卸計算法

【継続記録法】

商　品

期首分	当期払出数量
当期受入分	
	期末棚卸数量

❶ 帳簿記録があるので把握できる

❷ 期末帳簿数量がわかる。実地棚卸と併用すれば、棚卸減耗を把握できる

【棚卸計算法】

商　品

期首分	当期払出数量
当期受入分	
	期末棚卸数量

❷ 差額で把握

❶ 実地棚卸で把握。帳簿数量（あるべき数量）はわからない

　通常、棚卸減耗を把握して在庫管理を行うために、**継続記録法**を採用すると同時に**実地棚卸**も行います（これを、継続記録法と棚卸計算法を併用する、ともいいます）。

Ⅱ 払出単価の計算

払出単価の計算方法には、先入先出法、平均原価法、個別法、最終仕入原価法があります。

1 先入先出法

先入先出法とは、先に受け入れたものから先に払い出したと仮定して単価を決定する方法です。

●先入先出法

◆**メ リ ッ ト**…実際の物の流れと一致することが多い。
　　　　　　　　商品の期末貸借対照表価額が最近の時価に近くなる。
◆**デメリット**…物価変動時に保有損益（名目的な損益）が計上されてしまう。

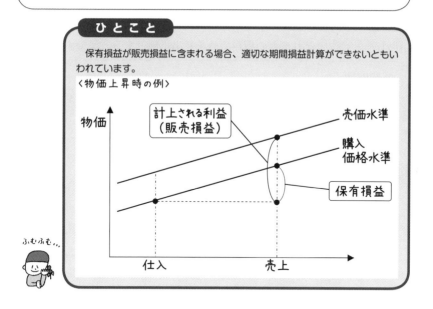

ひ と こ と

　保有損益が販売損益に含まれる場合、適切な期間損益計算ができないともいわれています。

〈物価上昇時の例〉

ふむふむ…

2 平均原価法

平均原価法には、受入れのつど平均単価を計算する**移動平均法**と、一定期間の総仕入高と数量から平均単価を計算する**総平均法**があります。

●移動平均法

◆**メリット**…売上と同時に払出単価を確定できる。
◆**デメリット**…受入れのつど平均単価を計算するため、計算が煩雑である。

●総平均法

◆**メリット**…計算が簡便である。
◆**デメリット**…会計期間終了時まで払出単価が確定しない。

---

3 個別法

個別法とは、棚卸資産ごとに取得原価がわかるように区別しておき、払い出したときに、それぞれの取得原価を払出単価とする方法です。

●個別法

◆**メリット**…実際の物の流れと完全に一致する。
◆**デメリット**…記録が煩雑である。

---

4 最終仕入原価法

最終仕入原価法とは、最後に仕入れた商品の単価を期末商品の単価として、差額で売上原価を計算する方法です。

ひ と こ と

　最終仕入原価法は、税法上で認められている方法で、会計基準では認められていません。

7　棚卸減耗損と商品評価損

I　棚卸減耗損と商品評価損

　棚卸減耗損とは、実地棚卸高が帳簿棚卸高より少ないこと、つまり棚卸数量の減少によって生じた損失のことです。

　商品評価損とは、時価の低下、品質の低下や陳腐化などにより、正味売却価額（時価）が商品の原価よりも下落した場合の、原価と正味売却価額の差額のことです。

　これらは2級で学習済みですので、例題で確認してみましょう。

▼ 例9 ────────────────── **棚卸減耗損と商品評価損**

　期末商品の帳簿記録と実地棚卸高は次のとおりである。P/L期末商品棚卸高、棚卸減耗損と商品評価損、B/S期末商品を計算しなさい。

　　帳簿棚卸高　　　10個　単価：帳簿価額@100円
　　実地棚卸高　　　9個
　　┌良品　　　　　5個　単価：正味売却価額@90円
　　└品質低下品　　4個　単価：正味売却価額@70円

例9の解答　P/L期末商品棚卸高：1,000円*1
　　　　　棚卸減耗損：100円*2
　　　　　商品評価損：170円*3
　　　　　B/S期末商品：730円*4

〈解説〉

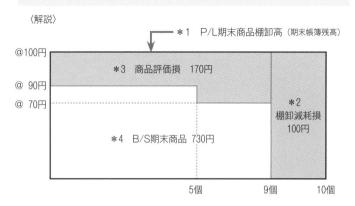

＊1　P/L期末商品棚卸高：@100円×10個＝1,000円
＊2　棚卸減耗損：@100円×（10個－9個）＝100円
＊3　商品評価損（品質低下分）：（@100円－@70円）×4個＝120円
　　　商品評価損（良品分）：（@100円－@90円）×5個＝50円 ｝170円
＊4　B/S期末商品：@90円×5個＋@70円×4個＝730円

Ⅱ 表示方法

1 棚卸減耗損の表示区分と表示方法

　棚卸減耗損のうち、原価性のある棚卸減耗損（毎期発生する程度の棚卸減耗損）は、損益計算書上、売上原価の内訳科目または販売費及び一般管理費に表示します。

　一方、原価性のない棚卸減耗損（毎期発生する程度を超えている棚卸減耗損）は、損益計算書上、営業外費用または特別損失に表示します。

ふむふむ…

ひ と こ と

　本試験では、問題文に指示がつくか解答欄で判断することが多いので、問題文や答案用紙に注意しましょう。

損 益 計 算 書

自×1年4月1日　至×2年3月31日　　（単位：円）

Ⅰ 売 上 高　　　　　　　　　　　　　　　　　× ×

Ⅱ 売 上 原 価

　1．期首商品棚卸高　　　　　　　× ×

　2．当期商品仕入高　　　　　　　× ×

　　　合　　計　　　　　　　　　　× ×

　3．期末商品棚卸高　　　　　　　× ×

　4．**棚 卸 減 耗 損**　　　　　⊕　100　　　× ×

> 期末商品の下ですが、加算することに注意しましょう

　　　売 上 総 利 益　　　　　　　　　　　　× ×

原価性があるもの

Ⅲ 販売費及び一般管理費

　1．**棚 卸 減 耗 損**　　　　　　　100

　2．減 価 償 却 費　　　　　　　× ×　　　　× ×

　　　営 業 利 益　　　　　　　　　　　　　× ×

Ⅳ 営 業 外 収 益　　　　　　　　　　　　　× ×

Ⅴ 営 業 外 費 用

　1．**棚 卸 減 耗 損**　　　　　　　　　　　100

　　　経 常 利 益　　　　　　　　　　　　　× ×

原価性がないもの

Ⅵ 特 別 利 益　　　　　　　　　　　　　　× ×

Ⅶ 特 別 損 失

　1．**棚 卸 減 耗 損**　　　　　　　　　　　100

2 商品評価損の表示区分と表示方法

商品評価損は、原則として売上原価の内訳項目として表示します。

ただし、商品評価損が臨時的、かつ多額に生じたときは例外として特別損失として表示します。

ふむふむ...

ひ と こ と

本試験では、問題文に指示がつくか解答欄で判断することが多いので、問題文や答案用紙に注意しましょう。

損　益　計　算　書

自×1年4月1日　至×2年3月31日　（単位：円）

Ⅰ　売　　上　　高		××
Ⅱ　売　上　原　価		
1．期首商品棚卸高	××	
2．当期商品仕入高	××	
合　　　計	××	
3．期末商品棚卸高	××	
原則 → 4．**商 品 評 価 損**	**⊕** 170	××
売 上 総 利 益		××
⋮		
Ⅶ　特　別　損　失		
例外 → 1．**商 品 評 価 損**		170

加算

100

●棚卸減耗損と商品評価損の表示区分

◆棚卸減耗損

原価性があるもの（毎期発生する程度のもの）

…売上原価の内訳項目または販売費及び一般管理費

原価性がないもの（毎期発生する程度を超えたもの）

…特別損失または営業外費用

◆商品評価損

原則：売上原価の内訳項目

例外：特別損失（臨時的かつ多額の評価損が生じたとき）

まとめると、次のようになります。

		売上原価	販管費	営業外費用	特別損失
棚卸減耗損	原価性あり	○	○		
	原価性なし			○	○
商品評価損		○（原則）			△（例外）

8 売価還元法

I 売価還元法とは

6で棚卸資産の数量を計算する際に継続記録法によると記録の手間がかかると説明しましたが、小売業のように商品種類の多い業種では、その種類ごとに受入れ・払出しをそれぞれ記録していかなければならなくなるため、膨大な手間がかかります。

そこで、商品グループごとに期末商品の売価合計に原価率を掛けて期末商品原価を計算する**売価還元法**が認められています。

この方法では、まず期末商品原価を計算してから、差額で売上原価を求めます。

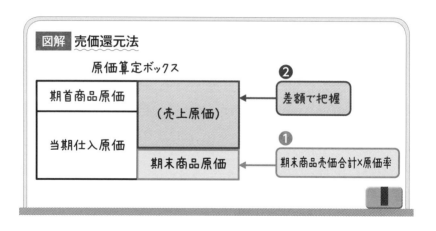

図解 売価還元法

原価算定ボックス

| 期首商品原価 | （売上原価） |
| 当期仕入原価 | 期末商品原価 |

❷ 差額で把握

❶ 期末商品売価合計×原価率

ひとこと

あくまで期末商品原価を簡便に求める方法ですので、売上に原価率を掛けて、売上原価を直接求めないように気をつけましょう。

Ⅱ 売価還元原価法による計算

　原価率算定の際、期首商品の原価と売価は決まっていますが、当期仕入分の売価は明示されていません。

　通常、企業は期中に値上げ、値下げを行いながら当期の売価を決めるので、原価率の計算は次のようになります。

売価還元原価法の
$$\text{原価率} = \frac{\text{期首商品原価} + \text{当期仕入原価}}{\text{期首商品売価} + \text{当期仕入原価} + \text{原始値入額} + \text{値上額}^{*1} - \text{値下額}^{*2}}$$

＊1　値上取消額がある場合には、値上取消額を差し引いた純値上額
＊2　値下取消額がある場合には、値下取消額を差し引いた純値下額

ひとこと

原始値入額とは、仕入原価に最初に加算した利益のことをいいます。名前からでは意味がわかりづらいので、しっかり覚えておきましょう。

次の資料にもとづいて、売価還元法によるB/Sの商品および売上原価、棚卸減耗損を求めなさい。なお、棚卸減耗損は販売費及び一般管理費として処理している（単位：円）。

[資　料]

	原価	売価
期首商品	3,600	5,000
当期仕入高	11,400	
原始値入額		2,600
値上額		2,000
値上取消額		△1,000
値下額		△1,500
値下取消額		250
当期売上高		15,750
期末商品実地棚卸高		2,500

例10の解答　B／S商品：**2,000円**[*1]

　　　　　　売上原価：**12,600円**[*2]

　　　　　　棚卸減耗損：**400円**[*1]

〈解説〉

売価	
期首	5,000円
仕入高	11,400円
＋原始値入額	2,600円
＋値上額	2,000円
△値上取消額	△1,000円
△値下額	△1,500円
＋値下取消額	250円
売価合計	18,750円

原価	商　品	
期首	3,600円	売上原価
当期仕入高	11,400円	
		期末
原価合計	15,000円	

原価率＝0.8 $\left(\dfrac{15,000円}{18,750円}\right)$

＊1　① 期末帳簿棚卸高
　　　　18,750円（売価合計）－15,750円（売上高）＝3,000円（帳簿残高の売価）
　　　　3,000円×0.8＝2,400円

② 期末実地棚卸高（B/S商品）
2,500円×0.8＝2,000円
③ 棚卸減耗損
①－②＝400円

＊2 売上原価（先に期末帳簿棚卸高を求め、差額で計算します）
15,000円（原価合計）－2,400円（期末帳簿棚卸高）＝12,600円

Ⅲ 売価還元法における商品評価損の処理

　期末商品の時価が原価を下回っている場合、**売価還元低価法**を用いて計算することができます。

ひとこと

　売価還元法を採用している場合でも、期末の正味売却価額が帳簿価額よりも下落している場合には、正味売却価額をもって貸借対照表価額とします。ただし、値下額等が売価合計額に適切に反映されている場合には、売価還元低価法の原価率により求めた期末棚卸資産の帳簿価額をもってこれに代えることができます。

$$\text{売価還元低価法の原価率} = \frac{\text{期首商品原価＋当期仕入原価}}{\text{期首商品売価＋当期仕入原価＋原始値入額＋値上額}^{*} \cancel{-\text{値下額}}}$$

＊ 値上取消額がある場合には、値上取消額を差し引いた純値上額

ひとこと

　売価還元低価法では、（純）値下額を無視して原価率の計算を行います。分母が大きくなって原価率が小さくなるため、算出される期末商品原価も小さくなり、その結果、通常の低価法と同様の効果が得られます。

●売価還元低価法の計算方法

売価還元低価法の計算方法には、以下の2つがあります。
❶ 商品評価損を計上する方法
❷ 商品評価損を計上しない方法（評価損部分は、結果的に売上原価に算入されます）

　例10の数値にもとづいて、売価還元低価法によってB/Sの商品、P/Lの期末商品棚卸高、棚卸減耗損、商品評価損（①のみ）を①商品評価損を計上する方法と、②商品評価損を計上しない方法のそれぞれにより計算しなさい。

例11の解答　①　商品評価損を計上する方法の場合

　　　　　　　　B/S商品：　　　　　　　　1,875円*1
　　　　　　　　P/L期末商品棚卸高：2,400円*2
　　　　　　　　棚卸減耗損：　　　　　　　400円*3
　　　　　　　　商品評価損：　　　　　　　125円*4

　　　　　②　商品評価損を計上しない方法の場合

　　　　　　　　B/S商品：　　　　　　　　1,875円*5
　　　　　　　　P/L期末商品棚卸高：2,250円*6
　　　　　　　　棚卸減耗損：　　　　　　　375円*7

〈解説〉
　　売価還元低価法の原価率は次のように求めます。

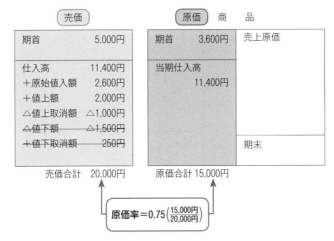

売価	
期首	5,000円
仕入高	11,400円
＋原始値入額	2,600円
＋値上額	2,000円
△値上取消額	△1,000円
△値下額	△1,500円
＋値下取消額	250円

売価合計　20,000円

原価	商　　品
期首	3,600円
当期仕入高	11,400円

原価合計 15,000円

売上原価

期末

$$原価率＝0.75\left(\frac{15,000円}{20,000円}\right)$$

① 商品評価損を計上する方法
　売価還元原価法と売価還元低価法の原価率を両方使います。

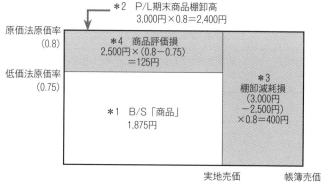

② 商品評価損を計上しない方法
　この方法では、売価還元低価法の原価率だけで期末商品のB/S価額と棚卸減耗損を計算します。

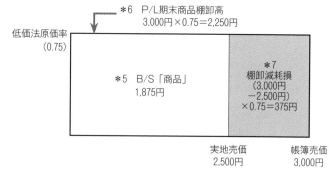

　ボックス図で①と比較すると、商品評価損が計上されないうえ、棚卸減耗損が小さくなっています（合計で3,000円×0.05＝150円分）。しかし、その分P/L期末商品棚卸高が小さくなるため、売上原価が150円大きくなります。
　つまり、費用計上の科目が違うだけで、①と②で計上される費用の総額に変わりはありません。

問1　原価率の算定

次の資料にもとづいて、以下の設問に答えなさい。

［資料1］

決算整理前残高試算表（一部）　　（単位：円）

繰 越 商 品	2,000	売 上	20,000
仕 入	15,050	仕 入 割 戻	300
販売費及び一般管理費	1,000		

［資料2］決算整理事項等

(1)　仕入勘定から仕入戻し500円、仕入割引50円が控除されている。

(2)　期末棚卸商品のうち、500円分は価値が低下している（評価額450円）。

(3)　期末商品実地棚卸高は2,500円である（価値低下品の簿価を含む）。

(4)　当社の原価率は70％である。

設問1　仕入割引の誤処理を修正する仕訳を示しなさい。

設問2　損益計算書を完成させなさい（経常利益まで）。

　　　　なお、棚卸減耗損・商品評価損は、売上原価の内訳科目としてP/L表示すること。

問2　総記法

次の資料にもとづいて、損益計算書（売上総利益まで）および貸借対照表を作成しなさい。なお、当期の利益率は24％である。

[資料1] 決算整理前残高試算表

決算整理前残高試算表　　　（単位：円）

商　　　　　品　　3,800	

[資料2] 決算整理事項等

・当期商品仕入高：20,000円

・期末商品帳簿棚卸高：2,440円

・棚卸減耗損：40円（販売費及び一般管理費に表示）

問3　期末商品の評価

次の資料にもとづいて、売価還元低価法による場合の損益計算書（経常利益まで）を①商品評価損を計上する方法（売上原価の内訳項目として計上する）、②商品評価損を計上しない方法、のそれぞれにより作成しなさい。なお、棚卸減耗損は販売費及び一般管理費として計上すること。

[資料1]

決算整理前残高試算表　　　（単位：円）

繰　越　商　品	3,900	売　　　　　　上	15,000
仕　　　　　入	11,480	仕　入　戻　し	800
		仕　入　割　戻　し	180
		仕　入　割　引	100

[資料2] その他の資料

期首商品売価	4,000円	原始値入額	4,000円
期中値上額	2,000円	値上取消額	500円
期中値下額	2,200円	値下取消額	200円
期末商品実地売価	2,500円		

解答

問1　原価率の算定

設問1

仕入割引：

（仕　　　　　入）	50	（仕　入　割　引）	50

設問2

損　益　計　算　書　　　　　　（単位：円）

Ⅰ　売　　上　　高		（	20,000 ）
Ⅱ　売　　上　原　価			
1．期首商品棚卸高	（　　　2,000　）		
2．当期商品仕入高	（　　14,800　）		
合　　　　　計	（　　16,800　）		
3．期末商品棚卸高	（　　　2,800　）		
差　　　　　引	（　　14,000　）		
4．(棚卸減耗損)	（　　　　300　）		
5．(商品評価損)	（　　　　50　）	（	14,350 ）
売　上　総　利　益		（	5,650 ）
Ⅲ　販売費及び一般管理費			
1．販売費及び一般管理費	（　　　1,000　）	（	1,000 ）
営　　業　　利　　益		（	4,650 ）
Ⅳ　営　業　外　収　益			
1．(仕　入　割　引)		（	50 ）
経　　常　　利　　益		（	4,700 ）

〈解説〉

① 販売分の売上原価（棚卸減耗損・商品評価損を加算する前の数値）

20,000円×0.7＝14,000円

② 当期商品仕入高

15,050円(前T/B仕入)＋50円(仕入割引誤処理分)－300円(仕入割戻し)＝14,800円

③ 期末商品帳簿残高

2,000円(期首)＋14,800円(当期仕入)－14,000円(売上原価)＝2,800円

④ 棚卸減耗損・商品評価損

2,800円－2,500円(期末実地残高)＝300円(棚卸減耗損)

500円－450円＝50円(商品評価損)

問2　総記法

損　益　計　算　書 （単位：円）

Ⅰ　売　上　高		（　26,000　）
Ⅱ　売　上　原　価		
1．期首商品棚卸高	（　2,200　）	
2．当期商品仕入高	（　20,000　）	
合　　　計	（　22,200　）	
3．期末商品棚卸高	（　2,440　）	（　19,760　）
売 上 総 利 益		（　6,240　）

貸　借　対　照　表 （単位：円）

商　　　　　品（　　2,400　）	

〈解説〉
　商品勘定が貸方残高となっているので、総記法で処理していると判断できます。
　総記法もほかの商品売買と同じように、ボックス図を作って解きます。

(1)　決算整理仕訳

① 商品売買益の算定
　　まず、商品売買益を計算します。
　　　　（商　　　　　品）　6,240　（商 品 売 買 益）　6,240*1
　　　　＊1　3,800円＋2,440円＝6,240円

② 棚卸減耗損
　　棚卸減耗損は商品勘定から控除します。
　　　　（棚 卸 減 耗 損）　　40　（商　　　　　品）　　40

(2)　ボックス図の作成

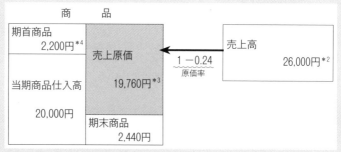

＊2　売上高：6,240円÷24％＝26,000円
　　　　　　　　商品売買益　利益率

＊3　売上原価：26,000円×（100％－24％）＝19,760円

＊4　期首商品棚卸高：19,760円＋2,440円－20,000円＝2,200円

問3　期末商品の評価

損　益　計　算　書	（単位：円）
	①	②

	①		②	
Ⅰ　売　　上　　高		（ 15,000 ）		（ 15,000 ）
Ⅱ　売　上　原　価				
1．期首商品棚卸高	（ 3,900 ）		（ 3,900 ）	
2．当期商品仕入高	（ 10,500 ）		（ 10,500 ）	
合　　　計	（ 14,400 ）		（ 14,400 ）	
3．期末商品棚卸高	（ 2,400 ）		（ 2,160 ）	
差　　　引	（ 12,000 ）		（ 12,240 ）	
4．（商 品 評 価 損）	（ 200 ）	（ 12,200 ）	（ － ）	（ 12,240 ）
売 上 総 利 益		（ 2,800 ）		（ 2,760 ）
Ⅲ　販売費及び一般管理費				
1．（棚 卸 減 耗 損）		（ 400 ）		（ 360 ）
営　業　利　益		（ 2,400 ）		（ 2,400 ）
Ⅳ　営　業　外　収　益				
1．（仕　入　割　引）		（ 100 ）		（以下は①と同じ）
経　常　利　益		（ 2,500 ）		

❷P/L期末商品棚卸高が小さくなり、売上原価が大きくなっています。

❶棚卸減耗損が小さくなり、商品評価損も計上されません。

〈解説〉

まず、売価還元原価法・低価法のそれぞれの原価率を求めます。

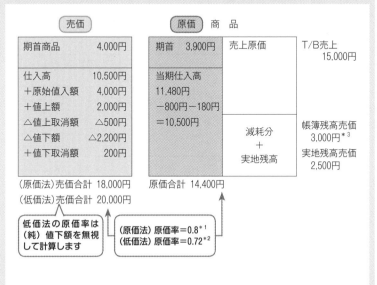

売価	
期首商品	4,000円
仕入高	10,500円
＋原始値入額	4,000円
＋値上額	2,000円
△値上取消額	△500円
△値下額	△2,200円
＋値下取消額	200円

（原価法）売価合計　18,000円
（低価法）売価合計　20,000円

低価法の原価率は（純）値下額を無視して計算します

原価	商品
期首　3,900円	売上原価
当期仕入高 11,480円 －800円－180円 ＝10,500円	
	減耗分 ＋ 実地残高

原価合計　14,400円

	T/B売上 15,000円
	帳簿残高売価 3,000円*³
	実地残高売価 2,500円

（原価法）原価率＝0.8*¹
（低価法）原価率＝0.72*²

$*1$ （原価法）原価率：$\dfrac{14{,}400円}{18{,}000円} = 0.8$

$*2$ （低価法）原価率：$\dfrac{14{,}400円}{20{,}000円} = 0.72$

$*3$ 帳簿残高売価：$\underset{\text{売価合計}}{18{,}000円} - 15{,}000円 = 3{,}000円$

原価率を出したら、期末商品原価を求めます。

① **商品評価損を計上する方法**

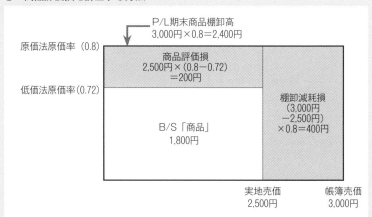

② **商品評価損を計上しない方法**

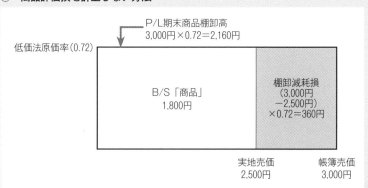

③ **そのほかのP/L数値（①②共通）**

・当期商品仕入高

前T/B11,480円 −（仕入戻し800円 ＋ 仕入割戻し180円）＝ 10,500円

CHAPTER 06

特殊商品売買 I （割賦販売）

◆収益をいつ計上するかの具体的なルール

　ここでは、特殊商品売買のうち割賦販売について学習します。売上収益の認識のタイミングや割賦代金が回収不能となってしまった場合の処理を理解しましょう。

▶ **1級で学習する内容** ─────────────────────●

割賦販売の会計処理方法

2級までに学習済み	➡	1級で学習する内容
		販売基準
		重要な金融要素
		戻り商品

1　特殊商品売買

I　特殊商品売買とは

　特殊商品売買とは、通常の販売取引（一般商品売買）と販売形態が異なる、特殊な販売形態の取引のことです。特殊商品売買の種類には次のものがあります。

●特殊商品売買の種類

◆割賦販売…CHAPTER 06で学習

◆委託販売…CHAPTER 07で学習

◆試用販売…CHAPTER 08で学習

◆予約販売

◆未着品売買

◆受託販売　　＞…CHAPTER 15参考で学習

◆委託買付

◆受託買付

ひ と こ と

　これまで学習してきた一般商品売買では、商品の引渡しと対価（現金や売掛金、受取手形）の受取りが行われたときに収益を計上していました。

　これに対し、特殊商品売買は、さまざまな販売形態があるため、いつ売上収益を計上するかが問題となります。

　なお、収益認識基準の適用後は履行義務の充足により、収益を計上します（CHAPTER 03参照）。

2　割賦販売

I　割賦販売とは

　割賦販売とは、割賦販売契約にもとづいて商品を引き渡し、販売代金はあとで分割で回収する販売形態をいいます。

II 割賦販売の流れ

割賦販売の流れは次のとおりです。

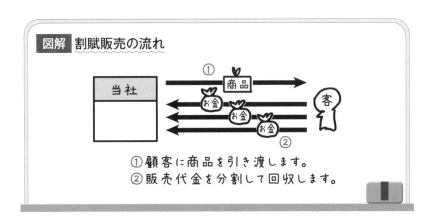

図解 割賦販売の流れ

① 顧客に商品を引き渡します。
② 販売代金を分割して回収します。

3 収益認識基準における割賦販売の会計処理

I 割賦販売の取り扱い

収益認識基準における割賦販売では、商品に対する支配を顧客に移転することにより、履行義務が充足された分だけ収益を認識することになります。

そのため、割賦代金を全額回収していない場合であっても、商品を引き渡した時点で売上収益を認識します。

II 重要な金融要素

割賦販売では、長期間にわたって顧客から代金の回収を行うことになるため、割賦代金には支払いを遅らせた分だけ利息（金利相当分）が加算されています。この金利相当分は**重要な金融要素**に該当します。

割賦販売の場合、取引価格の算定にあたっては、**商品の現金販売価格**と**重要な金融要素（金利相当分）**に区別して、約束した対価の額に含まれる金

利相当分の影響を調整します。

ひ と こ と

商品を引き渡したときに商品の現金販売価格で収益を認識し、重要な金融要素（金利相当分）については、一定の期間にわたって（割賦代金の回収時に）収益を認識することになります。

Ⅲ 会計処理

1 商品を引き渡したとき…p.116 図解 ①

商品を顧客に引き渡したときは、商品の現金販売価格を**割賦売上**または**売上**で処理します。

また、代金は後日、分割で受け取るため、**割賦売掛金**で計上します。

ひ と こ と

割賦販売では10回払いや20回払いなど売掛金の回収期間が長くなるため、通常の売掛金とは区別して割賦売掛金で処理します。

▼ **例 1** ━━━━━━━━━━━━━━━ **商品を引き渡したとき**

当社（決算日は 3 月末）は、×1年 4 月 1 日にＡ社に対して商品を31,600円で割賦払いにより売り上げた。代金は、×1年 4 月30日より、毎月末日に1,580円ずつ20回にわたって回収する。また、商品の現金販売価格は30,000円であり、Ａ社との割賦販売契約には重要な金融要素が含まれているため、取引価格の算定にあたっては、金利相当分の影響を調整する。

例 1 の仕訳	（割 賦 売 掛 金）	30,000	（割 賦 売 上）	30,000*
	＊ 商品の現金販売価格			

2 代金を回収したとき…p.116 図解②

代金を回収したときは、そのうち、重要な金融要素（金利相当分）に該当する部分を**受取利息**で処理し、残額は**割賦売掛金**を減少させます。

> **ひとこと**
>
> 契約における取引開始日において、商品を顧客に引き渡す時点と顧客が代金の支払いを行う時点の間が1年以内であると見込まれる場合には、重要な金融要素の影響を考慮せずに、約束した対価の額で売上収益を認識することができます。

▼ 例2（例1の続き） ━━━━━━━━━━ 代金を回収したとき

×1年4月30日に、割賦代金のうち1,580円を現金で回収した。なお、金利相当分は回収期間にわたって均等に配分して計上する。

例2の仕訳	（現　　　　金）	1,580	（受　取　利　息）	80*1
			（割　賦　売　掛　金）	1,500*2

* 1　1,580円×20回－30,000円＝1,600円（金利相当分）
　　　1,600円÷20回＝80円
* 2　貸借差額

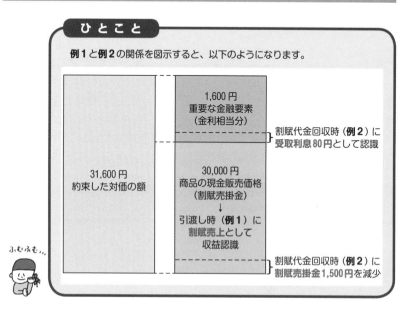

> **ひとこと**
>
> **例1**と**例2**の関係を図示すると、以下のようになります。
>
> | 31,600円 約束した対価の額 | 1,600円 重要な金融要素（金利相当分） | → 割賦代金回収時（**例2**）に**受取利息80円**として認識 |
> | | 30,000円 商品の現金販売価格（割賦売掛金） ↓ 引渡し時（**例1**）に **割賦売上として**収益認識 | → 割賦代金回収時（**例2**）に**割賦売掛金1,500円**を減少 |

3 利息未決算を用いる場合…p.116 図解②

重要な金融要素（金利相当分）を利息未決算で処理する方法もあります。

商品引渡し時に、**利息未決算**を計上し、代金回収にともない**受取利息**に振り替えます。

> **ひとこと**
>
> 商品引渡し時に計上する利息未決算の相手勘定は割賦売掛金なので、割賦売掛金が利息未決算の分だけ増加します。なお、本書では指示がある場合を除き、**1 2**の処理方法を前提とします。

▼ **例3 ─────────── 利息未決算を用いる場合**

例1と**例2**の仕訳について、利息未決算を用いる方法で仕訳しなさい。

例1の仕訳	（割 賦 売 掛 金）	31,600*²	（割 賦 売 上）	30,000*¹
			（利 息 未 決 算）	1,600*³

* 1 商品の現金販売価格30,000円
* 2 約束した対価の額31,600円
* 3 貸借差額（重要な金融要素）

例2の仕訳	（利 息 未 決 算）	80	（受 取 利 息）	80*¹
	（現　　金）	1,580	（割 賦 売 掛 金）	1,580*²

* 1 金利相当分1,600円÷20回＝80円
* 2 約束した対価の額31,600円÷20回＝1,580円（現金回収額）

IV 戻り商品とは

割賦販売後に、割賦代金が回収不能（貸倒れ）になった場合、割賦販売契約にもとづき販売した商品を取り戻すことができます。この場合の取り戻した商品を**戻り商品**といいます。

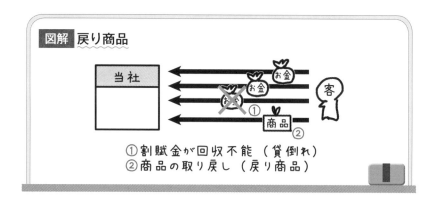

図解 戻り商品

① 割賦金が回収不能（貸倒れ）
② 商品の取り戻し（戻り商品）

Ⅴ 戻り商品の会計処理

1 回収不能になったとき

❶ 当期引渡分が回収不能になったとき

　回収不能分の割賦売掛金を減額し、取り戻した商品に評価額がある場合には、**戻り商品**で処理します。

　また、貸借差額を**戻り商品損失**として処理します。

▶ 例4 ━━━━━━━━━ 当期引渡分が回収不能になったとき

　当期に発生した割賦売掛金のうち20,000円（原価9,000円）が回収不能になり、商品（評価額8,000円）を取り戻した。

例4の仕訳	（戻 り 商 品）	8,000*1	（割 賦 売 掛 金）	20,000
	（戻 り 商 品 損 失）	12,000*2		

　　＊1　取り戻した商品の評価額
　　＊2　貸借差額

❷ 前期以前引渡分が回収不能になったとき（貸倒引当金が設定されている場合）

　割賦売掛金に貸倒引当金が設定されている場合は、**貸倒引当金**を取り崩したあとの貸借差額を**戻り商品損失**として処理します。

120

▼例5 —— 前期引渡分が回収不能になったとき（貸倒引当金の設定あり）

　前期に発生した割賦売掛金のうち20,000円が回収不能になり、商品（評価額8,000円）を取り戻した。なお、貸倒引当金が500円設定されている。

例5の仕訳	（戻 り 商 品）	8,000	（割 賦 売 掛 金）	20,000
	（貸 倒 引 当 金）	500		
	（戻 り 商 品 損 失）	11,500*		

　　　＊　貸借差額

❸　利息未決算を用いている場合

　重要な金融要素（金利相当分）を利息未決算勘定で処理しているとき、回収不能になった場合は、回収不能となった割賦売掛金に対応する利息未決算を減少させます。

▼例6 ———————————————— 利息未決算を用いている場合

　前期に発生した割賦売掛金21,600円が回収不能になり、商品（評価額8,000円）を取り戻した。回収不能となった割賦売掛金には重要な金融要素が1,600円含まれており、利息未決算として貸方に計上されている。なお、貸倒引当金が500円設定されている。

例6の仕訳	（利 息 未 決 算）	1,600*	（割 賦 売 掛 金）	21,600
	（戻 り 商 品）	8,000		
	（貸 倒 引 当 金）	500		
	（戻 り 商 品 損 失）	11,500		

　　　＊　回収不能となった割賦売掛金に含まれる重要な金融要素の金額

2　決算時

　決算時において、戻り商品はその評価額を新たな仕入と考え、**戻り商品**から**仕入**に振り替えます。

▶ **例7** ━━━━━━━━━━━━━━━━━━━━━━━━━━━━━ **決算時①**

前期に発生した割賦売掛金のうち20,000円が回収不能になり、商品（評価額8,000円）を取り戻している。この商品は決算日現在販売済みである。

例7の仕訳	（仕　　　　　入）	8,000	（戻　り　商　品）	8,000

また、戻り商品が期中に販売されず決算時に残っていた場合、上記の仕訳に加えて、**仕入**から**繰越商品**へ振り替えます。

▶ **例8** ━━━━━━━━━━━━━━━━━━━━━━━━━━━━━ **決算時②**

前期に発生した割賦売掛金のうち20,000円が回収不能になり、商品（評価額8,000円）を取り戻している。この商品は決算日現在未販売である。

例8の仕訳	（仕　　　　　入）	8,000	（戻　り　商　品）	8,000
	（繰　越　商　品）	8,000	（仕　　　　　入）	8,000

ひ と こ と

戻り商品が決算時に未販売の場合には、戻り商品の評価額を期末商品棚卸高に含めることに注意しましょう。

なお、問題を解くときは、次のように、ボックス図を使って整理しましょう。

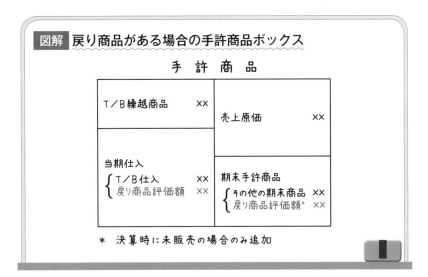

図解 **戻り商品がある場合の手許商品ボックス**

手 許 商 品

T／B繰越商品 ××		
	売上原価 ××	
当期仕入 { T／B仕入 ×× 戻り商品評価額 ××	期末手許商品 { その他の期末商品 ×× 戻り商品評価額* ××	

＊ 決算時に未販売の場合のみ追加

問１　割賦販売①　答案用紙あり

当期の(1)期末割賦売掛金および(2)受取利息の額を求めなさい。なお、当社は本取引以外の取引は行っていないものとする。

当社（決算日は３月末）は×4年２月１日にX社に対して商品を42,000円で割賦払いにより売り上げた。代金は×4年２月28日より、毎月末日に2,100円ずつ20回にわたって現金で回収する。

また、商品の現金販売価格は、40,000円であり、X社との割賦販売契約には重要な金融要素が含まれているため、取引価格の算定にあたっては、金利相当分の影響を調整する。なお、金利相当分は回収期間にわたって均等に配分して計上すること。

問２　割賦販売②

次の資料にもとづいて、１．と２．の場合における［資料］(1)から(3)の各時点の仕訳を示しなさい。なお、割賦販売契約には重要な金融要素が含まれているため、取引価格の算定にあたっては、金利相当分の影響を調整する。なお、金利相当分は回収期間にわたって均等に配分して計上すること。

［資　料］
(1)　×1年度に商品を2,400,000円（現金販売価格は2,000,000円）で割賦販売した（５回分割払い）。
(2)　×1年度中に１回分の割賦代金を現金で回収した。
(3)　×2年度に当該割賦売掛金残高の全額が回収不能となった。この際に商品を取り戻しており、その評価額は1,000,000円である。またこの割賦売掛金に対して、前期に貸倒引当金を96,000円設定している。

１．商品の販売時に、現金販売価格で割賦売掛金を計上している場合
２．金利相当分について利息未決算で処理している場合

解答

問1　割賦販売①

(1) <u>36,000円</u>*¹

(2) <u>　200円</u>*²

  * 1 40,000円 − 2,000円 − 2,000円 = 36,000円

  * 2 100円 + 100円 = 200円

〈解説〉

各取引の仕訳は以下のようになります。

×4年2月1日　商品販売

  （割 賦 売 掛 金） 40,000 （割　賦　売　上） 40,000*³

  * 3 商品の現金販売価格

×4年2月28日　割賦売掛金の回収

  （現   金） 2,100 （割 賦 売 掛 金） 2,000*⁵

             （受 取 利 息）   100*⁴

  * 4 金利相当分：2,100円 × 20回 − 40,000円 = 2,000円（重要な金融要素）

       2,000円 ÷ 20回 = 100円

  * 5 2,100円 − 100円 = 2,000円

×4年3月31日　割賦売掛金の回収

  （現   金） 2,100 （割 賦 売 掛 金） 2,000*⁵

             （受 取 利 息）   100*⁴

42,000円 約束した対価の額	2,000円（重要な金融要素）
	40,000円（商品の現金販売価格）

問2　割賦販売②

1．現金販売価格で割賦売掛金を計上している場合

(1) 商品の販売時

  （割 賦 売 掛 金） 2,000,000 （割　賦　売　上） 2,000,000

(2) 代金回収時

(現 金)	480,000	(受 取 利 息)	80,000[*1]
		(割 賦 売 掛 金)	400,000[*2]

(3) 回収不能時

(戻 り 商 品)	1,000,000	(割 賦 売 掛 金)	1,600,000[*3]
(貸 倒 引 当 金)	96,000		
(戻 り 商 品 損 失)	504,000[*4]		

*1 $400,000円 _{(金利相当分)} \times \dfrac{1回}{5回} = 80,000円$

*2 $2,000,000円 \times \dfrac{1回}{5回} = 400,000円$

*3 $2,000,000円 - 400,000円 = 1,600,000円$

*4 貸借差額

2．金利相当分について利息未決算で処理している場合

(1) 商品の販売時

(割 賦 売 掛 金)	2,400,000	(割 賦 売 上)	2,000,000
		(利 息 未 決 算)	400,000[*1]

(2) 代金回収時

(利 息 未 決 算)	80,000	(受 取 利 息)	80,000[*2]
(現 金)	480,000	(割 賦 売 掛 金)	480,000[*3]

(3) 回収不能時

(利 息 未 決 算)	320,000[*4]	(割 賦 売 掛 金)	1,920,000[*5]
(戻 り 商 品)	1,000,000		
(貸 倒 引 当 金)	96,000		
(戻 り 商 品 損 失)	504,000[*6]		

*1 $2,400,000円 - 2,000,000円 = 400,000円$

*2 $400,000円 _{(金利相当分)} \times \dfrac{1回}{5回} = 80,000円$

*3 $2,400,000円 \times \dfrac{1回}{5回} = 480,000円$

*4 $400,000円 - 80,000円 = 320,000円$

*5 $2,400,000円 - 480,000円 = 1,920,000円$

*6 貸借差額

〈解説〉

1. 現金販売価格で割賦売掛金を計上している場合
 (1) 商品の販売時
  現金売価2,000,000円で収益を認識します。
 (2) 代金の回収時
  割賦売価に含まれる金利相当分を受取利息として配分します。

  金利相当分：2,400,000円（割賦売価）－2,000,000円（現金売価）＝400,000円

  当期配分額：400,000円（金利相当分）×$\frac{1回}{5回}$＝80,000円

  代金の回収額：2,400,000円（割賦売価）×$\frac{1回}{5回}$＝480,000円

 (3) 割賦売掛金の回収不能時
  販売した製品を取り戻した場合は、評価額で戻り商品として計上し、その分回収不能となった割賦売掛金を減額します。

  割賦売掛金：2,000,000円－400,000円＝1,600,000円
  戻り商品損失：1,600,000円（割賦売掛金）－1,000,000円（戻り商品）
  　　　　　　 －96,000円（貸倒引当金）＝504,000円

2. 金利相当分について利息未決算で処理している場合
 (1) 商品の販売時
  現金販売価格で収益を認識し、金利相当分は利息未決算として計上し、各期に配分します。

  金利相当分：2,400,000円（割賦売価）－2,000,000円（現金売価）＝400,000円
  割賦売掛金：2,000,000円（現金売価）＋400,000円（金利相当分）＝2,400,000円
 (2) 代金の回収時
  当期に配分すべき金利相当分を、利息未決算を取り崩して計上します。

  当期配分額：400,000円（金利相当分）×$\frac{1回}{5回}$＝80,000円

  代金の回収額：2,400,000円（割賦売価）×$\frac{1回}{5回}$＝480,000円

 (3) 割賦売掛金の回収不能時
  販売した製品を取り戻した場合は、評価額で戻り商品として計上し、その分回収不能となった割賦売掛金を減額します。

  割賦売掛金：2,400,000円－480,000円＝1,920,000円
  利息未決算：400,000円－80,000円（前期の受取利息配分額）＝320,000円
  戻り商品損失：1,920,000円（割賦売掛金）－320,000円（利息未決算）
  　　　　　　 －1,000,000円（戻り商品）－96,000円（貸倒引当金）
  　　　　　　 ＝504,000円

CHAPTER 07

特殊商品売買Ⅱ（委託販売）

◆パターンの違いをマスターしよう！

　ここでは特殊商品売買のうち委託販売について、学習します。日々の取引をどのように仕訳するか、また、損益計算書を作成するにあたってどのような点に注意すべきかを学習していきます。委託販売では、処理にいろいろなパターンがあるので、それらの違いに注意しながらマスターしましょう。

▶ 1級で学習する内容

委託販売の会計処理方法

2級までに学習済み	➡	1級で学習する内容
		その都度法
		期末一括法
		積送諸掛りの処理

1　委託販売

Ⅰ　委託販売とは

　委託販売とは、他社（代理店など）に手数料を支払って自己の商品の販売を委託する販売形態のことをいいます。

　委託販売では、商品の販売の委託側を**委託者**、商品の販売の受託側を**受託者**といいます。

ひ と こ と

　委託販売契約であるかの判定基準には、たとえば、次の(1)から(3)があります。
(1) 販売業者等が商品を顧客に販売するまで、あるいは所定の期間が満了するまで、企業が商品を支配していること。
(2) 企業が、商品の返還を要求することあるいは第三者に商品または製品を販売することができること。
(3) 販売業者等が、商品の対価を支払う無条件の義務を有していないこと（ただし、販売業者等は預け金の支払いを求められる場合がある）。

ひ と こ と

　ここでは、委託者側の会計処理をみていきます。なお、委託者が受託者に対し、商品を発送することを積送、発送した商品を積送品といいます。また、受託者側の会計処理はCHAPTER 15で学習します。

Ⅱ 委託販売の流れ

委託販売の流れは次のとおりです。

図解 委託販売の流れ

① 委託者は商品などを受託者に積送します。
② 受託者は委託者から受け取った商品を販売します。
③ 受託者は売り上げた商品の仕切精算書を委託者に送付します。
④ 受託者は顧客から販売の対価を受け取ります。
⑤ 受託者は、顧客から受け取った販売の対価とこれまで立て替えた費用、手数料を相殺します。
⑥ 委託者は受託者から手取額を受け取ります。

Ⅰ 売上収益の認識基準

委託販売では、受託者が商品を販売したときに売上収益の認識を行います（**販売基準**）。

Ⅱ 会計処理方法

委託販売の会計処理は、主に**手許商品区分法**によって行われます。手許商品区分法とは、手許にない商品を**積送品**で処理することにより、手許にある一般商品と区別する方法です。

手許商品区分法には、積送品から仕入への振替処理を、売上計上のつど行う方法（**その都度法**）と期末に一括して行う方法（**期末一括法**）の2通りがあります。

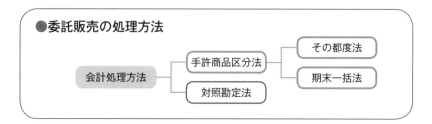

●委託販売の処理方法

ひとこと

委託販売の処理方法には、手許商品区分法以外に対照勘定法がありますが、対照勘定法は重要性が低いので、本書では手許商品区分法のみを説明します。

Ⅲ 会計処理

1 商品を積送したとき…p.129 図解①

委託者が受託者に対して商品を積送したときは、手許商品と区別するために**積送品**で処理します。

また、商品を積送した結果、手許から商品がなくなるため、積送した商品の原価分を**仕入**から減少させます。

▶ **例1** ──────────── **商品を積送したとき**

A株式会社（委託者）は、委託販売のため、商品12,000円をB株式会社（受託者）に積送した。

例1の仕訳	（積　送　品）	12,000	（仕　　　　入）	12,000

2 商品を販売したとき…p.129 図解②

その都度法の場合、積送品の売上高は**積送品売上**として処理し、そのつど、**積送品**から**仕入**への振替えを行います。

一方、**期末一括法**の場合、積送品の売上高は**積送品売上**として処理し、売上原価の算定は期末に一括して行うので、**積送品**から**仕入**への振替えはこの時点では行いません。

> **ひとこと**
>
> 積送品売上の対価として計上する掛け代金は、売掛金もしくは積送未収金を用います。問題の指示にしたがってください。

B株式会社（受託者）は、A株式会社（委託者）より販売を委託された商品25,000円（積送品10,000円分）をC株式会社に販売し、代金は後日回収することにした。

例2の仕訳	（売　掛　金）	25,000	（積 送 品 売 上）	25,000
	（仕　　　入）	10,000	（積　送　品）	10,000

ひ と こ と

仮に、**例2**を期末一括法で処理した場合、以下のような処理をします。

（売　掛　金）	25,000	（積 送 品 売 上）	25,000

また、販売前に受託者から返品された場合は、受託者に積送した商品が手許に戻ってくるため、以下のような処理をします。

（仕　　　入）	10,000	（積　送　品）	10,000

ふむふむ…

3 受託者から手取額を受け取ったとき…p.129　図解⑥

受託者から手取額を受け取ったときは、**売掛金**を減少させます。

A株式会社（委託者）は、B株式会社（受託者）から手取額25,000円を現金で受け取った。

例3の仕訳	（現　　　金）	25,000	（売　掛　金）	25,000

4 決算時

その都度法の場合、売上計上のつど売上原価を**積送品**から**仕入**へ振り替えているので、決算時に仕訳は行いません。

一方、**期末一括法**の場合、積送品の期首有高と当期積送高の合計を**積送品**から**仕入**へ振り替え、積送品の期末有高を**仕入**から**積送品**へ振り替えます。

▼ 例4 ————————————————————————— **決算時**

期首積送品原価は2,000円、期末積送品原価は4,000円であった。当期積送高は12,000円である。期末において必要な仕訳を行いなさい。なお、当社では売上のつど、売上原価を仕入勘定へ振り替えている。

例4の仕訳　　　　　　　　　　　　仕　訳　な　し

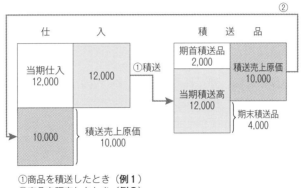

①商品を積送したとき（**例1**）
②商品を販売したとき（**例2**）

ひ と こ と

仮に、例4を期末一括で処理した場合、以下のような処理をします。

（仕 入）	14,000*	（積 送 品）	14,000
（積 送 品）	4,000	（仕 入）	4,000

* 2,000円(期首積送品原価)＋12,000円(当期積送高)＝14,000円

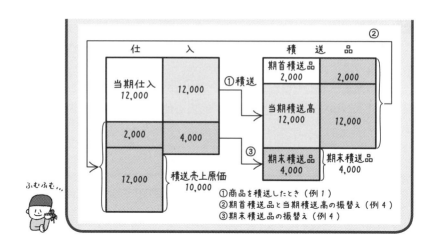

①商品を積送したとき（例1）
②期首積送品と当期積送高の振替え（例4）
③期末積送品の振替え（例4）

3 積送諸掛の会計処理

I 積送諸掛とは

積送諸掛とは、委託販売において委託者が負担する諸費用のことをいいます。積送諸掛には、①委託者の発送諸掛、②受託者の立替諸掛、③受託者の販売手数料があります。

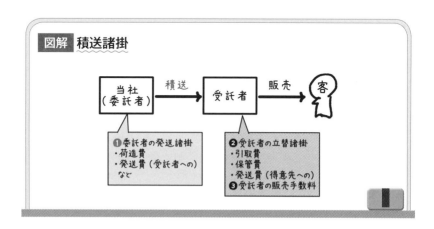

図解 積送諸掛

Ⅱ 積送諸掛の会計処理

　発送諸掛と販売諸掛の会計処理は、次のようになります。なお、ここでは収益認識基準において委託販売契約と判定される場合の処理を取り扱います。

●積送諸掛の会計処理

発送諸掛（図解❶）	積送品原価に含める
	積送諸掛（販売費）として処理
販売諸掛（図解❷❸）	積送諸掛（販売費）として処理

例5 ──────── 積送諸掛の会計処理（委託者）

　A株式会社は、委託販売のため、商品12,000円をB株式会社に積送し、発送費用1,500円を現金で支払った。
(1) 積送品原価に含める方法
(2) 積送諸掛（販売費）として処理する方法

例5の仕訳　(1) 積送品原価に含める方法

（積　送　品）	13,500	（仕　　入）	12,000
		（現　金）	1,500

(2) 積送諸掛（販売費）として処理する方法

（積　送　品）	12,000	（仕　　入）	12,000
（積 送 諸 掛）	1,500	（現　金）	1,500

●委託販売における売上計上額

　通常、委託者が当該商品を支配（商品の提供に主たる責任を負っていて、価格の決定権を持ち、在庫リスクを負っている等）しているので、総額で積送品売上を計上します。

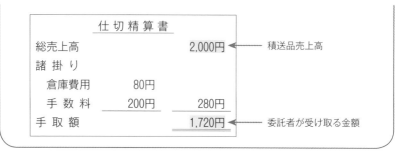

```
           仕 切 精 算 書
総売上高              2,000円  ←── 積送品売上高
諸 掛 り
  倉庫費用      80円
  手 数 料     200円    280円
手 取 額             1,720円  ←── 委託者が受け取る金額
```

例6 ——————————————— 積送諸掛の会計処理（委託者）

　A株式会社は、B株式会社から次のように積送品を販売した旨の報告を受けた。売上原価は、期末に一括して仕入勘定へ振り替えることとする。なお、顧客に商品を移転する前に、A株式会社が商品を支配していると判断される。

```
           仕 切 精 算 書
総売上高               24,000円
諸 掛 り
  倉庫費用      500円
  手 数 料    1,500円    2,000円
手 取 額              22,000円
```

例6の仕訳　（売　　掛　　金）　22,000　（積 送 品 売 上）　24,000
　　　　　（積 送 諸 掛）　　2,000

Ⅲ 積送諸掛の繰延べ

　積送諸掛を**積送諸掛**で処理している場合、決算時に未販売の積送品に対応する積送諸掛を、**繰延積送諸掛**を用いて次期に繰り延べます。

136

ひとこと

繰延積送諸掛は、翌期に再振替仕訳を行います。

これならわかる!!

　積送諸掛のうち発送諸掛や倉庫費用などは、未販売の積送品に対応する部分を繰り延べます。その理由は、発送諸掛や倉庫費用などは、販売した積送品（6個）だけではなく、未販売の積送品（4個）にも対応している費用だからです。

　一方、受託者の販売手数料は、販売した積送品（6個）にしか対応していない費用であるため、全額を費用で処理します。

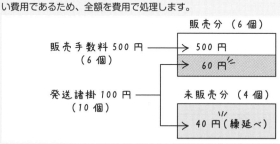

　また、発送諸掛を積送品原価に含めている場合、特別な処理をしなくても、売上原価の算定時に販売分と未販売分に按分されるため、繰延べの処理は不要になります。

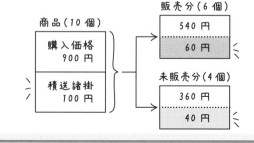

例7 ────────────────────── **積送諸掛の繰延べ**

　当期に発生した積送諸掛1,500円は、当期に商品50個を積送した際の発送費用を販売費として処理したものである。そのうち、40個が当期中に販売され、10個は期末現在未販売である。

例7の仕訳	（繰延積送諸掛）	300*	（積 送 諸 掛）	300

$$* \quad 1,500円 \times \frac{10個}{50個} = 300円$$

問1　委託販売（その都度法） 答案用紙あり

　次の資料にもとづいて、損益計算書（一部）および貸借対照表（一部）を作成しなさい。

［資料1］決算整理前残高試算表（一部）

決算整理前残高試算表　　　（単位：円）

繰　越　商　品	288,000	一　般　売　上	990,000
積　　送　　品	50,000	積 送 品 売 上	345,000
仕　　　　　入	900,000		

［資料2］決算整理事項
1．期末手許商品棚卸高 各自推定 円
2．委託販売は当期より始めており、販売のつど売上原価を仕入勘定に振り替える方法によっている。
3．一般販売の原価率は80％であり、積送品は一般販売の15％増しで販売している。

問2　委託販売（期末一括法） 答案用紙あり

　次の資料にもとづいて、損益計算書（一部）および貸借対照表（一部）を作成しなさい。

［資料1］決算整理前残高試算表（一部）

決算整理前残高試算表　　　（単位：円）

繰　越　商　品	288,000	一　般　売　上	990,000
積　　送　　品	290,000	積 送 品 売 上	345,000
仕　　　　　入	660,000		

［資料2］決算整理事項
1．期末手許商品棚卸高 各自推定 円
2．委託販売は当期より始めており、期末に一括して売上原価を仕入勘定で計算

する方法によっている。

3．一般販売の原価率は80％であり、積送品は一般販売の15％増しで販売している。

問3　委託販売（積送諸掛の会計処理）　答案用紙あり

次の各取引について、積送諸掛はすべて積送諸掛勘定で処理する方法によった場合の(1)仕訳を示すとともに(2)決算整理後残高試算表（一部）を作成しなさい。

なお、売上原価は期末に一括して仕入勘定で計算している。

［取　引］

1．商品312,000円（原価@260円、1,200個）を掛けで仕入れた。

2．商品312,000円（原価@260円、1,200個）を積送し、運賃12,000円を現金で支払った。

3．2の積送品のうち900個が販売され、受託者から次のような報告を受けた。

仕　切　精　算　書		
売 上 高　（　900個）		297,000円
諸 掛 り		
引 取 費（ 1,200個）	3,600円	
手 数 料（　900個）	16,800円	20,400円
手 取 額		276,600円

4．2の積送品のうち300個が期末現在未販売である。積送諸掛勘定で処理している積送諸掛のうち、未販売の積送品に対応するものを繰り延べる。

問1 委託販売（その都度法）

損　益　計　算　書		（単位：円）
Ⅰ　売　上　高		
1．一般売上高	（　　990,000　）	
2．積送品売上高	（　　345,000　）	（　1,335,000　）
Ⅱ　売　上　原　価		
1．期首商品棚卸高	（　　288,000　）	
2．当期商品仕入高	（　　950,000　）	
合　　　計	（　1,238,000　）	
3．期末商品棚卸高	（　　206,000　）	（　1,032,000　）
売上総利益		（　　303,000　）

貸　借　対　照　表	（単位：円）
商　　　　　　　品（　206,000　）	

〈解説〉

1．決算整理前残高試算表の各勘定科目について

　繰越商品　→　期首手許商品

　積　送　品　→　期末積送品原価

　仕　　　入　→　当期仕入＋積送品売上原価−当期積送

2．売上原価の算定

　仕入勘定と積送品勘定を分析後、モノの流れを表す手許商品ボックスを作成して期末手許商品を算定します。

手許商品

前T/B繰越商品 288,000	売上原価 792,000	×0.8 ← P/L一般売上高 990,000
当期仕入 950,000	当期積送 290,000	
	期末手許商品 (貸借差額) 156,000	

　なお、売上原価を一般販売と委託販売に区別すると、内訳は次の表のようになります。

	一般販売	委託販売	合　計
期首商品棚卸高	288,000円	0円	288,000円
当期商品仕入高	660,000円	290,000円	950,000円
期末商品棚卸高	△156,000円	△50,000円	△206,000円
売上原価	792,000円	240,000円	1,032,000円

3．決算整理仕訳

① 手許商品

|（仕　　　　入）| 288,000 |（繰　越　商　品）| 288,000 |
|（繰　越　商　品）| 156,000 |（仕　　　　入）| 156,000 |

② 積送品

仕訳なし

問2　委託販売（期末一括法）

損　益　計　算　書　　　　　　（単位：円）

Ⅰ 売　上　高			
1．一般売上高	（　　990,000　）		
2．積送品売上高	（　　345,000　）	（ 1,335,000 ）	
Ⅱ 売　上　原　価			
1．期首商品棚卸高	（　　288,000　）		
2．当期商品仕入高	（　　950,000　）		
合　　　計	（ 1,238,000 ）		
3．期末商品棚卸高	（　　206,000　）	（ 1,032,000 ）	
売上総利益		（　　303,000　）	

貸　借　対　照　表　　　　　　（単位：円）

商　　　　　品（　206,000　）	

〈解説〉
1. 決算整理前残高試算表の各勘定科目について

繰越商品→期首手許商品

積 送 品→期首積送品＋当期積送高（本問では期首積送品がゼロのため当期積送高を示す）

仕　　入→当期仕入−当期積送

2. 売上原価の算定

　　仕入勘定と積送品勘定を分析後、モノの流れを表す手許商品ボックスを作成して期末手許商品を算定します。

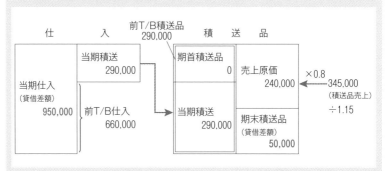

　なお、売上原価を一般販売と委託販売に区別すると、内訳は次の表のようになります。

	一般販売	委託販売	合　　計
期首商品棚卸高	288,000円	0円	288,000円
当期商品仕入高	660,000円	290,000円	950,000円
期末商品棚卸高	△156,000円	△50,000円	△206,000円
売上原価	792,000円	240,000円	1,032,000円

3．決算整理仕訳

① 手許商品

（仕 入）	288,000	（繰 越 商 品）	288,000
（繰 越 商 品）	156,000	（仕 入）	156,000

② 積送品

（仕 入）	290,000	（積 送 品）	290,000 *¹
（積 送 品）	50,000 *²	（仕 入）	50,000

＊1　前T/B積送品＝積送仕入
＊2　期末積送品原価

　問1と問2は問題文の条件が同じであるため、期末一括法を用いた場合でも、その都度法を用いた場合でも、最終的に財務諸表に計上される金額は同じになることを確認してください。

問3　委託販売（積送諸掛の会計処理）

(1)　仕訳

1.	（仕 入）	312,000	（買 掛 金）	312,000
2.	（積 送 品）	312,000	（仕 入）	312,000
	（積 送 諸 掛）	12,000	（現 金）	12,000
3.	（売 掛 金）	276,600	（積 送 品 売 上）	297,000
	（積 送 諸 掛）	20,400		
4.	（仕 入）	312,000	（積 送 品）	312,000
	（積 送 品）	78,000	（仕 入）	78,000
	（繰 延 積 送 諸 掛）	3,900	（積 送 諸 掛）	3,900

(2)　決算整理後残高試算表

決算整理後残高試算表		（単位：円）	
売 掛 金	(276,600)	積 送 品 売 上	(297,000)
積 送 品	(78,000)		
繰 延 積 送 諸 掛	(3,900)		
仕 入	(234,000)		
積 送 諸 掛	(28,500)		

〈解説〉

⑴　仕訳

2について（積送時）

　問題文の指示により発送諸掛を積送諸掛勘定で処理するため、積送品原価は諸掛りを含めず、単価は仕入時のままになります。

　積送品原価：312,000円

　積送品の単価：312,000円÷1,200個＝@260円

3について（受託者販売日）

　販売諸掛は積送諸掛勘定で処理するため、積送品売上は総額になります。

　積送品売上：297,000円

決算整理前残高試算表									（単位：円）
売	掛	金	276,600	積	送	品	売	上	297,000
積	送	品	312,000						
仕		入	0						
積	送 諸	掛	32,400						

4について（決算整理仕訳）

　本問では、発送諸掛を積送諸掛勘定で処理しているため、期末積送品原価には諸掛りを含めません。

　期末積送品原価：@260円（諸掛り含まず）×300個＝78,000円

　また、積送諸掛勘定で処理されている諸掛りのうち、発送時の運賃12,000円と受託者の引取費3,600円は当期積送高1,200個に対応するものなので、期末未販売分300個に対応する部分を次期に繰り延べます。

　繰延積送諸掛：（12,000円（運賃）＋3,600円（引取費））÷1,200個×300個＝3,900円

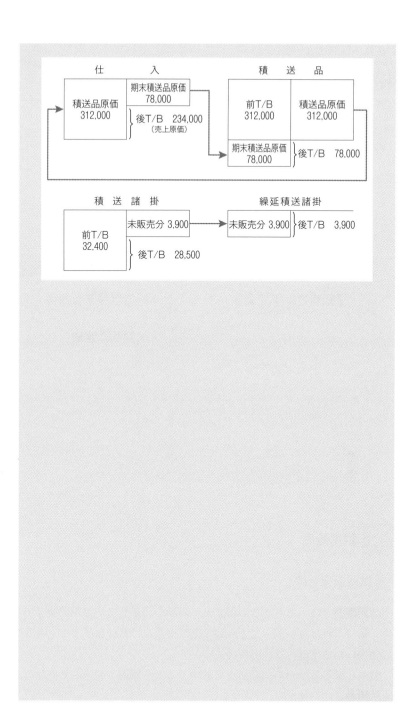

CHAPTER 08

特殊商品売買Ⅲ（試用販売）

◆「買いたい！」と言われたときに売上計上！

　試用販売においては、売上計上のタイミングが他の特殊商品売買とは異なるので注意しましょう。試用販売については、貸借対照表と損益計算書を作成することを目標に学習を進めていきましょう。

▶ 1級で学習する内容

試用販売の会計処理方法

2級までに学習済み	➡	1級で学習する内容
		対照勘定法

1　試用販売

Ⅰ　試用販売とは

　試用販売とは、あらかじめ得意先に商品を発送して一定期間使ってもらい、気に入れば買い取ってもらい、気に入らなければ返品してもらう販売形態をいいます。

　試用してもらうために商品を発送することを**試送**、発送した商品のことを**試用品**といいます。

Ⅱ 試用販売の流れ

試用販売の流れは次のようになります。

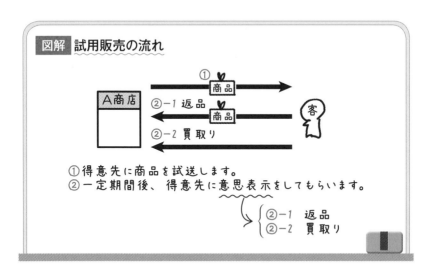

図解 試用販売の流れ

① 得意先に商品を試送します。
② 一定期間後、得意先に意思表示をしてもらいます。
　　　　　　　　② – 1　返品
　　　　　　　　② – 2　買取り

---

2 収益認識基準における試用販売の会計処理

Ⅰ 売上収益の認識基準

試用販売では、得意先が買取りの意思表示をすることによって売上が計上されるので、買取りの意思表示があるまで収益を計上することはできません。

ひ と こ と

得意先が「買う」といわなければ代金を支払ってもらえないので、買取りの意思表示があるまで売上を計上できないのです。

Ⅱ 会計処理方法

試用販売の処理方法には、**対照勘定法**と**手許商品区分法**の2つの方法があります。本書では、対照勘定法について学習します。

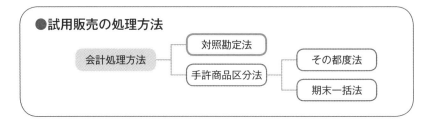

●試用販売の処理方法

会計処理方法 ─┬─ 対照勘定法
　　　　　　　└─ 手許商品区分法 ─┬─ その都度法
　　　　　　　　　　　　　　　　　└─ 期末一括法

1 対照勘定法

　対照勘定法とは、収益や費用が確定するまでの間、**対照勘定**（貸借で一対になっている勘定）によって備忘記録（取引事象を忘れないようにするための記録）を行う方法です。この対照勘定は、売価で計上します。

3 対照勘定法の会計処理

Ⅰ 試用品を試送したとき…p.147 図解①

　販売者が得意先に対して商品を試送したときは、備忘記録として対照勘定（試用販売契約や試用仮売上）による仕訳のみを売価によって行います。

▶ 例1 ━━━━━━━━━━━━━━━ 試用品を試送したとき

　Ａ株式会社は、試用販売のため、得意先に商品（原価2,800円、売価4,000円）を試送した。

例1の仕訳	（試 用 販 売 契 約）	4,000	（試 用 仮 売 上）*	4,000

　　　　　　　　* 試用仮売上なので、貸方に計上する、と考えましょう。

II 試用品が返品されたとき…p.147 図解②−1

得意先から商品が返品されたときは、試送の事実を取り消す処理をします。

例2 ―――――――――――――――― **試用品が返品されたとき**

得意先より試用品のうち4分の1（原価700円、売価1,000円）が返品された。

例2の仕訳	（試 用 仮 売 上）	1,000	（試 用 販 売 契 約）	1,000

〈解説〉

試送時の仕訳：（試 用 販 売 契 約） 4,000 （試 用 仮 売 上） 4,000

返品時の仕訳：（試 用 仮 売 上） 1,000 （試 用 販 売 契 約） 1,000

III 買取りの意思表示を受けたとき…p.147 図解②−2

顧客から買取りの意思表示を受けたときは、売価で**試用品売上**に計上します。

また、買取りの意思表示を受けた分（売価）だけ、対照勘定を取り消します。

例3 ―――――――――――― **買取りの意思表示を受けたとき**

得意先より試用品のうち2分の1（原価1,400円、売価2,000円）に関して、買取りの意思表示を受けた。

例3の仕訳	（売 掛 金）	2,000	（試 用 品 売 上）	2,000
	（試 用 仮 売 上）	2,000	（試 用 販 売 契 約）	2,000

Ⅳ 決算時の処理

対照勘定法で処理をしている場合、期末試用品は対照勘定により売価で計上されていますので、一般商品と同じように原価で棚卸資産に計上します。なお、期末試用品は、手許商品と区別するために**試用品**で処理します。

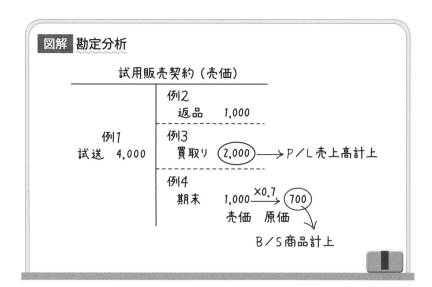

例４　　決算時の処理

試用品のうち４分の１（原価700円、売価1,000円）に関して、期末になっても得意先からなんら意思表示を受けていないため、期末において必要な決算整理仕訳を行う。

例４の仕訳	（試　用　品）	700	（仕　　　入）	700

ふむふむ…

ひとこと

試用品を用いないで、繰越商品を用いる場合もあります。

図解 勘定分析

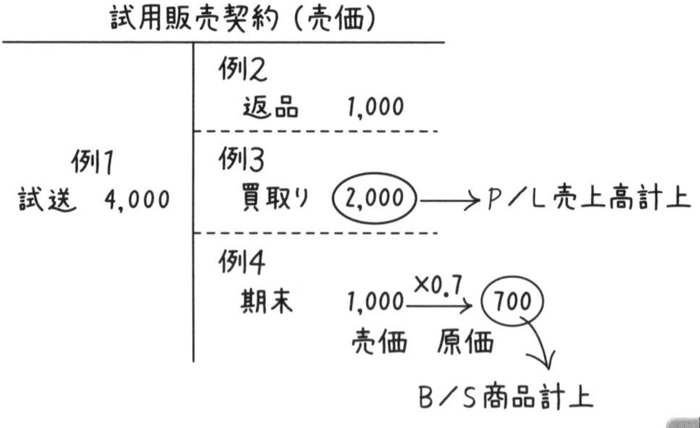

試用販売契約（売価）
例1
試送　4,000
例2
返品　1,000
例3
買取り　2,000
P/L売上高計上
例4
期末　1,000
×0.7
700
売価　原価
B/S商品計上

問1　試用販売（対照勘定法）　答案用紙あり

　次の資料にもとづいて、損益計算書を作成しなさい。

［資料1］

決算整理前残高試算表（一部）　　　（単位：円）

繰 越 商 品	20,000	一 般 売 上	230,000
試 用 品	32,000	試 用 品 売 上	240,000
試 用 販 売 契 約	80,000	試 用 仮 売 上	80,000
仕　　　　入	400,000		

［資料2］決算整理事項等

1．期首試用品は32,000円であった。

2．決算日において、試用品のうち10,000円（売価）を買い取る旨の通知を受けたが、未処理である。なお、試用品の原価率は70%である。

3．期末手許商品棚卸高は21,000円である。

問1　試用販売（対照勘定法）

	損　益　計　算　書	（単位：円）
Ⅰ　売　　上　　高		
1．一　般　売　上　高	（　　230,000　）	
2．試 用 品 売 上 高	（　　250,000　）	（　　480,000　）
Ⅱ　売　　上　　原　　価		
1．期 首 商 品 棚 卸 高	（　　52,000　）	
2．当 期 商 品 仕 入 高	（　　400,000　）	
合　　　　　計	（　　452,000　）	
3．期 末 商 品 棚 卸 高	（　　70,000　）	（　　382,000　）
売　上　総　利　益		（　　98,000　）

〈解説〉
　問題文には直接的な指示はありませんが、「試用仮売上」勘定、「試用販売契約」勘定を用いていることから、対照勘定法を採用していると判断します。

1．仕訳

① 試用品売上の計上

（売　　掛　　金）	10,000	（試 用 品 売 上）	10,000
（試 用 仮 売 上）	10,000*1	（試 用 販 売 契 約）	10,000

② 手許商品

（仕　　　　　入）	20,000	（繰 越 商 品）	20,000
（繰 越 商 品）	21,000	（仕　　　　　入）	21,000

③ 試用品

（仕　　　　　入）	32,000	（試　　用　　品）	32,000
（試　　用　　品）	49,000*2	（仕　　　　　入）	49,000

　　＊1　10,000円（売価）
　　＊2　（80,000円－10,000円）×70％＝49,000円

2．損益計算書の数値
　　試用品売上高：240,000円＋10,000円＝250,000円
　　期首商品棚卸高：20,000円（手許商品）＋32,000円（試用品）＝52,000円
　　当期商品仕入高：400,000円（前T/B）
　　期末商品棚卸高：21,000円（手許商品）＋49,000円（試用品）＝70,000円

CHAPTER 09

会計上の変更・誤謬の訂正

◆会計上の変更の種類を知ろう！

　会計上の変更は、比較的最近規定された会計基準です。

　最初はちょっと難しく感じることもあるかと思いますが、慣れれば非常に簡単な処理をしているだけですので、途中であきらめることなく最後までしっかり学習しましょう。

　すでに、日商１級では出題されていますので、今後も出題される可能性は十分あります。単に暗記するのではなく、理解して学習しましょう。

▶ **1級で学習する内容**

会計上の変更・誤謬の訂正

2級までに学習済み	→	1級で学習する内容
		会計方針の変更
		表示方法の変更
		会計上の見積りの変更
		過去の誤謬の訂正

1　会計上の変更・誤謬の訂正

I　会計上の変更

　会計上の変更とは、**会計方針の変更**、**表示方法の変更**、および**会計上の見積りの変更**のことです。

> **ひとこと**
>
> 過去の財務諸表における誤謬の訂正は、会計上の変更には該当しません。

II 誤謬

誤謬とは、原因となる行為が意図的であるか否かにかかわらず、財務諸表作成時に入手可能な情報を使用しなかったことによる、またはこれを誤用したことによる誤りのことです。

> **ひとこと**
>
> 誤謬の例としては、次のようなものがあります。
> ① 財務諸表の基礎となるデータの収集または処理上の誤り
> ② 事実の見落としや誤解から生じる会計上の見積りの誤り
> ③ 会計方針の適用の誤りまたは表示方法の誤り

III 会計処理の必要性

財務諸表は、有価証券報告書などを通じて開示され、一般的に当期の財務諸表と前期の財務諸表を並べて表示します。

ここで、会計上の変更や誤謬が見つかった場合、当期の財務諸表にのみ反映させて前期の財務諸表に反映させないと、財務諸表の期間比較が難しくなります。そこで、過去の財務諸表にさかのぼってこれを適用・修正します。これを**遡及処理**といいます。

有価証券報告書上の表示

損 益 計 算 書 （単位:千円）

	前会計年度	当会計年度
売上高	2,000,000	2,200,000
売上原価		
期首商品棚卸高	150,000	200,000
当期商品仕入高	1,200,000	1,300,000
期末商品棚卸高	200,000	240,000
売上原価合計	1,150,000	1,260,000
売上総利益	850,000	940,000
販売費及び一般管理費	420,000	460,000
営業利益	430,000	480,000
営業外収益	20,000	20,000
営業外費用	32,000	34,000
経常利益	418,000	466,000
特別損失	100,000	30,000
当期純利益	318,000	436,000

2 会計上の変更の会計処理

I 会計方針の変更

会計方針の変更とは、従来採用していた一般に公正妥当と認められた会計方針からほかの一般に公正妥当と認められた会計方針に変更することをいいます。

会計方針は、正当な理由により変更を行う場合を除き、毎期継続して適用しなければいけませんが、正当な理由により変更する場合は、原則とし

て新たな会計方針を過去にさかのぼって適用します。この会計処理を**遡及適用**といいます。

　なお、減価償却の方法は会計方針に該当しますが、その変更（定率法から定額法への変更など）は、「会計方針の変更を会計上の見積りの変更と区別することが困難な場合」とされます。この場合、会計処理上は、会計上の見積りの変更と同様に取り扱い、遡及適用は行いません。

▶ **例1** ━━━━━━━━━━━━━━━━━━━━ **会計方針の変更**

　当期において、棚卸資産の評価方法を先入先出法から総平均法に変更した。当該変更に関して、遡及適用を実施する。変更による利益剰余金期首残高および税引前当期純利益への影響額を答えなさい。

	個数	単価
期首商品		
先入先出法	100個	110円
総平均法	100	100
期中仕入		
第1回仕入	50	112
第2回仕入	60	120
第3回仕入	90	130
期末商品	80	

例1の解答　利益剰余金期首残高への影響額：**1,000円減少する**[*1]

　　　　　税引前当期純利益への影響額：**200円減少する**[*2]

〈解説〉

	先入先出法	総 平 均 法
期首商品	@110円×100個＝11,000円	@100円×100個＝10,000円
期中仕入　第1回	@112円× 50個＝ 5,600円	@112円× 50個＝ 5,600円
第2回	@120円× 60個＝ 7,200円	@120円× 60個＝ 7,200円
第3回	@130円× 90個＝11,700円	@130円× 90個＝11,700円
合計	300個　35,500円	300個　34,500円
期末商品	@130円× 80個＝10,400円	@115円[*3]×80個＝9,200円
売上原価	25,100円	25,300円

＊1　利益剰余金期首残高への影響額：
　　　10,000円（変更後の期首商品）－11,000円（変更前の期首商品）＝△1,000円
＊2　税引前当期純利益への影響額：
　　　25,100円（変更前の売上原価）－25,300円（変更後の売上原価）＝△200円
＊3　34,500円÷300個＝@115円（平均単価）

Ⅱ　表示方法の変更

　表示方法の変更とは、従来採用していた一般に公正妥当と認められた表示方法からほかの一般に公正妥当と認められた表示方法に変更することをいいます。

　財務諸表の表示方法を変更した場合は、原則として、新たな表示方法を過去の財務諸表にさかのぼって適用していたものとして表示しなおします。この会計処理を**財務諸表の組替え**といいます。

> **ひ と こ と**
>
> 　たとえば、減価償却累計額の表示を直接控除方式から間接控除方式に変更する場合などが該当します。

例2 ──────────────────────── 表示方法の変更

次の資料にもとづいて財務諸表の組替えを行いなさい。

［資　料］

(1) 従来、流動資産の「その他」に含めていた短期貸付金の金額的重要性が増したため、表示方法の変更を行い、当年度よりこれを独立掲記することにした。なお、前年度の流動資産の「その他」には、短期貸付金が2,000円含まれていた。

(2) 前年度における貸借対照表（一部）

	前々年度	前 年 度
資産の部		
流動資産		
その他	×××	10,000円

例2の解答　当年度における貸借対照表（一部）

	前 年 度	当 年 度
資産の部		
流動資産		
短期貸付金	2,000円	×××
その他	8,000円	×××

Ⅲ 会計上の見積りの変更

　会計上の見積りの変更とは、新たに入手可能となった情報にもとづいて、過去に財務諸表を作成する際に行った会計上の見積りを変更することをいいます。

　会計上の見積りの変更は、新たに入手可能となった情報にもとづく変更であるため、過去の期間の財務諸表に影響を与えるものではないと考え、遡及処理は行いません。

3　誤謬の訂正の会計処理

　過去の財務諸表における誤謬が発見された場合は、過去の財務諸表にさかのぼって修正します。これを**修正再表示**といいます。

▶ 例3 ———————————————————— 過去の誤謬の訂正

　当年度の財務諸表作成過程で、前年度の財務諸表について誤謬を発見した。当該誤謬に関して修正再表示を行う。次の資料にもとづいて当年度の財務諸表を作成し、利益剰余金期首残高への影響額を答えなさい。

［資　料］
(1)　前年度に販売した商品1,500円を誤って商品残高として計上し、その結果、売上原価が同額過小計上されていた。
(2)　前年度における財務諸表（単位：円）
　　①　損益計算書（一部）

	前々年度	前 年 度
売上高	×××	75,000
売上原価	×××	60,000
売上総利益	×××	15,000
⋮	⋮	⋮
当期純利益	×××	4,500

　　②　貸借対照表（一部）

	前々年度	前 年 度
資産の部		
商品	×××	3,400
純資産の部		
繰越利益剰余金	×××	13,500

例3の解答　1．当年度における財務諸表（単位：円）

① 損益計算書（一部）

	前　年　度	当　年　度
売上高	75,000	×××
売上原価	61,500*¹	×××
売上総利益	13,500*²	×××
⋮	⋮	⋮
当期純利益	3,000*³	×××

② 貸借対照表（一部）

	前　年　度	当　年　度
資産の部		
商品	1,900*⁴	×××
純資産の部		
繰越利益剰余金	12,000*⁵	×××

2．利益剰余金期首残高への影響額：**1,500円減少する***⁶

＊1　60,000円＋1,500円（訂正額）＝61,500円
＊2　15,000円－1,500円（訂正額）＝13,500円
＊3　4,500円－1,500円（訂正額）＝3,000円
＊4　3,400円－1,500円（訂正額）＝1,900円
＊5　13,500円－1,500円（訂正額）＝12,000円
＊6　60,000円（訂正前の売上原価）－61,500円（訂正後の売上原価）＝△1,500円

会計上の変更と誤謬の訂正をまとめると、次のようになります。

図解 会計上の変更と誤謬の訂正のまとめ

	適用場面	遡及処理	処理の名称
会計上の変更	会計方針の変更	する	遡及適用
	表示方法の変更		財務諸表の組替え
	会計上の見積りの変更	しない	
誤謬の訂正	過去の誤謬の訂正	する	修正再表示

適用場面	具体例
会計方針の変更	棚卸資産の評価方法を先入先出法から総平均法に変更
表示方法の変更	減価償却累計額の表示を直接控除方式から間接控除方式に変更
会計上の見積りの変更	備品の耐用年数を5年から7年に変更
過去の誤謬の訂正	現金333,000円としていたものが334,000円だった

CHAPTER 10

貸借対照表の基礎

◆これをみれば、企業の財政状態がわかります!

ここでは、1級で学習する貸借対照表の全体像についてみていきます。貸借対照表を作成するうえで基礎となる内容ですが、ほとんどが2級の復習です。2級の内容を思い出しながら学習していきましょう。

▶ 1級で学習する内容 ─────────────────────●

貸借対照表の形式

2級までに学習済み	➡	1級で学習する内容

勘定式

流動固定分類の基準

正常営業循環基準、一年基準

1 貸借対照表のつくり

Ⅰ 貸借対照表とは

貸借対照表は、決算日における資産・負債・純資産を記載して、その企業の財政状態を利害関係者（株主や債権者など）に報告するために作成する財務書類をいいます。

II 貸借対照表の表示区分

貸借対照表は**資産の部**、**負債の部**、**純資産の部**の3つの区分に大きく分かれます。

貸借対照表のひな形は次のとおりです（金額は仮の数字です）。

貸 借 対 照 表

㈱東京産業　　　　　　　　　　×2年3月31日　　　　　　　　　　（単位：円）

❶ 資 産 の 部			❷ 負 債 の 部		
I 流 動 資 産			I 流 動 負 債		
現 金 預 金		153,000	支 払 手 形		80,000
受 取 手 形	160,000		買 掛 金		200,000
売 掛 金	240,000		短 期 借 入 金		80,000
貸 倒 引 当 金	△8,000	392,000	前 受 収 益		10,000
有 価 証 券		140,000	未 払 法 人 税 等		13,400
商 品		32,000	流 動 負 債 合 計		383,400
前 払 費 用		4,000	II 固 定 負 債		
流 動 資 産 合 計		721,000	社 債		200,000
II 固 定 資 産			長 期 借 入 金		96,000
1. 有形固定資産			固 定 負 債 合 計		296,000
建 物	400,000		負 債 合 計		679,400
減価償却累計額	△180,000	220,000	❸ 純 資 産 の 部		
備 品	200,000		I 株 主 資 本		
減価償却累計額	△108,000	92,000	1. 資 本 金		678,500
土 地		320,000	2. 資 本 剰 余 金		
有形固定資産合計		632,000	(1)資本準備金		64,000
2. 無形固定資産			(2)その他資本剰余金		16,000
の れ ん		158,000	資 本 剰 余 金 合 計		80,000
無形固定資産合計		158,000	3. 利 益 剰 余 金		
3. 投資その他の資産			(1)利益準備金		48,000
投 資 有 価 証 券		120,000	(2)その他利益剰余金		
投資その他の資産合計		120,000	別途積立金	16,000	
固 定 資 産 合 計		910,000	繰越利益剰余金	90,500	106,500
III 繰 延 資 産			利 益 剰 余 金 合 計		154,500
社 債 発 行 費		40,000	4. 自 己 株 式		△38,400
繰 延 資 産 合 計		40,000	株 主 資 本 合 計		874,600
			II 評価・換算差額等		
			1. その他有価証券評価差額金		35,000
			2. 繰延ヘッジ損益		12,000
			評価・換算差額等合計		47,000
			III 新 株 予 約 権		70,000
			純 資 産 合 計		991,600
資 産 合 計		1,671,000	負債・純資産合計		1,671,000

● 貸借対照表の表示区分

❶ 資産の部

流動資産…営業活動にともなって発生した債権（売掛金や受取手形）および決算日の翌日から1年以内に現金化する資産（短期的に現金化する資産）

現金預金、受取手形、売掛金、有価証券（売買目的有価証券）、商品、貯蔵品、前払金、前払費用、未収収益、短期貸付金、未収入金など

固定資産…決算日の翌日から1年を超えて現金化する資産（短期的に現金化しない資産）

・有形固定資産…建物、備品、車両運搬具、土地、リース資産など
・無形固定資産…のれん、特許権、ソフトウェアなど
・投資その他の資産…投資有価証券、長期貸付金など

繰延資産…費用にもかかわらず、特別に資産として計上することが認められた金額

創立費、開業費、株式交付費、社債発行費、開発費

❷ 負債の部

流動負債…営業活動にともなって発生した債務（買掛金や支払手形）および決算日の翌日から1年以内に支払期限が到来する負債（短期的に支払期限が到来する負債）

支払手形、買掛金、一年以内償還社債、短期借入金、リース債務（短期リース債務）、未払金、未払費用、未払法人税等、未払消費税、前受金、預り金、前受収益、修繕引当金など

固定負債…決算日の翌日から1年を超えて支払期限が到来する負債（短期的に支払期限が到来しない負債）

社債、長期借入金、リース債務（長期リース債務）、退職給付引当金、資産除去債務など

❸ 純資産の部
〈株主資本〉

資　本　金…株式会社が最低限維持しなければならない金額

資本剰余金…株主からの払込金額のうち資本金以外のもの
資本準備金、その他資本剰余金

利益剰余金…会社の利益から生じたもの
利益準備金、別途積立金、繰越利益剰余金

〈評価・換算差額等〉

その他有価証券評価差額金…その他有価証券を時価評価することによって生じた評価差額の金額

繰延ヘッジ損益…ヘッジ会計を適用した場合に、繰り延べられる損益

〈新株予約権〉

新株予約権…新株予約権やストック・オプションを発行した場合に計上されるもの

ひとこと

この貸借対照表のひな形は個別財務諸表を前提としているので、その他有価証券評価差額金などは「評価・換算差額等」と表示されていますが、連結財務諸表では、その他有価証券評価差額金などは「その他の包括利益累計額」と表示されます。

2 流動・固定の分類

　資産および負債は次の2つの基準により、流動項目と固定項目に分類されます。

I 正常営業循環基準

　正常営業循環基準とは、企業の主たる営業サイクル（仕入→代金の決済→売上→代金の回収）内にあるものを**流動項目**とする基準をいいます。

ひとこと

たとえば、現金、売掛金、受取手形は回収期限に関係なくつねに流動資産に表示し、買掛金、支払手形は決済期限に関係なくつねに流動負債に表示します。

Ⅱ 一年基準

一年基準とは、決算日の翌日から1年以内に入金または支払期限が到来するものは**流動項目**とし、入金または支払期限の到来が1年を超えるものは**固定項目**とする基準をいいます。

ひ と こ と

たとえば、決算日の翌日から1年を超えて入金または支払期限が到来する貸付金や借入金は固定資産・固定負債に表示します。

Ⅲ 分類方法

現行制度では、まず正常営業循環基準が適用され、営業サイクル内にある資産・負債を流動項目とします。また、営業サイクル外の資産・負債についてはさらに一年基準を適用して流動項目と固定項目に分けます。

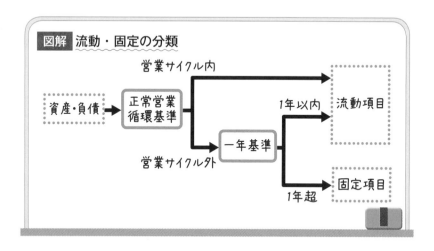

図解 流動・固定の分類

ひ と こ と

　前記の２つの基準によらず、例外的に、科目の性質、所有目的などの条件により流動・固定に分類されるものもあります。たとえば、有形固定資産は長期間にわたって使用する目的で所有するため、固定資産に分類され、売買目的有価証券は短期的に売買を繰り返すため、流動資産に分類されます。

3　**貸借対照表の配列**

　貸借対照表の配列には、流動性配列法と固定性配列法があります。

　流動性配列法とは、資産・負債の配列を流動項目→固定項目の順序で配列する方法です。**固定性配列法**とは、資産・負債の配列を固定項目→流動項目の順序で配列する方法です。

　現行制度は、原則として流動性配列法によって表示します。

ひ と こ と

　例外的に、電力会社やガス会社など固定資産の占める割合が多い企業では、固定性配列法で表示されることも認められています。

CHAPTER 11

現金預金

◆小切手と当座預金を正確にイメージ！

この章では、2級までに学習した論点の復習もあわせて、現金預金を学習します。

1級では商業簿記の総合問題でよく出題される論点です。学習しておけば必ずできる問題ですので、確実にマスターしておきましょう。

▶ 1級で学習する内容 ────────────────●

現金の範囲	
2級までに学習済み ➡	1級で学習する内容

通貨代用証券

現金過不足
期中、決算処理

銀行勘定調整表
修正仕訳

預金の表示区分
一年基準

1 現 金

I 通貨代用証券

簿記における「現金」には、**通貨**のほか、他人振出小切手や配当金領収証などの**通貨代用証券**が含まれます。

> ●現金に含まれるもの
>
> ◆通貨：硬貨、紙幣
> ◆通貨代用証券：他人振出小切手、配当金領収証、期限到来後の公社債の利札

ひとこと

上記以外の通貨代用証券として、送金小切手、郵便為替証書、預金手形などがあります。

▼ 例1 ————————————————— 通貨代用証券

(1) 配当金領収証100円を受け取った。
(2) 保有する社債の利札10円の期限が到来した。

例1の仕訳(1)	(現　　　　金)	100	(受 取 配 当 金)	100
(2)	(現　　　　金)	10	(有 価 証 券 利 息)	10

II 現金とまちがえやすい項目

現金とまちがえやすい項目として、**先日付小切手**や**自己振出小切手**などがあります。

1 先日付小切手

通常の小切手は振出日として実際に振り出した日の日付を記載しますが、実際の振出日よりもあとの日付が振出日として記載される場合があり

ます。この小切手を**先日付小切手**といいます。先日付小切手は、記載され
た振出日まで銀行に呈示して現金化できないので、記載上の振出日まで**受
取手形**として処理します。

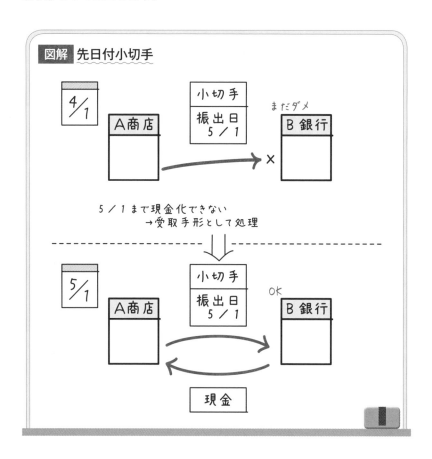

2 自己振出小切手

　自己振出小切手とは、自社が振り出した小切手が裏書などにより再び自
社に戻ってきたものをいいます。自己振出小切手の振出し・回収はすべて
自社の当座預金の動きなので、自己振出小切手を受け取ったときは現金で
はなく**当座預金勘定**で処理します。

172

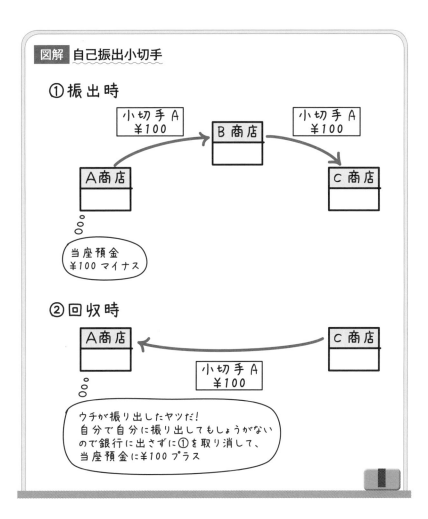

図解 自己振出小切手

① 振出時

小切手A
¥100

B商店

小切手A
¥100

A商店

C商店

当座預金
¥100 マイナス

② 回収時

A商店

C商店

小切手A
¥100

ウチが振り出したヤツだ!
自分で自分に振り出してもしょうがない
ので銀行に出さずに①を取り消して、
当座預金に¥100プラス

ひ と こ と

ふむふむ...

上記以外で現金とまちがえやすい項目として、収入印紙、はがき・切手、借用証書があります。

収入印紙の使用分は租税公課、未使用分は貯蔵品、はがき・切手の使用分は通信費、未使用分は貯蔵品、借用証書は貸付金で処理します。

●**現金になるものとならないもの**

◆**現 金 に な る も の**…通貨、他人振出小切手、配当金領収証、期限が到来した
　　　　　　　　　　　公社債の利札
◆**現金にならないもの**…先日付小切手（受取手形）、自己振出小切手（当座預金）、収
　　　　　　　　　　　入印紙（租税公課または貯蔵品）、はがき・切手（通信費または貯
　　　　　　　　　　　蔵品）、借用証書（貸付金）

▼ **例2** ━━━━━━━━━━━━━━━━━━━ 現金とまちがえやすい項目

(1)　3月31日に売上代金としてA社から小切手100円を受け取った。この小
　　切手の記載上の振出日は1か月後の4月30日である。
(2)　6月1日に売上代金としてB社から小切手200円を受け取り、現金として
　　処理をした。この小切手は過去に当社がC社に対して振り出したものであ
　　る。

| 例2の仕訳(1) | (受 取 手 形) | 100 | (売 　　　　 上) | 100 |
| | (2)　(当 座 預 金) | 200 | (現 　　　　 金) | 200 |

Ⅲ 現金過不足

　なんらかの原因により、帳簿上の現金残高と実際の現金有高が一致しな
い場合があります。このような場合、**現金過不足勘定**を用いて現金の帳簿
残高を実際有高に合わせます。

1 原因が判明した場合

　後に原因が判明した場合は、**現金過不足**を正しい勘定科目に振り替えま
す。

2 原因が判明しなかった場合

　原因が期末まで判明しなかった場合は、**現金過不足**を**雑益**、または**雑損**
に振り替えます。

例3 —————————————————————— 現金過不足

(1) 現金の帳簿残高は50,000円だったが、現金を実査したところ実際有高は48,000円であった。

(2) (1)の現金不足額のうち、1,500円は支払利息の記帳漏れであったが、500円の原因は判明しなかった。

例3の仕訳(1)	(現 金 過 不 足)	2,000	(現　　　　　金)	2,000
(2)	(支 払 利 息)	1,500	(現 金 過 不 足)	2,000
	(雑　　　　損)	500		

2 預 金

I 預金の表示

1 預金の流動・固定分類

預金にも複数の種類があり、種類によって表示方法が異なります。

普通預金や当座預金のように、いつでも制限なく引出しが可能な預金は**流動資産**として表示します。

一方、定期預金のように満期まで引出しに制限がある場合もあります。このような預金は、決算日の翌日から1年以内に満期日が到来するものは**流動資産**に、それ以降に満期日が到来するものは長期性預金として**固定資産**に表示します。

2 当座借越

❶ 当座借越の会計処理

通常、小切手の振出しは当座預金残高の範囲内で行われます。しかし、当座預金残高が不足しても小切手を振り出せるよう、銀行と当座借越契約を結ぶこともあります。実際に当座預金残高を超えて小切手を振り出した場合、帳簿上は**当座預金勘定**の貸方に記入します。

❷ 貸借対照表の表示

当座借越は実質的には銀行に対する短期の借入れであるため、貸借対照表では**短期借入金**で表示します。

これならわかる!!

　たとえば、10万円のパソコンを買いたいのに、当座預金残高が6万円しかなかったとしましょう。このままでは、小切手を振り出してパソコンを買うことはできません。

　ここで、限度5万円の当座借越契約を結んでいれば、その限度額までであれば残高が不足していても小切手を振り出すことができます。つまり、10万円のパソコンを買うために、銀行に4万円の立替払いをしてもらうのです。会社ではこれを当座預金勘定の貸方で帳簿に記録します。

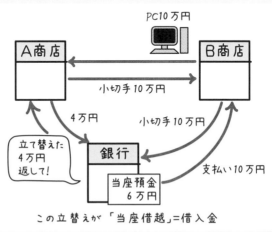

この立替えが「当座借越」=借入金

　この立替払いは実質的には短期の銀行からの借入れですから、貸借対照表上は短期借入金として表示するのです。

II 銀行勘定調整表

　当座預金の会社の帳簿上の残高と銀行における残高が、なんらかの原因により一致しない場合があります。これを調整するのが**銀行勘定調整表**です。

1 当座預金の修正方法

　企業の当座預金勘定の残高と銀行の当座預金残高が一致しない場合、その一致しない原因を調査して修正仕訳を行います。

　修正仕訳が必要な項目と、必要でない項目は次のとおりです。

●銀行勘定調整表の修正項目

◆修正仕訳が必要…① 連絡未通知
　（企業側の調整）　② 誤記入
　　　　　　　　　③ 未渡小切手
◆修正仕訳が不要…④ 時間外預入れ
　（銀行側の調整）　⑤ 未取立小切手
　　　　　　　　　⑥ 未取付小切手

① 当社の当座預金口座に入金、または出金があったにもかかわらず、連絡が当社に未達となっていて記録していないもの
② 当社が誤って記帳していたもの
③ 当社が支払いのために小切手を作成して出金処理したにもかかわらず、取引先に渡されずに手許に残っているもの
④ 当社が銀行の営業時間終了後に行った入金のこと
⑤ 他人振出の小切手を銀行に呈示して預け入れたにもかかわらず、銀行では取立てが完了していない小切手のこと
⑥ 当社が小切手を振り出したものの、取引先がまだ銀行に呈示していないため、取り立てられていない小切手のこと

▼ 例4 ━━━━━━━━━━━━━━━━━━━━ 銀行勘定調整表

⑴ 得意先Ａ商店から売掛金10,000円が当座預金口座に振り込まれていたが、その連絡が当社に未達であった。
⑵ 広告宣伝費のため振り出した小切手25,000円を2,500円と記帳していた。
⑶ 買掛金5,000円の支払いのため、小切手を作成したが、決算日において未渡しであった。
⑷ 決算日に、現金17,000円を預け入れたが、営業時間外であったため、銀行で翌日付の入金として処理された。
⑸ 得意先Ｂ社から受け取った小切手30,000円を銀行に持ち込み、取立てを依頼していたが、決算日において、まだ銀行が取立てを行っていなかった。
⑹ 仕入先Ｃ社に振り出した小切手21,000円が、決算日において、まだ銀行に呈示されていなかった。

例4の仕訳(1)	（当 座 預 金）	10,000	（売 掛 金）	10,000
(2)	（広 告 宣 伝 費）	22,500	（当 座 預 金）	22,500
(3)	（当 座 預 金）	5,000	（買 掛 金）	5,000
(4)			仕 訳 な し	
(5)			仕 訳 な し	
(6)			仕 訳 な し	

2 銀行勘定調整表の作成方法

銀行勘定調整表には、両者区分調整法、企業残高基準法、銀行残高基準法があります。

❶ 両者区分調整法

両者区分調整法とは、企業の当座預金残高と銀行の残高証明書残高の両方を区分して調整し、正しい当座預金残高を求める方法です。具体的には、修正仕訳が必要な項目については帳簿残高（企業側残高）に加減算し、修正仕訳が不要な項目については銀行残高に加減算します。

●両者区分調整法

銀行勘定調整表　　　　（単位：円）

当社の帳簿残高		68,500	銀行の残高証明書残高		35,000
加算 (1)	連絡未達	10,000	加算 (4)	時間外預入れ	17,000
(3)	未渡小切手	5,000	(5)	未取立小切手	30,000
減算 (2)	誤記入	22,500	減算 (6)	未取付小切手	21,000
		61,000			61,000

一致（正しい残高）

❷ 企業残高基準法

企業残高基準法とは、企業の当座預金残高を基準に調整して、銀行の残高証明書の金額と一致させる方法です。

●企業残高基準法

銀行勘定調整表		（単位：円）
当社の帳簿残高		68,500
加算 (1) 連絡未達	10,000	
(3) 未渡小切手	5,000	
(6) 未取付小切手	21,000	36,000
減算 (2) 誤記入	22,500	
(4) 時間外預入れ	17,000	
(5) 未取立小切手	30,000	69,500
銀行の残高証明書残高		35,000

❸ 銀行残高基準法

銀行残高基準法とは、銀行の残高証明書の金額を基準に調整して、企業の当座預金残高と一致させる方法です。

●銀行残高基準法

銀行勘定調整表		（単位：円）
銀行の残高証明書残高		35,000
加算 (2) 誤記入	22,500	
(4) 時間外預入れ	17,000	
(5) 未取立小切手	30,000	69,500
減算 (1) 連絡未達	10,000	
(3) 未渡小切手	5,000	
(6) 未取付小切手	21,000	36,000
当社の帳簿残高		68,500

ひとこと

　本試験では銀行勘定調整表を作らせる問題の出題可能性は低いと思われますので、両者区分調整法を中心に理解しておきましょう。

問 1　現金預金①　答案用紙あり

　次の資料にもとづいて、貸借対照表（一部）を完成させ、損益計算書の雑損または雑益の金額を示しなさい。なお、当期は×4年 1 月 1 日〜×4年12月31日である。

［資料 1 ］決算整理前残高試算表

決算整理前残高試算表（一部）

×4年12月31日　　　　　　　　（単位：円）

現　金　預　金	25,000	買　　　掛　　　金	10,000
受　取　手　形	12,000	未　　　払　　　金	8,000
		受　　取　　利　　息	13,000

［資料 2 ］決算整理事項

1 ．現金預金勘定の内訳は以下のとおりであった。

現金出納帳残高	12,000円
当座預金出納帳残高	10,000円
定期預金残高	3,000円
計	25,000円

2 ．現金の実際有高を調査したところ、以下の事項が判明した。

①　当社の金庫に保管されていた通貨　　8,000円

②　他人振出の小切手（記載された振出日は×4年12月29日である）　　2,100円

③　他人振出の小切手（記載された振出日は×5年 1 月15日である）　　1,200円

④　配当金領収証（未記帳）　　800円

⑤　社債利札（支払期日は×4年 9 月30日である）　　366円

　　なお、③の小切手を現金として記帳している。

3 ．銀行の当座預金残高証明書の残高は12,700円であった。当社の当座預金出納帳残高との差異の原因を調査したところ、以下の事項がわかった。

①　決算日に500円の時間外預入があった。

②　買掛金支払のために振り出した小切手700円が未渡しであった。

③　買掛金支払のために振り出した小切手1,500円が相手先で銀行に呈示され

ていなかった。

④　得意先より売掛金1,000円が銀行に振り込まれていたが、当社に未達であった。

4．定期預金残高の内訳は以下のとおりである。

　①　期間3年　満期日×5年3月31日　2,000円

　②　期間5年　満期日×6年3月31日　1,000円

問2　現金預金②　答案用紙あり

　次の資料にもとづいて、貸借対照表（一部）を完成させるとともに、損益計算書に計上される販売費の額を答えなさい。なお、当期は×3年4月1日～×4年3月31日である。

［資料1］決算整理前残高試算表

決算整理前残高試算表（一部）

×4年3月31日　　　　　　（単位：円）

現　　　　　金	369,000	支　払　手　形	160,000
当　座　預　金	370,000	買　　掛　　金	220,000
定　期　預　金	110,000	未　　払　　金	370,000
受　取　手　形	152,000	受　取　利　息	20,000
販　　売　　費	115,200		

［資料2］決算整理事項

1．決算整理前残高試算表の現金勘定の内訳は以下のとおりである。

　①　通貨手許有高　　300,000円

　②　自己振出小切手　40,000円

　③　配当金領収証　　15,000円

　④　期限到来後の社債利札　14,000円

2．当座預金の銀行残高証明書残高は482,000円であった。当社の残高との差額を調査したところ、以下の事項が判明した。

　①　買掛金の支払いのために振り出した小切手37,000円が未渡しであった。

　②　販売費の支払いのために振り出した小切手50,000円が未渡しであった。

　③　備品購入のために振り出した小切手17,000円が相手方で銀行に支払呈示さ

れていなかった。

④　得意先から受け入れた小切手18,000円を銀行に呈示して当座預金に預け入れたが、銀行ではいまだ取り立てられていなかった。

⑤　仕入先に対して振り出した手形15,000円が決済され、銀行で引き落とされていたが、当社に未達であった。

⑥　販売費支払のため振り出した小切手43,000円を誤って44,000円と記帳していた。

3．定期預金の期間は×3年12月31日から2年間、利率は年1％、利払日は年1回12月末日である（利息計算は月割りによること）。

解答

問1 現金預金①

貸 借 対 照 表
×4年12月31日　　　　　　　　　（単位：円）

流動資産		流動負債	
現 金 預 金	(24,966)	買 掛 金	(10,700)
受 取 手 形	(13,200)	未 払 金	(8,000)
固定資産			
(長 期 性 預 金)	(1,000)		

※　現金預金：11,266円＋10,000円＋700円＋1,000円＋2,000円＝24,966円

勘 定 科 目	金　　　額
雑　　　　　損	334円

〈解説〉

決算整理仕訳を示すと次のとおりです。

```
2. ③ (受 取 手 形)   1,200  (現 金 預 金)  1,200
   ④ (現 金 預 金)     800  (受 取 配 当 金)  800
     (雑       損)     334* (現 金 預 金)    334
```

　　＊　現金実際有高：8,000円＋2,100円＋800円＋366円＝11,266円
　　　　修正後の帳簿上の現金残高：12,000円－1,200円＋800円＝11,600円
　　　　雑損：11,600円－11,266円＝334円

```
3. ② (現 金 預 金)     700  (買 掛 金)    700
   ④ (現 金 預 金)   1,000  (売 掛 金)  1,000
4. ② (長 期 性 預 金) 1,000  (現 金 預 金) 1,000
```

問2　現金預金②

貸借対照表
×4年3月31日　　　　　　　　　　　　（単位：円）

流動資産		流動負債	
現　　　　金	(329,000)	支 払 手 形	(145,000)
当 座 預 金	(483,000)	買 　掛 　金	(257,000)
受 取 手 形	(152,000)	未 　払 　金	(420,000)
（未 収 収 益）	(275)		
固定資産			
（長 期 性 預 金）	(110,000)		

勘 定 科 目	金　　　　　額
販　　売　　費	114,200円

〈解説〉

決算整理仕訳を示すと次のとおりです。

```
1.②（当 座 預 金）  40,000  （現        金）  40,000
2.①（当 座 預 金）  37,000  （買    掛    金）  37,000
  ②（当 座 預 金）  50,000  （未    払    金）  50,000
  ⑤（支 払 手 形）  15,000  （当 座 預 金）  15,000
  ⑥（当 座 預 金）   1,000 *1（販    売    費）   1,000
```

*1　誤記入額44,000円 − 適正額43,000円 ＝ 1,000円

銀行勘定調整表（両者区分調整法）　　　　　　（単位：円）

当社の帳簿残高	370,000	銀行の残高証明書残高	482,000
加算 2.① 未渡小切手	37,000	加算 2.④ 未取立小切手	18,000
2.② 未渡小切手	50,000		
2.⑥ 誤記入	1,000		
1.② 自己振出小切手	40,000		
減算 2.⑤ 引落未達	15,000	減算 2.③ 未取付小切手	17,000
	483,000		483,000

```
3.  （未 収 収 益）  275 *2（受 取 利 息）  275
```

$$*2　110,000円 × 1\% × \frac{3か月}{12か月} = 275円$$

なお、本問の定期預金は貸借対照表上「長期性預金」として表示します。

金銭債権・貸倒引当金

◆債権の回収可能性により算定方法が変わります

ここでは、金銭債権と貸倒引当金について学習します。

金銭債権は、その回収可能性により貸倒引当金の算定方法が異なります。まずは、債権の区分を把握しましょう。

また、新たに貨幣の時間価値という概念も登場します。この貨幣の時間価値は非常に重要となってきますので、単に暗記するのではなく、その本質を理解しておきましょう。

▶ 1級で学習する内容

時間価値

2級までに学習済み	→	1級で学習する内容
		時間価値

償却原価法
定額法
利息法

貸倒見積高の算定方法
一般債権
貸倒懸念債権、破産更生債権等

為替手形
為替手形
自己受為替手形、自己宛為替手形

保証債務の計上・取崩し
手形の裏書き・手形の割引き
保証債務の計上・取崩し

1 時間価値

I 貨幣の時間価値

　たとえば、銀行にお金を10,000円預けたときに、年利を5％とすると1年後には利息500円をプラスした10,500円を受け取ることができます。このように、時間が経過することによって貨幣の価値が高くなることを**貨幣の時間価値**といいます。

　そして、会計ではしばしば金銭債権などの評価において、この貨幣の時間価値、つまり、現在の価値（現在価値）や将来の価値（将来価値）を考える必要があります。

これならわかる!!

　いま、現金100円を年利5％で銀行に預け入れたとします。1年後には利息5円を加えた105円（＝100円×1.05）を受け取ることができます。

　つまり、現在の100円と1年後の105円の価値が同じだということを意味しています。

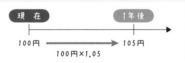

　このとき、100円を**現在価値**（現時点での価値）、105円を**将来価値**（一定期間後の将来の価値）といいます。

　こんどは、現在の100円の2年後を考えてみましょう。

　2年後の将来価値は110.25円になります。

　つまり、利子率 r における現在価値の n 年後の将来価値は次の式で表すことができます。

$$将来価値＝現在価値×(1＋r)^n$$

次に反対のことを考えてみましょう。

1年後に100円受け取るには、いまいくら預ければいいでしょうか？

100円÷1.05で95.24円を預ければいいことになります。このとき、95.24円を**割引現在価値**（将来価値を現在価値になおした金額）といいます。

2年後に100円受け取るときは、以下のようになります。

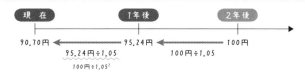

100円÷1.05÷1.05で90.70円（割引現在価値）ということになります。

つまり、利子率 r における n 年後の将来価値の現在価値（割引現在価値）は、次の式で表すことができます。

$$現在価値＝将来価値÷(1＋r)^n$$
$$＝将来価値×\frac{1}{(1＋r)^n}$$

▶ **例1** ━━━━━━━━━━━━━━━━━━━━━━━━ **貨幣の時間価値**

(1) 現在価値が10,000円のとき、2年後の将来価値を求めなさい。なお、年利は3％、円未満の端数は四捨五入すること。

(2) 2年後の将来価値が10,000円のときの現在価値を求めなさい。なお、年利は3％、円未満の端数は四捨五入すること。

例1の解答　(1)　2年後の将来価値：**10,609円**[*1]

　　　　　　(2)　現在価値：**9,426円**[*2]

　　　　　[*1]　2年後の将来価値：10,000円（現在価値）×1.03^2＝10,609円
　　　　　[*2]　現在価値：10,000円（2年後の将来価値）÷1.03^2≒9,426円

Ⅱ 現価係数

　現価係数とは、将来価値から現在価値を求めるときに使う係数のことをいいます。

Ⅲ 年金現価係数

年金現価係数とは、毎年、同じ金額の収支があるときに将来価値から現在価値の合計を求めるときに使う係数をいいます。

つまり、年金現価係数は、現価係数を年数分合計したものになります。

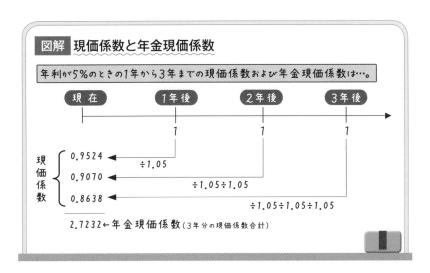

例2 ──────────────────── 現価係数と年金現価係数

(1) 3年後に、100,000円を支払う予定である場合の、現在価値を求めなさい。なお、年利は4％である。

(2) 毎年100,000円を3年間支払う予定である場合の、現在価値を求めなさい。なお、年利は4％である。

※ 解答にあたっては、次の2つの表より適当な係数を選び使用すること。

現 価 係 数 表

n＼r	3 ％	4 ％	5 ％
1 年	0.9709	0.9615	0.9524
2 年	0.9426	0.9246	0.9070
3 年	0.9151	0.8890	0.8638
4 年	0.8885	0.8548	0.8227
5 年	0.8626	0.8219	0.7835

年金現価係数表

n＼r	3 ％	4 ％	5 ％
1 年	0.9709	0.9615	0.9524
2 年	1.9135	1.8861	1.8594
3 年	2.8286	2.7751	2.7232
4 年	3.7171	3.6299	3.5460
5 年	4.5797	4.4518	4.3295

例2の解答 (1) **88,900円**[*1]

(2) **277,510円**[*2]

[*1] 100,000円×0.8890（年利4％、期間3年の現価係数）＝88,900円

[*2] 100,000円×2.7751（年利4％、期間3年の年金現価係数）＝277,510円

2 金銭債権

Ⅰ 金銭債権とは

金銭債権とは、将来他人から一定金額を受け取ることができる権利のことです。金銭債権は、発生源泉（本業によって生じたものか否か）により次のように分類することができます。

図解 金銭債権の分類

金銭債権	営業債権	売上債権	受取手形や売掛金など
		その他	営業上、経常的に発生する得意先、仕入先に対する貸付金や立替金など
	営業外債権		営業債権以外の貸付金、立替金や未収入金など

Ⅱ 金銭債権の評価

金銭債権は、取得価額から貸倒引当金を控除した金額を貸借対照表価額とします。

ただし、債権を債権金額より低い価額または高い価額で取得した場合

で、取得価額と債権金額の差額が金利の調整と認められるときは、**償却原価法**にもとづいて算定し、その算定した**償却原価**から貸倒引当金を控除した金額を貸借対照表価額とします。

図解 金銭債権の評価

取得の形態		貸借対照表価額
債権金額＝取得価額（原則）		取得価額－貸倒引当金
債権金額≠取得価額	差額が金利調整差額と認められない場合	
	差額が金利調整差額と認められる場合	償却原価－貸倒引当金

Ⅲ 償却原価法

償却原価法とは、債権金額と取得価額の差額（金利調整差額）を償還日に至るまで、毎期一定の方法で債権の貸借対照表価額に加減する方法をいいます。

償却原価法には**利息法**と**定額法**の２つの方法があります。原則は利息法になりますが、継続適用を条件として定額法を採用することもできます。

1 定額法 (容認)

定額法では、償却額を次の計算式によって求めます。なお、償却額の計算は決算日（期末）に行います。

$$\text{金利調整差額償却額} = \underbrace{(\text{債権金額}-\text{取得価額})}_{\text{金利調整差額}} \times \frac{\text{当期の所有月数}}{\text{取得日から償還日までの月数}}$$

2 利息法（原則）

利息法とは、将来の現金収支の（割引）現在価値の合計が取得価額に一致するような割引率（実効利子率）をもとにして算定した額を、帳簿価額に加減する方法です。利息法では、償却額を次の計算式によって求めます。なお、償却額の計算は利払日ごとに行います。

$$\underset{①}{\underline{金利調整差額償却額}} = \underset{①}{\underline{利息配分額}} - \underset{②}{\underline{利息受取額}}$$

① 利息配分額：帳簿価額×実効利子率
② 利息受取額：債権金額×利子率（券面利子率）

▶ **例3** ————————————————————— **償却原価法**

当社（決算日は毎年 3 月31日）は、×2年 4 月 1 日に甲社から乙社に対する貸付金（債権金額400,000円、返済期日×4年 3 月31日、年利 3 ％、利払日は毎年 3 月31日）を388,764円で取得した。取得価額と債権金額との差額は金利調整差額と認められ償却原価法を適用する。

このとき、①×2年 4 月 1 日（取得日）、②×3年 3 月31日（利払日、決算日）および③×4年 3 月31日（利払日、決算日、返済日）における仕訳を、(1)定額法および(2)利息法（実効利子率年4.5％）により示しなさい。なお、取得および利息の受払いは現金で処理する。計算上端数が生じた場合には円未満を四捨五入すること。

———————————————————————————————————

例3の仕訳

(1) 定額法

① ×2年 4 月 1 日

取　　得：（貸　付　金）　388,764　（現　　　金）　388,764

② ×3年 3 月31日

利息受取：（現　　　金）　12,000　（受　取　利　息）　12,000

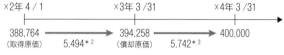

償却原価法：	（貸　付　金）	5,618	（受　取　利　息）	5,618*1

③　×4年3月31日

利息受取：	（現　　　金）	12,000	（受　取　利　息）	12,000
償却原価法：	（貸　付　金）	5,618	（受　取　利　息）	5,618*1
返　　済：	（現　　　金）	400,000	（貸　付　金）	400,000

＊1　$（400,000円－388,764円）×\dfrac{12か月}{24か月}＝5,618円$（償却額）

〈各年度の償却額、償却原価〉

```
×2年4/1              ×3年3/31           ×4年3/31
 ├──────────────────┼──────────────────┼──────────────►
 388,764  ─────────► 394,382  ────────► 400,000
（取得原価）  5,618*1  （償却原価）  5,618*1
```

(2)　利息法

①　×2年4月1日

取　　得：	（貸　付　金）	388,764	（現　　　金）	388,764

②　×3年3月31日

利息受取：	（現　　　金）	12,000	（受　取　利　息）	12,000
償却原価法：	（貸　付　金）	5,494	（受　取　利　息）	5,494*2

③　×4年3月31日

利息受取：	（現　　　金）	12,000	（受　取　利　息）	12,000
償却原価法：	（貸　付　金）	5,742	（受　取　利　息）	5,742*3
返　　済：	（現　　　金）	400,000	（貸　付　金）	400,000

＊2　388,764円×4.5％－400,000円×3％≒5,494円
＊3　400,000円－394,258円＝5,742円

〈各年度の償却額、償却原価〉

```
×2年4/1              ×3年3/31           ×4年3/31
 ├──────────────────┼──────────────────┼──────────────►
 388,764  ─────────► 394,258  ────────► 400,000
（取得原価）  5,494*2  （償却原価）  5,742*3
```

Ⅳ 売上債権などに含まれる金利部分の取り扱い

売上債権の発生から回収までに一定の期間が必要な場合、売上債権に金利が生じる場合があります。

この場合、売上債権を取得したときに、債権に関する金利部分を区分して処理する方法と区分しないで処理する方法があります。

ひとこと

どちらの方法を採用しているかで、売上債権（売上）の計上価額や決算時（利払時）の処理が異なります。

図解 金利部分を区分する方法としない方法

① 金利部分を区分する方法
債権金額（額面金額）から金利部分を差し引いた現金正価を売上債権（売上）の計上価額とする方法

```
            ┌─────────────┐
            │   金利部分    │
債権金額 ┤  ├─────────────┤
（額面金額）  │             │┐
            │   現金正価    │├ 売上債権（売上）の計上価額
            │             │┘
            └─────────────┘
```

② 金利部分を区分しない方法
債権金額（額面金額）を売上債権（売上）の計上価額とする方法

```
            ┌─────────────┐
            │   金利部分    │┐
債権金額 ┤  ├─────────────┤│
（額面金額）  │             │├ 売上債権（売上）の計上価額
            │   現金正価    ││
            │             │┘
            └─────────────┘
```

1 金利部分を区分する方法

(1) 売上債権の計上価額

金利部分を除いた現金取引の金額（現金正価）で売上債権（売上）の金額を計上します。

ひとこと

この方法は、現金正価を売上債権の割引現在価値であると考えます。

(2) 金利部分の処理

金利部分は、償却原価法（定額法または利息法）によって、各期の損益に配分します。

❶ 定額法

定額法では、債権金額（額面金額）と現金正価の差額を回収までの期間で均等に受取利息として計上します。

▼ 例4 ———————————————— **金利部分を区分する方法（定額法）**

当社（会計期間1年、決算日12月31日）は、×1年1月1日に現金正価10,000円の商品を売り上げ、代金として受取手形11,664円を受け取った。受取手形の決済日は×2年12月31日である。なお、この手形には、年利8％（1年複利）で計算された利息が含まれており、この金利部分は重要なものとして区分し、定額法で処理する。

(1) ×1年1月1日（販売時）の仕訳をしなさい。
(2) ×1年12月31日（決算日）の仕訳をしなさい。
(3) ×2年12月31日（決済日）の仕訳をしなさい。

例4の仕訳(1)	（受 取 手 形）	10,000	（売		上）	10,000*1			
(2)	（受 取 手 形）	832	（受 取 利 息）			832*2			
(3)	（受 取 手 形）	832	（受 取 利 息）			832*2			
	（現 金 な ど）	11,664	（受 取 手 形）			11,664*3			

＊1　現金正価
＊2　（11,664円−10,000円）÷2年＝832円
＊3　債権金額

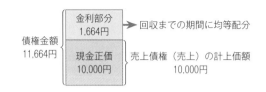

債権金額
11,664円

金利部分
1,664円 ➡ 回収までの期間に均等配分

現金正価
10,000円 ➡ 売上債権（売上）の計上価額
10,000円

❷ 利息法

利息法では、帳簿価額に利率を掛けて受取利息として計上します。

▶ 例5 ━━━━━━━━━━━━ **金利部分を区分する方法**（利息法）

当社（会計期間1年、決算日12月31日）は、×1年1月1日に現金正価10,000円の商品を売り上げ、代金として受取手形11,664円を受け取った。受取手形の決済日は×2年12月31日である。なお、この手形には、年利8％（1年複利）で計算された利息が含まれており、この金利部分は重要なものとして区分し、利息法で処理する。
(1) ×1年1月1日（販売時）の仕訳をしなさい。
(2) ×1年12月31日（決算日）の仕訳をしなさい。
(3) ×2年12月31日（決済日）の仕訳をしなさい。

例5の仕訳(1)（受　取　手　形）　　10,000　（売　　　　　　上）　　10,000*1

(2)（受　取　手　形）　　　　800　（受　取　利　息）　　　　800*2

(3)（受　取　手　形）　　　　864　（受　取　利　息）　　　　864*3

（現　金　な　ど）　　11,664　（受　取　手　形）　　11,664*4

＊1　現金正価
＊2　10,000円×8％＝800円
＊3　（10,000円＋800円）×8％＝864円
＊4　債権金額

債権金額
11,664円

金利部分
1,664円 ➡ 帳簿価額×利率で配分

現金正価
10,000円 ➡ 売上債権（売上）の計上価額
10,000円

2 金利部分を区分しない方法

　金利部分を区分しない方法では、金利を含んだ債権金額（額面金額）を売上債権（売上）の計上価額とします。

　なお、金利部分を区分する方法と異なり、決算時などに償却原価法の処理は行いません。

> **ひとこと**
>
> 要するに普段どおりに仕訳すればよいということです。

例6 ————————————————————— 金利部分を区分しない方法

　当社（会計期間１年、決算日12月31日）は、×1年１月１日に現金正価10,000円の商品を売り上げ、代金として受取手形11,664円を受け取った。受取手形の決済日は×2年12月31日である。なお、この手形には、年利８％（１年複利）で計算された利息が含まれているが、金利部分については重要性が低いため区分しない方法によって会計処理する。
　(1)　×1年１月１日（販売時）の仕訳をしなさい。
　(2)　×1年12月31日（決算日）の仕訳をしなさい。
　(3)　×2年12月31日（決済日）の仕訳をしなさい。

例6の仕訳(1)	（受　取　手　形）	11,664	（売　　　　　上）	11,664*
(2)		仕　訳　な　し		
(3)	（現　金　な　ど）	11,664	（受　取　手　形）	11,664

＊　債権金額

3 貸倒引当金の設定

Ⅰ 貸倒引当金とは

貸倒引当金は、受取手形や売掛金などが次期以降に回収不能となる可能性がある場合に備えて設定します。

そこで、貸倒引当金を設定する際に、それぞれの債権を、その債権の回収可能性に応じて区分し、この区分ごとに定められた方法で貸倒見積高を算定します。

●債権の区分

◆一 般 債 権：経営状態に重大な問題が生じていない債務者に対する債権
◆貸 倒 懸 念 債 権：経営破綻の状態には至っていないが、経営状態の悪化などにより、回収が懸念される債権
◆破産更生債権等：経営破綻または実質的に経営破綻に陥っている債務者に対する債権

ひ と こ と

一般債権は、青信号（貸倒懸念債権、破産更生債権等以外の債権で、ほぼ問題ない）。
貸倒懸念債権は、黄信号（ちょっと危ない…）。
破産更生債権等は、赤信号（ほぼつぶれている…）。
こんなイメージです。

Ⅱ 貸倒見積高の算定方法

それでは、債権の区分ごとに算定方法をみていきましょう。

1 一般債権

一般債権は、債権全体または同種・同類の債権ごとに、過去の貸倒実績率などを掛けて貸倒見積高を算定します（貸倒実績率法）。

$$貸倒見積高＝債権の期末残高×貸倒実績率$$

$$貸倒実績率＝\frac{算定期間における実際貸倒高}{債権の期末残高}$$

ひ と こ と

債権全体とは、一般債権に分類された受取手形や売掛金の期末残高をまとめて貸倒見積高を算定することで、同種・同類の債権ごととは、一般債権に分類された受取手形の期末残高、一般債権に分類された売掛金の期末残高ごとに分けて算定するということです。

▼ 例7 ──────────────────────── **一般債権**

受取手形の期末残高10,000円と売掛金の期末残高15,000円（いずれも一般債権）に対して、貸倒実績率法により、貸倒引当金を設定する（貸倒引当金の期末残高200円）。なお、過去3年間における一般債権の期末残高と実際貸倒高は以下のとおりであり、当期（×4年度）の貸倒実績率は過去3算定年度の平均値とする。

	期末債権残高	実際貸倒高
×1年度	20,000円	300円
×2年度	30,000円	750円
×3年度	40,000円	800円

例7の仕訳　（貸倒引当金繰入）　　　300*　（貸 倒 引 当 金）　　　300

＊　1．貸倒実績率の算定
① 　×1年度：300円÷20,000円＝0.015
② 　×2年度：750円÷30,000円＝0.025
③ 　×3年度：800円÷40,000円＝0.02
④ 　平均貸倒実績率：（0.015＋0.025＋0.02）÷3年＝0.02
2．貸倒見積高：（10,000円＋15,000円）×0.02＝500円
3．貸倒引当金繰入：500円－200円＝300円

ひ と こ と

まずは、各年度の実績率を出しましょう。

2 貸倒懸念債権

貸倒懸念債権は、回収可能性が債権によって異なるので、それぞれの債権の状況に応じて貸倒見積高を算定していきます。

貸倒懸念債権の貸倒見積高の算定方法には❶財務内容評価法と❷キャッシュ・フロー見積法の2つの方法があります。

❶ 財務内容評価法

財務内容評価法とは、債権金額から担保の処分見込額および保証による回収見込額を減額し、その残額について債務者の財政状態および経営成績を考慮して貸倒見積高を算定する方法です。

> 貸倒見積高＝（債権金額－担保処分・保証回収見込額）×貸倒設定率

▶ **例8** ――――――――――――――――――――――――― **財務内容評価法**

次の各問について、財務内容評価法による貸倒見積高を求めなさい。
(1) 売掛金20,000円を当期末において貸倒懸念債権に分類した。そこで、債権金額から営業保証金5,000円を減額した残額の40％を貸倒引当金として設定した。
(2) 貸付金40,000円を当期末において貸倒懸念債権に分類した。貸付金のうち70％は回収が見込めないが、担保として提供を受けている土地（処分見込額20,000円）がある。

例8の解答　(1)　貸倒見積高：**6,000円**[*1]

　　　　　　(2)　貸倒見積高：**8,000円**[*2]

　　　　　　＊1　（20,000円－5,000円）×40％＝6,000円
　　　　　　＊2　40,000円×70％－20,000円（担保処分見込額）＝8,000円

❷ キャッシュ・フロー見積法

キャッシュ・フロー見積法とは、債権の元本の回収および利息の受取りにかかるキャッシュ・フローを合理的に見積ることができる債権について用いられる方法です。元本の回収および利息の受取りが見込まれる時点から当期末までの期間にわたって、元本の回収額および利息の受取額を当初

の約定利子率で割り引いた金額（割引現在価値）と債権の帳簿価額との差額を貸倒見積高とします。

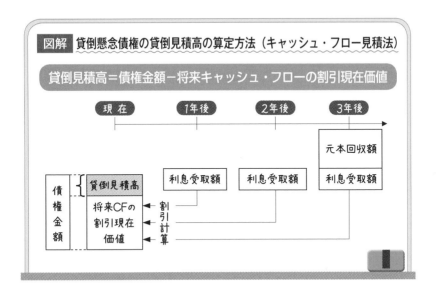

図解 貸倒懸念債権の貸倒見積高の算定方法（キャッシュ・フロー見積法）

貸倒見積高＝債権金額−将来キャッシュ・フローの割引現在価値

▼ **例9** ─────────────── キャッシュ・フロー見積法

A社のB社への貸付金10,000円（年利5％、利払日3月31日、返済日×3年3月31日）について、×1年3月31日の利払日後にB社から条件緩和の申し出があり、A社は将来の適用利子率を年利2％に変更した。このとき、

(1) ×1年3月31日（条件緩和時）
(2) ×2年3月31日（利払日、決算日）
(3) ×3年3月31日（返済日、決算日）

の仕訳を示しなさい。なお、計算過程で端数が生じる場合には、円未満をそのつど四捨五入すること。また、受払いに関しては現金勘定を使用すること。

例9の仕訳

(1) ×1年3月31日（条件緩和時）

決算整理：（貸倒引当金繰入）	558	（貸倒引当金）	558*1

(2) ×2年3月31日（利払日、決算日）

利 払 日：（現　　　　金）	200	（受 取 利 息）	200*2
決算整理：（貸倒引当金）	272	（受 取 利 息）	272*3

(3) ×3年3月31日（返済日、決算日）

返 済 日：	（現　　　金）	200	（受 取 利 息）	200
	（現　　　金）	10,000	（貸 付 金）	10,000
決算整理：	（貸 倒 引 当 金）	286	（受 取 利 息）	286*4

* 1 　10,000円－9,442円*5＝558円
* 2 　10,000円×2％（将来の適用利子率）＝200円
* 3 　558円*1（×1年度末の貸倒引当金）－286円*6（×2年度末の貸倒引当金）
　　　＝272円（貸倒引当金の減額分）
* 4 　286円*6－0円＝286円
* 5 　190円＋9,252円＝9,442円
* 6 　10,000円－9,714円＝286円

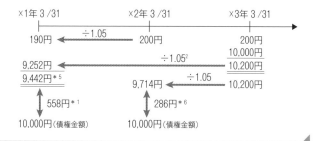

ひとこと

　キャッシュ・フロー見積法により貸倒見積高を算定し、貸倒引当金を設定している場合には、時の経過により貸倒引当金を減額します。
　このとき、この減額分は、原則「受取利息」で処理しますが（例9の解答の仕訳の受取利息部分）、「貸倒引当金戻入」として処理することもできます。

3 破産更生債権等

　破産更生債権等は、債権金額から担保の処分見込額および保証による回収見込額を減額し、その残額すべてを貸倒見積高とします（財務内容評価法）。

貸倒見積高＝債権金額－担保処分・保証回収見込額

ひとこと

　破産更生債権等はほぼ回収の見込みがないので、貸倒設定率を100％（＝1）と考えます。

例10 ───────────────────────── **財務内容評価法**

　貸付金40,000円を当期末において破産更生債権等に分類した。なお、担保として提供を受けている土地（処分見込額32,000円）がある。

　財務内容評価法による貸倒見積高を求めなさい。

例10の解答　**8,000円***

　　　*　貸倒見積高：40,000円－32,000円（担保処分見込額）＝8,000円

ひとこと

　破産更生債権等の貸倒見積高は、原則として貸倒引当金として処理しますが、債権金額や取得価額から直接減額することもできます。

4　貸倒引当金の表示

I　損益計算書の表示区分

　貸倒引当金の損益計算書における表示区分は、債権の区分（営業債権・営業外債権）ごとに純額で表示します。

> ●**繰入額＞戻入額 ⇒ 貸倒引当金繰入**
>
> ◆**営 業 債 権** → 販売費及び一般管理費
> ◆**営業外債権** → 営業外費用
>
> ●**繰入額＜戻入額 ⇒ 貸倒引当金戻入**
>
> ◆営業費用または営業外費用から控除するか営業外収益に表示

　つまり、営業債権と営業外債権とを区別して貸倒引当金を設定している場合には、営業債権に対する**貸倒引当金繰入**と**貸倒引当金戻入**との純額と、営業外債権に対する**貸倒引当金繰入**と**貸倒引当金戻入**との純額でそれぞれ表示します。

ひ と こ と

　貸倒引当金戻入の損益計算書の表示区分は、問題文の指示や答案用紙から判断してください。

Ⅱ 貸倒れに関する会計処理

　貸倒引当金は、売掛金や貸付金などの債権が次期以降に貸し倒れることを見越して見積計上します。

　しかし、あくまでも見積りによる計上なので、実際に貸し倒れたときの金額とは差額が生じる場合があります。

　このときの処理方法には2つの方法があり、差額の発生原因によって基本的な取扱いが決まってきます。

●差額の発生原因とその基本的な取扱い

発生原因		基本的な取扱い
1	計上時の見積り誤り（誤謬の訂正）	修正再表示
2	当期中の状況の変化 （会計上の見積りの変更）	営業損益または営業外損益

1 計上時の見積り誤り（誤謬の訂正）

　誤謬とは財務諸表作成時に生じた会計上の見積り誤りをいいます。つまり、決算時（前期末）に設定した貸倒引当金の見積りが誤っていたために差額が生じることをいいます。

　このように、前期の誤謬が判明したときには、その期の損益計算書にさかのぼって金額を修正します。その結果、前期末の貸借対照表の金額も修正されます。このことを**修正再表示**といいます。

ひとこと

　損益計算書で計算した当期純利益は繰越利益剰余金を通して貸借対照表に計上されます。

　したがって、前期以前の損益項目の修正は、当期では繰越利益剰余金の修正と考えます。

ふむふむ…

▼**例11** ──────────────── **計上時の見積り誤り（誤謬の訂正）**

　前期に発生した売掛金500円が貸し倒れた。この売掛金には400円の貸倒引当金が設定されていたが、この不足額100円は前期末の貸倒引当金の計上時の見積り誤り（誤謬）を原因とするものである。

例11の仕訳	（貸 倒 引 当 金）	400	（売 　 掛 　 金）	500
	（繰越利益剰余金）*	100		

　　　　＊　前期の損益項目（貸倒引当金繰入）の修正は、当期の財務諸表では繰越利益剰余金の修正となります。

---

2 **当期中の状況の変化**（会計上の見積りの変更）

　過去の財務諸表の作成時に入手可能な情報にもとづいて最善の見積りを行ったにもかかわらず、当期の景気の良否などにより前期の見積額と当期の貸倒額に差額が生じた場合や、過年度に貸倒処理した債権のうち、当期に回収できた部分がある場合を当期中の状況の変化といいます。この場合は次のような処理をします。

❶ **貸倒引当金が設定不足であったとき**

　当期において実際の貸倒額が当初の見積額を超えて発生した場合、その差額の原因が当期中の状況の変化によるものと判断した場合には、その差額を**貸倒損失**として処理します。

　貸倒損失は、営業債権（売掛金など）のときには、**販売費及び一般管理費**に、営業外債権（貸付金など）のときには、**営業外費用**に表示します。

▸ **例12** ──────────────────────── **当期中の状況の変化①**

　前期に発生した売掛金500円が貸し倒れた。この売掛金には400円の貸倒引当金が設定されていたが、この不足額100円は当期中の状況の変化を原因とするものである。

例12の仕訳	（貸 倒 引 当 金）	400	（売　　　掛　　　金）	500
	（貸 倒 損 失）*	100		

> ＊　この貸倒損失は、営業債権（売掛金）に対するものなので、損益計算書
> 上は、販売費及び一般管理費に表示します。

❷　**当期の貸倒引当金の見積額が貸倒引当金残高より少なかったとき**

　当期の決算において見積った貸倒引当金が期末の貸倒引当金の残高よりも少なかった場合、その差額分の**貸倒引当金**を取り崩し、相手勘定科目を**貸倒引当金戻入**として処理します。

▸ **例13** ──────────────────────── **当期中の状況の変化②**

　決算において、貸倒引当金を400円設定する。なお、貸倒引当金の期末残高は500円であり、この過剰分は当期中の状況の変化にともなう会計上の見積りの変更に該当する。

例13の仕訳	（貸 倒 引 当 金）	100	（貸倒引当金戻入）	100

❸ 過年度に貸倒処理した債権を当期に回収したとき

過年度に貸倒れの処理をした債権を当期において回収したときには、**償却債権取立益**として処理します。償却債権取立益は損益計算書上、**営業外収益**に表示します。

ひ と こ と

ただし、貸倒れの処理をしたときに判断を誤ったことにより償却債権取立益が生じたときは、修正再表示となります。

▶例14 ――――――――――――――――――― 当期中の状況の変化③

前期に貸倒処理した売掛金500円のうち300円を当期に現金で回収した。これは当期中の状況の変化にともなう会計上の見積りの変更に該当する。

例14の仕訳	（現　　　金）	300	（償却債権取立益）	300

Ⅲ 貸借対照表の表示区分

貸倒引当金の貸借対照表の記載方法は、**間接控除方式**と**直接控除注記方式**があります。

●間接控除方式

◆科目別間接控除方式（原則）
◆一括間接控除方式

●直接控除注記方式

◆直接控除科目別注記方式
◆直接控除一括注記方式

---

5 為替手形

I 為替手形とは

　為替手形とは、手形を振り出した人（＝A）が特定の人（＝C）に対し、自分の代わりにある人（＝B）に、期日までに代金を支払うことを依頼するための証券をいいます。

　約束手形は、振出人と名宛人の2者間で行われる取引で用いられる手形でしたが、これからみていく為替手形は**3者間で行われる取引**（決済取引）で用いられる手形です。

208

これならわかる!!

あなた（東京勤務）が大阪に出張に行って、ちょっとお金が足りなくなったので、大阪にいる同期のB君から「次に会ったときに返すよ」という約束で1,000円を借りたとします。そしてまた別の日に、こんどは同期のC君（東京勤務）に昼飯代1,000円を貸したとしましょう。C君は「給料日に返すよ」と言っています。

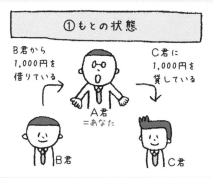

給料日になりました。C君はあなたに1,000円を返そうとしましたが、スケジュールボードに目をやると、明日、C君は大阪に出張に行く予定です。そこであなたは「オレ、大阪のB君から1,000円借りてて、こんど会ったときに返す予定なんだけど、なかなか大阪行く機会がなくて…。だからキミが明日出張に行ったとき、その1,000円をB君に返しておいてくれない？」と聞いてみました。そしたらC君は快諾。さっそくあなたはメールでその旨をB君に伝えます。B君からの返信は「了解」。

③為替手形を使ったときのお金の流れ

A君
=あなた

手間が省けるね

B君　　　C君

1,000

回収と支払いの両方の手間
そこで
C君から直接B君に
お金を支払ってもらうのだ!!

モヤモヤ解消

翌日、C君が大阪に行き、B君に1,000円を渡せば取引終了。あなたはC君からお金を返してもらい、B君にお金を返したことになります。B君はあなたからお金を返してもらったことに、C君はあなたにお金を返したことになるので、これにて全員の債権・債務がなくなるのです。これと同じようなことをするために用いる手形が為替手形です。

Ⅱ 為替手形の登場人物

為替手形の登場人物は、**振出人**、**指図人**、**名宛人**の３者です。

振出人は為替手形を作成した人（＝A）のことをいいます。

指図人は為替手形を受け取った人（＝B）のことをいい、**受取人**ともいいます。

名宛人は手形代金の支払義務を引き受けた人（＝C）のことをいい、**支払人**、**引受人**ともいいます。

なお、名宛人は振出人から依頼されて、手形代金の支払いを承諾しますが、この承諾を**引受け**といいます（名宛人の引受けがなければ振出人（＝A）は為替手形を振り出すことができません）。

ひとこと

ふむふむ…

　振出人、指図人（受取人）、名宛人（支払人、引受人）といった名称は覚えなくても仕訳はできるので、無理して覚えなくても大丈夫です（仕訳の仕方は後述します）。

　ちなみに、約束手形では手形を受け取った人のことを名宛人といいましたが、為替手形では手形を受け取った人ではなく、引き受けた人のことを名宛人といいます。ややこしいですね。だから、名称は覚える必要はありません。

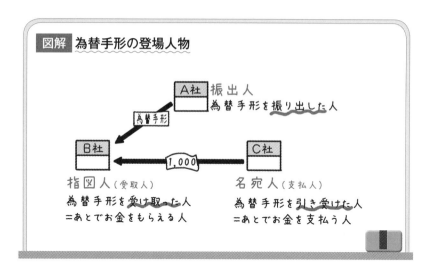

Ⅲ 為替手形の記載内容

為替手形の記載内容は次のとおりです。

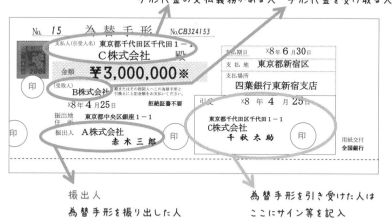

Ⅳ 為替手形の処理

為替手形の処理は約束手形の場合と同様に、手形代金を受け取る権利は**受取手形**で、手形代金を支払う義務は**支払手形**で処理します。

なお、為替手形の場合、振出人（＝A）は名宛人（＝C）に手形代金の支払いを依頼するだけなので、振出人には手形代金を受け取る権利を表す**受取手形**も、手形代金を支払う義務を表す**支払手形**も生じないことに注意しましょう。

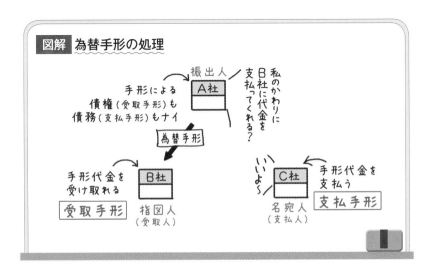

1 為替手形を振り出したとき（＝振出人Aの処理）

AがBに対する買掛金を支払うために、売掛金のあるCを名宛人として為替手形を振り出したという場合の処理をみてみましょう。

A（振出人）は、C（名宛人）に対して手形代金を支払ってもらうため、C（名宛人）に対する債権（売掛金）が減少します。

また、A（振出人）が為替手形を振り出すのは、B（指図人）に対する債務（買掛金）を支払うためなので、B（指図人）に対する債務（買掛金）が減少します。

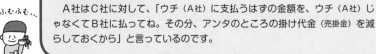

例15 ────────────────── 為替手形を振り出したとき

A社はB社に対する買掛金1,000円を支払うため、売掛金のあるC社を名宛人とする為替手形を振り出し、C社の引受けを得て、B社に渡した。

| 例15の仕訳 | （買　掛　金） | 1,000 | （売　掛　金） | 1,000 |

2 為替手形を受け取ったとき（＝指図人Bの処理）

B（指図人）は、為替手形の受け取りにより、手形代金を受け取ることができます。したがって、**受取手形**で処理します。

例16 ────────────────── 為替手形を受け取ったとき

B社はA社に対する売掛金1,000円を、A社振出、C社を名宛人とする為替手形（C社の引受けあり）で受け取った。

| 例16の仕訳 | （受　取　手　形） | 1,000 | （売　掛　金） | 1,000 |

3 為替手形を引き受けたとき（＝名宛人Cの処理）

C（名宛人）は、為替手形を引き受けたことにより、手形代金の支払義務が生じます。したがって、**支払手形**で処理します。

例17 ────────────────── 為替手形を引き受けたとき

C社は買掛金のあるA社から、A社振出、B社を指図人とする為替手形1,000円の引受けを求められたため、これを引き受けた。

| 例17の仕訳 | （買　掛　金） | 1,000 | （支　払　手　形） | 1,000 |

V 為替手形が決済されたときの処理

　為替手形が支払期日に決済されたときは、約束手形の場合と同様、当座預金口座等を通じて手形代金の受け払いが行われます。

　なお、支払期日が到来する前の3者の状態は次のとおりです。

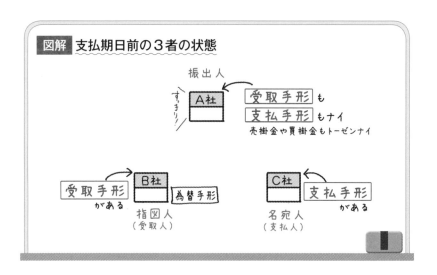

図解 支払期日前の3者の状態

1 為替手形の代金が決済されたとき（＝振出人Aの処理）

　為替手形を振り出した人には、受取手形も支払手形も発生していないので、為替手形が決済されても何の処理もありません。

2 為替手形の代金を受け取ったとき（＝指図人Bの処理）

　為替手形を受け取った人は、**受取手形**で処理しています。したがって、指図人は為替手形が決済されたときに**受取手形**を減少させます。

▼ 例18 ────────────── 為替手形の代金を受け取ったとき

　以前受け取っていたA社振出の為替手形1,000円が決済され、当座預金口座に入金を受けた。

例18の仕訳　（当　座　預　金）　　1,000　（受　取　手　形）　　1,000

214

3 為替手形の代金を支払ったとき（＝名宛人Cの処理）

　為替手形を引き受けた人は、**支払手形**で処理しています。したがって、名宛人は為替手形が決済されたときに**支払手形**を減少させます。

為替手形

▼ 例19 ━━━━━━━━━━━━━━━━ 為替手形の代金を支払ったとき

　以前引き受けていたＡ社振出の為替手形1,000円が決済され、当座預金口座から支払われた。

例19の仕訳	（支　払　手　形）	1,000	（当　座　預　金）	1,000

Ⅵ 為替手形の簡単★解答法

　為替手形の問題では、問題文の文末に注目します。

　文末が**「振り出した」**ならば、振出人の処理を問われているので、通常は仕訳に**受取手形**も**支払手形**も出てきません。

　文末が**「受け取った」**ならば、為替手形の受取りによって、手形代金を受け取る権利が生じるので、**受取手形**で処理します。

　文末が**「引き受けた」**ならば、為替手形の引受けによって、手形代金の支払義務が生じるので、**支払手形**で処理します。

　前記のように考えれば、指図人とか名宛人といった名称を覚えなくても仕訳することができるのです。

```
●為替手形の処理は文末で判断

「振り出した」⇒ 振出人の処理
          …通常は受取手形も支払手形もでてこない
「受け取った」⇒ 指図人（あとでお金をもらう人）の処理
          …受取手形で処理
「引き受けた」⇒ 名宛人（あとでお金を支払う人）の処理
          …支払手形で処理
```

I 自己受為替手形と自己宛為替手形

　通常の為替手形の取引では、登場人物が振出人、指図人、名宛人の３者ですが、為替手形の取引で登場人物が２者になるケースがあります。それが**自己受為替手形**と**自己宛為替手形**です。

II 自己受為替手形の処理

　自己受為替手形とは、自分が指図人（受取人）となるように振り出した為替手形のことをいいます。

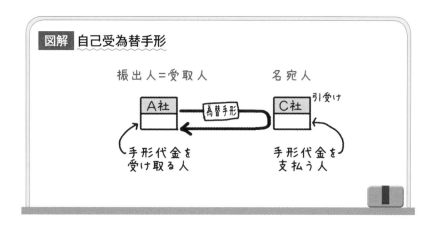

図解 自己受為替手形

　3級でも説明したように、手形には満期日が記載されており、この満期日に手形代金が支払われない場合、不渡りの状態になります。不渡りを出した企業は社会的信用が落ちるので、これを避けるため、手形の支払期日にはほぼ確実に代金が支払われます。

　したがって、代金を確実に回収したいときなどに自己受為替手形を振り出すことがあるのです。

　「支払期日に、確実に代金を支払ってもらう」という点では、取引の相手方から約束手形を受け取った場合と同じですが、この場合、取引の相手方が約束手形を扱っていなければなりません。

　これに対して、自己受為替手形は自分が為替手形を扱っていれば振り出すことができます。つまり「自分主体で振り出すことができる」ので、代金を確実に回収したいときなどに用いられるのです。

ふむふむ…

1 振出人の処理 （＝図解 Aの処理）

　自己受為替手形の振出人は手形代金の受取人（＝指図人）となります。そこで、自己受為替手形を振り出したときは、**受取手形**で処理します。

▼ 例20 ─────────── 自己受為替手形を振り出したとき

　A社は得意先C社に対する売掛金100円を回収するため、自己を受取人とする為替手形（C社の引受けあり）を振り出した。

| 例20の仕訳 | （受 取 手 形） | 100 | （売 掛 金） | 100 |

2 名宛人の処理 （＝図解 Cの処理）

　為替手形の名宛人には手形代金の支払義務が発生するため、名宛人は**支払手形**で処理します。

▼ 例21 ─────────── 自己受為替手形を引き受けたとき

　C社は仕入先A社の買掛金について、A社を受取人とする為替手形100円の引受けを求められたので、これを引き受けた。

| 例21の仕訳 | （買 掛 金） | 100 | （支 払 手 形） | 100 |

Ⅲ 自己宛為替手形の処理

自己宛為替手形とは、自分が名宛人となるように振り出した為替手形のことをいいます。

> **ひとこと**
>
> 自己宛為替手形は、たとえば東京の本店が、大阪の仕入先に対する買掛金を、大阪の支店に支払ってもらいたいときなどに用いられ、大阪の支店宛に振り出されます。

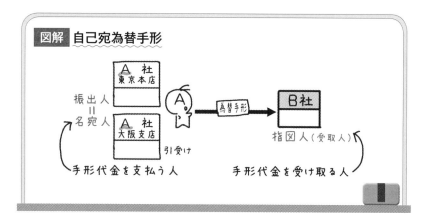

図解 自己宛為替手形

1 振出人の処理（＝図解 A の処理）

自己宛為替手形の振出人は、手形代金の支払人（＝名宛人）となります。そこで、自己宛為替手形を振り出したときは、**支払手形**で処理します。

▼ 例22 ─────────────────── 自己宛為替手形を振り出したとき

A社（東京本店）は仕入先B社に対する買掛金100円を支払うため、自己（A社・大阪支店）を名宛人とする為替手形（引受済み）を振り出した。

例22の仕訳	（買　掛　金）	100	（支　払　手　形）	100

218

2 指図人の処理（＝ 図解 Bの処理）

　為替手形の指図人には、手形代金を受け取る権利が発生するため、指図人は**受取手形**で処理します。

▼ 例23 ─────────────── 自己宛為替手形を受け取ったとき

　B社は得意先A社（東京本店）に対する売掛金100円の回収として、A社の大阪支店を名宛人とする為替手形（引受済み）を受け取った。

例23の仕訳	（受　取　手　形）	100	（売　　掛　　金）	100

7　手形の裏書き

Ⅰ　手形の裏書きとは

　手形（約束手形や為替手形）は、支払期日前に他の企業に渡して、商品代金や買掛金などの支払いに充てることができます。所有する手形の裏面に必要事項を記入してから、他の企業に渡すため、これを**手形の裏書き**（または**手形の裏書譲渡**）といいます。

Ⅱ　偶発債務とは

　裏書譲渡した手形が不渡りとなった場合、裏書譲渡人は、その手形の支払人に代わって手形代金を支払わなければなりません。

　つまり、手形を裏書譲渡した時点では裏書譲渡人には代金の支払義務は発生しませんが、手形が不渡りとなったときは代金の支払義務が生じるのです。このような義務（将来、支払わなければならなくなる可能性のあるもの）を**偶発債務**といいます。

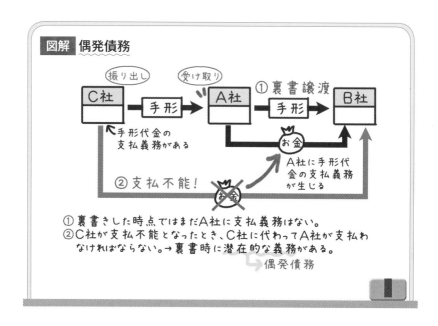

図解 偶発債務

振り出し　受け取り

C社 → 手形 → A社 → ①裏書譲渡 手形 → B社

手形代金の支払義務がある

②支払不能!

お金

A社に手形代金の支払義務が生じる

①裏書きした時点ではまだA社に支払義務はない。
②C社が支払不能となったとき、C社に代わってA社が支払わなければならない。→裏書時に潜在的な義務がある。
　　　　　　　　　　　　　　偶発債務

Ⅲ 手形の裏書譲渡と偶発債務の処理

　手形の裏書譲渡時における偶発債務の処理には、いくつかの方法がありますが、本書では**直接減額法**を前提として説明します。

1 手形を裏書譲渡したとき

　手形を裏書譲渡したときは、手形金額を**受取手形**から減額します。
　また、偶発債務（保証債務）の時価を見積もり、**保証債務**として処理するとともに、**保証債務費用**を計上します。

ひ と こ と

　手形を裏書譲渡したとき、あとでその手形が支払不能となって、当店に支払義務が発生する可能性があります。その可能性を見積って計上するのが保証債務です。

　これは、売掛金や受取手形について、次期以降に貸し倒れるかもしれない金額を見積って設定する貸倒引当金とよく似ています。したがって、保証債務の時価は貸倒引当金の設定率と同様、手形額面の1～2％程度で計算します。

▼ **例24** ─────────────────── **手形を裏書譲渡したとき**

　A社はB社に対する買掛金1,000円の支払いのため、C社振出の約束手形1,000円を裏書譲渡した。なお、この保証債務の時価は額面の1％である。

例24の仕訳	（買　　掛　　金）	1,000	（受　取　手　形）	1,000
	（保 証 債 務 費 用）	10	（保　証　債　務）	10*

　　　　　 ＊　1,000円×1％＝10円

2 裏書きした手形が無事決済されたとき

　裏書きした手形が無事に決済されたときには、偶発債務が消滅するので、計上している保証債務を取り崩し（借方に記入し）ます。

　なお、貸方は保証債務取崩益で処理します。

▼ **例25** ─────────────── **裏書きした手形が無事決済されたとき**

　先に裏書譲渡した約束手形1,000円（保証債務の時価は10円）が無事に決済された。

例25の仕訳	（保　証　債　務）	10	（保証債務取崩益）	10

3 裏書譲渡した手形が不渡りとなったとき

　裏書譲渡した手形が不渡りとなったときは、手形の所持人から手形代金の支払いを請求されます（これを**償還請求**といいます）。

　このとき、裏書譲渡人は手形代金のほか、不渡りに関する諸費用（償還

請求費用や法定利息）を支払いますが、これらの支払額はあとで手形の支払人に請求することができます。

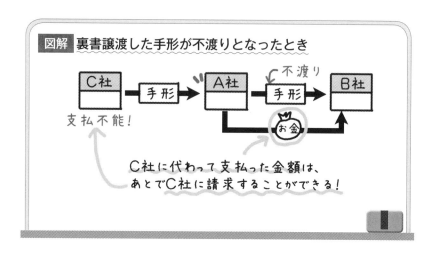

そこで、手形代金に、不渡りに関する諸費用を加算した金額を**不渡手形**として処理します。

また、手形が不渡りになった時点で偶発債務が消滅するので、保証債務を取り崩します。

ひとこと

保証債務の取崩しは、②の処理と同じです。

▼ 例26 ─────────── **裏書譲渡した手形が不渡りとなったとき**

　先に裏書譲渡した約束手形1,000円（保証債務の時価は10円）が不渡りとなり、B社より償還請求されたため、償還請求費用20円および法定利息15円とともに小切手を振り出して支払った。

例26の仕訳	（不　渡　手　形）	1,035*	（当　座　預　金）	1,035
	（保　証　債　務）	10	（保証債務取崩益）	10

　　＊　1,000円＋20円＋15円＝1,035円

8 手形の割引き

Ⅰ 手形の割引きとは

　所有する手形（約束手形や為替手形）は、満期日前に銀行等に買い取ってもらうことができます。これを**手形の割引き**といいます。

Ⅱ 手形の割引きと偶発債務の処理

　割り引いた手形が不渡りとなった場合、手形を割り引いた銀行から手形を買い戻さなければなりません。

　そこで、手形を割り引いたときも、偶発債務の処理をします。

1 手形を割り引いたとき

　手形を割り引いたときは、手形金額を**受取手形**から減額し、割引時にかかった割引料は**手形売却損**で処理します。

　また、偶発債務（保証債務）の時価を見積り、**保証債務**として処理するとともに、**保証債務費用**を計上します。

▼ 例27 ━━━━━━━━━━━━━━━ 手形を割り引いたとき

　A社は所有する手形1,000円（得意先C社が振り出した約束手形）を取引銀行で割り引き、割引料20円を差し引かれた残額を当座預金とした。なお、この保証債務の時価は額面の1％である。

例27の仕訳	（手形売却損）	20	（受取手形）	1,000
	（当座預金）	980		
	（保証債務費用）	10	（保証債務）	10*

　　　＊　1,000円×1％＝10円

2 割り引いた手形が無事決済されたとき

割り引いた手形が無事に決済されたときに、偶発債務が消滅するので、保証債務を取り崩します。

▼**例28** ──────────── **割り引いた手形が無事決済されたとき**

先に割り引いた約束手形1,000円（保証債務の時価は10円）が無事に決済された。

| 例28の仕訳 | (保 証 債 務) | 10 | (保証債務取崩益) | 10 |

3 割り引いた手形が不渡りとなったとき

割り引いた手形が不渡りとなったときは、手形代金に、不渡りに関する諸費用を加算した金額を**不渡手形**として処理します。

また、手形が不渡りになった時点で偶発債務が消滅するので、保証債務を取り崩します。

▼**例29** ──────────── **割り引いた手形が不渡りとなったとき**

先に割り引いた約束手形1,000円（保証債務の時価は10円）が不渡りとなり、取引銀行より買い戻しを請求され、法定利息15円とともに当座預金口座から支払った。

| 例29の仕訳 | (不 渡 手 形) | 1,015* | (当 座 預 金) | 1,015 |
| | (保 証 債 務) | 10 | (保証債務取崩益) | 10 |

＊　1,000円＋15円＝1,015円

224

CHAPTER 12　金銭債権・貸倒引当金　基本問題

問1　時間価値　答案用紙あり

　次の条件にしたがって、それぞれの設問に答えなさい。なお、当期は×1年4月1日から×2年3月31日までの1年である。また、計算上端数が生じる場合は、円未満を四捨五入すること。

[条　件]

1．当期首において、取引先より約束手形（額面2,500,000円）の買取りを求められ、2,356,490円を支払って買い取った。

2．約束手形の満期日は×3年3月31日である。

3．取得価額と額面金額の差額は、すべて金利調整差額と認められる。

(1)　この手形に対する実効利子率を r とすると、 r はどのような関係を満たすか、この関係を方程式の形で表しなさい。

(2)　(1)の方程式から実効利子率を求めると3%（ r = 0.03）となるが、当期末（1年経過後）における当該手形の償却原価はいくらになるか答えなさい。償却原価は、利息法を用いて計算すること。

問2　売上債権に含まれる金利部分

　次の条件にしたがって、(A)、(B) および (C) の方法によって会計処理をしたときの、(1)×1年4月1日、(2)×2年3月31日、(3)×3年3月31日における仕訳を示しなさい。なお、当社の会計期間は3月31日を決算日とする1年である。また、計算上端数が生じる場合は、円未満を四捨五入すること。

[条　件]

1．×1年4月1日において現金正価250,000円の商品を売り上げ、代金として受取手形280,900円を受け取った。なお、この手形には年利6%（1年複利）で計算された利息が含まれている。

2．受取手形の代金は決済日（×3年3月31日）に当座預金に入金された。

3．貸倒引当金について考慮する必要はない。

(A) 受取手形に含まれている金利部分を区分処理しない方法

(B) 受取手形に含まれている金利部分を区分処理する方法（定額法）

(C) 受取手形に含まれている金利部分を区分処理する方法（利息法）

問3 貸倒引当金① 答案用紙あり

当社（会計期間1年、決算日3月31日）は、当期末（×2年3月31日）に次の債権を有している。

甲社に対する売掛金500,000円（貸倒懸念債権）

乙社に対する貸付金1,000,000円（貸倒懸念債権）

丙社に対する貸付金1,500,000円（破産更生債権等）

以下の問いに答えなさい。

(1) 甲社に対する売掛金について、財務内容評価法による貸倒見積高を求めなさい。なお、甲社からは、営業保証金150,000円を預かっており、今後の甲社の支払能力を評価した結果、30％の貸倒引当金を設定する。

(2) 乙社に対する貸付金についてキャッシュ・フロー見積法による貸倒見積高を求めなさい。なお、乙社の経営成績が悪化しているため、当期末の利払日後、弁済条件の緩和を行い、将来の適用利子率を年利4％から年利2％に変更した。貸付条件および現価係数表は次のとおりである。割引現在価値の計算には現価係数表を使用し、円未満の端数が生じたときは四捨五入すること。

［貸付条件］

貸付高　1,000,000円

返済日　×5年3月31日（貸付日×1年4月1日）

利払日　毎年3月31日

（現価係数表）

n＼r	2％	3％	4％
1年	0.9804	0.9709	0.9615
2年	0.9612	0.9426	0.9246
3年	0.9423	0.9151	0.8890

(3) 丙社に対する貸付金について貸倒見積高を求めなさい。なお、丙社は当期末

に破産した。この貸付金は、土地（時価1,000,000円）を担保としている。

問4　貸倒引当金②　答案用紙あり

　次の資料にもとづいて、(1)当期（会計期間１年、×2年３月31日決算）の損益計算書（一部）および貸借対照表（一部）を作成しなさい。また、(2)長期貸付金に対する貸倒引当金について翌期に必要な仕訳を示しなさい。

[資料１] 決算整理前残高試算表（一部）

決算整理前残高試算表

×2年３月31日　　　　　　　　（単位：円）

売　掛　金	360,000	仮　受　金	1,500
短 期 貸 付 金	40,000	貸 倒 引 当 金	1,000
長 期 貸 付 金	68,000	受 取 利 息	5,000

[資料２] 決算整理事項等
1．前期に貸倒れとして処理していた売掛金1,500円を当期中に回収し、仮受金として処理している。これは当期中の状況の変化にともなう会計上の見積りの変更に該当する。
2．売掛金および短期貸付金は、すべて一般債権であり、貸倒実績率２％にもとづいて貸倒見積高を計算する。なお、貸倒引当金1,000円は、売掛金（営業債権）に対する900円と短期貸付金（営業外債権）に対する100円の合計金額である。
3．長期貸付金は、×1年４月１日にA社に対して期間３年、利率年５％、利払日毎年３月31日の条件で貸し付けたものであるが、当期末の利払日後にA社の経営成績が悪化したため、貸付条件を緩和し、今後は利払いを免除することとした。この長期貸付金（営業外債権）は、貸倒懸念債権に該当し、キャッシュ・フロー見積法により貸倒見積高を計算する。なお、計算上、円未満の端数が生じたときは四捨五入すること。

問5　為替手形

　次の取引について仕訳しなさい。
(1)　A社は、B社に対する買掛金10,000円を支払うため、かねて売掛金のある得

意先C社宛の為替手形（引受済み）を振り出した。

(2) B社は、A社に対する売掛金10,000円を、A社振出、C社宛の為替手形（引受済み）で受け取った。

(3) C社は、仕入先A社に対する買掛金10,000円について、A社振出、B社受取の為替手形の引受けを求められたのでこれを引き受けた。

問6　自己受為替手形と自己宛為替手形

次の取引について仕訳しなさい。

(1) A社は、得意先B社に対する売掛金20,000円を回収するため、自己を受取人とする為替手形（B社の引受けあり）を振り出した。

(2) B社は、仕入先A社の買掛金20,000円について、A社を受取人とする為替手形の引受けを求められたので、これを引き受けた。

(3) 甲社（東京本店）は仕入先乙社に対する買掛金30,000円を支払うため、甲社の大阪支店を名宛人とする為替手形（引受済み）を振り出した。

(4) 乙社は得意先甲社（東京本店）に対する売掛金30,000円の回収として、甲社の大阪支店を名宛人とする為替手形（引受済み）を受け取った。

問7　手形の裏書き・割引き　答案用紙あり

次の資料にもとづいて、貸借対照表（一部）と損益計算書（一部）を完成させなさい。なお、当期は×4年3月31日を決算日とする1年である。

［資　料］

1．×3年10月1日、当社はA株式会社に対する買掛金の支払いのため、所有する受取手形10,000円を裏書譲渡した。

2．×4年2月1日、A株式会社に裏書譲渡していた上記の約束手形10,000円が不渡りとなり、A株式会社より償還請求されたため、償還請求費用300円および法定利息200円とともに小切手を振り出して支払った。

3．×4年3月1日、受取手形20,000円を取引銀行で割り引き、割引料2,000円が差し引かれた残額を当座預金とした。なお、この約束手形の決済日は×4年6月1日である。

4．保証債務の時価は額面の1％とする。

解答

問1　時間価値

(1)　方程式

$$2,356,490円 = 2,500,000円 \times \frac{1}{(1+r)^2}$$

(2)　償却原価　　2,427,185円

〈解説〉

1. 実効利子率の算定

　手形の将来キャッシュ・フローの割引現在価値が、手形の買取価額と一致するような割引率が実効利子率となります。

2. 当期末の償却原価

　償却原価法（利息法）により計算します。

$$2,356,490円 + \underset{\fallingdotseq 70,695円}{\underline{2,356,490円 \times 3\%}} \fallingdotseq 2,427,185円$$

問2　売上債権に含まれる金利部分

(A)　受取手形に含まれている金利部分を区分処理しない方法

(1)　（受　取　手　形）　　　280,900　（売　　　　　上）　　　280,900

(2)　　　　　　　　　　　　仕　訳　な　し

(3)　（当　座　預　金）　　　280,900　（受　取　手　形）　　　280,900

(B)　受取手形に含まれている金利部分を区分処理する方法（定額法）

(1)　（受　取　手　形）　　　250,000　（売　　　　　上）　　　250,000

(2)　（受　取　手　形）　　　　15,450　（受　取　利　息）　　　　15,450

(3)　（受　取　手　形）　　　　15,450　（受　取　利　息）　　　　15,450

　　　（当　座　預　金）　　　280,900　（受　取　手　形）　　　280,900

(C)　受取手形に含まれている金利部分を区分処理する方法（利息法）

(1)　（受　取　手　形）　　　250,000　（売　　　　　上）　　　250,000

(2)　（受　取　手　形）　　　　15,000　（受　取　利　息）　　　　15,000

(3)　（受　取　手　形）　　　　15,900　（受　取　利　息）　　　　15,900

| （当 座 預 金） | 280,900 | （受 取 手 形） | 280,900 |

〈解説〉

(A) **受取手形に含まれている金利部分を区分処理しない方法**

(1) 販売時の仕訳

受取手形として金利部分を含めた金額を計上し、同額を売上として処理します。

(2) 決算時の仕訳

決算においては何も処理しません。

(3) 決済時の仕訳

受取手形の額面を当座預金で受け取ります。

(B) **受取手形に含まれている金利部分を区分処理する方法**（定額法）

(1) 販売時の仕訳

重要な金利部分については、償却原価法によって各期に配分するため、販売時には現金正価を受取手形として計上し、同額を売上として処理します。

(2) 決算時の仕訳

金利部分について定額法によって各期に受取利息として配分します。定額法では、金利部分を月数にもとづいて配分します。

受取利息：$(280,900円 - 250,000円) \times \dfrac{12か月}{24か月} = 15,450円$

(3) 決済時の仕訳

(2)と同じように受取利息を計算します。これまでに受取手形として計上した金額が受取手形の額面と同額になっていることを確認しましょう。

受取利息：$(280,900円 - 250,000円) \times \dfrac{12か月}{24か月} = 15,450円$

受取手形：$250,000円 + 15,450円 + 15,450円 = 280,900円$（額面金額）

(C) **受取手形に含まれている金利部分を区分処理する方法**（利息法）

(1) 販売時の仕訳

(B)と同様の処理をします。

(2) 決算時の仕訳

金利部分について利息法によって各期に受取利息として配分します。利息法では、帳簿価額に金利をかけて当期の受取利息を計算します。

受取利息：$250,000円 \times 6\% = 15,000円$

(3) 決済時の仕訳

まず、帳簿価額（現金正価に(2)で求めた受取利息の額を足した金額）に金利をかけて当期の受取利息を計算します。

(B)と同様に、これまでに受取手形として計上した金額が受取手形の額面と同額になっていることを確認しましょう。

受取利息：$(250,000円 + 15,000円) \times 6\% = 15,900円$

受取手形：$250,000円 + 15,000円 + 15,900円 = 280,900円$（額面金額）

問3 貸倒引当金①

(1) ___105,000円___ (2) ___55,498円___ (3) ___500,000円___

〈解説〉

1. 甲社 (財務内容評価法～貸倒懸念債権)

担保、債務保証などにより回収が確実とされる額を控除した残額にもとづいて、貸倒見積高を計算します。

(500,000円 − 150,000円) × 30% = 105,000円

2. 乙社 (キャッシュ・フロー見積法)

将来、回収される額 (利息を含む) を当初の適用利子率で割り引いた割引現在価値を債権の帳簿価額から控除して貸倒見積高を求めます。

(1) 回収見込額の割引現在価値

×3年3月31日：1,000,000円 × 2% × 0.9615 　　　　　= 19,230円
×4年3月31日：1,000,000円 × 2% × 0.9246 　　　　　= 18,492円
×5年3月31日：(1,000,000円 × 2% + 1,000,000円) × 0.8890 = 906,780円
　　　　　　　　　　　　　　　　　　　　　合 計 944,502円

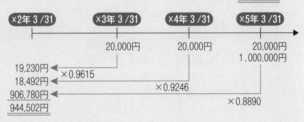

(2) 貸倒見積高

1,000,000円 − 944,502円 = 55,498円

3. 丙社 (財務内容評価法～破産更生債権等)

担保、債務保証などにより回収が確実とされる額を控除した残額を貸倒見積高とします。

1,500,000円 − 1,000,000円 = 500,000円

(1)　損益計算書および貸借対照表

損　益　計　算　書

自×1年4月1日　至×2年3月31日（単位：円）

Ⅲ　販売費及び一般管理費

（　貸倒引当金繰入　）　　　　　　　（　　　6,300　）

Ⅳ　営業外収益

（　受　取　利　息　）　　　　　　　（　　　5,000　）

（　償却債権取立益　）　　　　　　　（　　　1,500　）

Ⅴ　営業外費用

（　貸倒引当金繰入　）　　　　　　　（　　　7,022　）

貸　借　対　照　表

×2年3月31日　　　　　　　　（単位：円）

Ⅰ　流動資産

売　　掛　　金（　360,000　）

短　期　貸　付　金（　　40,000　）

貸　倒　引　当　金（△　8,000　）

Ⅱ　固定資産

︙

3．投資その他の資産

長　期　貸　付　金（　　68,000　）

貸　倒　引　当　金（△　6,322　）

(2)　翌期の仕訳

（貸　倒　引　当　金）　　3,084　　（受　取　利　息）　　3,084

〈解説〉

1．当期の仕訳

(1)　前期貸倒債権の当期回収

①　期中仕訳（誤った仕訳）

（現　金　な　ど）　1,500　（仮　　受　　金）　1,500

②　正しい仕訳

（現　金　な　ど）　1,500　（償却債権取立益）　1,500

③　決算整理仕訳

（仮　　受　　金）　1,500　（償却債権取立益）　1,500

(2) 貸倒引当金の設定

① 一般債権 (売掛金)

　　　　(貸倒引当金繰入)　　　6,300^{*1}　(貸 倒 引 当 金)　　　6,300

② 一般債権 (短期貸付金)

　　　　(貸倒引当金繰入)　　　700^{*2}　(貸 倒 引 当 金)　　　700

③ 貸倒懸念債権 (長期貸付金)

　　　　(貸倒引当金繰入)　　　6,322^{*3}　(貸 倒 引 当 金)　　　6,322

＊1　360,000円 × 2 ％ ＝ 7,200円 (B/S貸倒引当金)

　　　7,200円 － 900円 (T/B貸倒引当金) ＝ 6,300円 (販売費及び一般管理費)

＊2　40,000円 × 2 ％ ＝ 800円 (B/S貸倒引当金)

　　　800円 － 100円 (T/B貸倒引当金) ＝ 700円 (営業外費用)

＊3　68,000円 ÷ 1.05^2 ≒ 61,678円 (見積キャッシュ・フローの割引現在価値)

　　　68,000円 － 61,678円 ＝ 6,322円 (貸倒見積高、営業外費用)

2．長期貸付金に対する貸倒引当金の翌期の仕訳

　　　　(貸 倒 引 当 金)　　　3,084^{*4}　(受 取 利 息)　　　3,084

＊4　68,000円 ÷ 1.05 ≒ 64,762円 (翌期末の見積キャッシュ・フローの割引現在価値)

　　　68,000円 － 64,762円 ＝ 3,238円 (翌期末の貸倒見積高)

　　　6,322円 － 3,238円 ＝ 3,084円 (貸倒見積高の減少)

問5　為替手形

(1) (買 　 掛 　 金)　　　10,000　　　(売 　 掛 　 金)　　　10,000

(2) (受 取 手 形)　　　10,000　　　(売 　 掛 　 金)　　　10,000

(3) (買 　 掛 　 金)　　　10,000　　　(支 払 手 形)　　　10,000

問6　自己受為替手形と自己宛為替手形

(1) (受 取 手 形)　　　20,000　　　(売 　 掛 　 金)　　　20,000

(2) (買 　 掛 　 金)　　　20,000　　　(支 払 手 形)　　　20,000

(3) (買 　 掛 　 金)　　　30,000　　　(支 払 手 形)　　　30,000

(4) (受 取 手 形)　　　30,000　　　(売 　 掛 　 金)　　　30,000

問7 手形の裏書き・割引き

貸借対照表
×4年3月31日 （単位：円）

I 流動資産		I 流動負債	
受 取 手 形	100,000	保 証 債 務（	200 ）
不 渡 手 形（	10,500 ）		

損 益 計 算 書
自×3年4月1日 至×4年3月31日（単位：円）
⋮

IV 営業外収益		
保証債務取崩益	（	100 ）
V 営業外費用		
手 形 売 却 損	（	2,000 ）
保 証 債 務 費 用	（	300 ）

〈解説〉

1. 手形を裏書譲渡したときの仕訳（×3年10月1日）

（買 掛 金）	10,000	（受 取 手 形）	10,000
（保証債務費用）	100	（保 証 債 務）	100*1

＊1　10,000円×1％＝100円

2. 裏書譲渡した手形が不渡りとなったときの仕訳（×4年2月1日）

（不 渡 手 形）	10,500*2	（当 座 預 金）	10,500
（保 証 債 務）	100	（保証債務取崩益）	100

＊2　10,000円＋300円＋200円＝10,500円

3. 手形を割引きしたときの仕訳（×4年3月1日）

（手 形 売 却 損）	2,000	（受 取 手 形）	20,000
（当 座 預 金）	18,000*3		
（保証債務費用）	200*4	（保 証 債 務）	200

＊3　20,000円－2,000円＝18,000円

＊4　20,000円×1％＝200円

CHAPTER 13
有価証券

◆保有目的ごとに会計処理が異なります。

　2級では、有価証券の保有目的による分類および会計処理を学習しました。1級では、有価証券の減損処理や満期保有目的債券やその他有価証券の応用的な処理を学習します。それぞれの保有目的ごとの会計処理を復習しつつ学習を進めていきましょう。

▶ 1級で学習する内容 ─────────────

評価方式

2級までに学習済み ➡	1級で学習する内容

切放方式

洗替方式

償却原価法

定額法

利息法

有価証券の減損処理

強制評価減

実価法

有価証券の計上時期

約定日基準

修正受渡日基準

1 有価証券の分類

Ⅰ 保有目的による分類

有価証券は、保有目的により次のように分類されます。

1 売買目的有価証券

売買目的有価証券とは、時価の変動によって利益を得ることを目的として保有する有価証券です。通常は、同一の銘柄に対して繰り返し購入と売却が行われます。

2 満期保有目的債券

満期保有目的債券とは、満期日まで所有する意図をもって保有する社債その他の債券です。

保有する目的は、毎期定額の利息を受け取り、満期日に額面金額の償還を受けることにあります。

3 子会社株式・関連会社株式

子会社株式とは、当社の子会社が発行している株式であり、**関連会社株式**とは、当社の関連会社が発行している株式です。両者をあわせて**関係会社株式**といいます。

これらの株式を保有する目的は、他の企業を支配したり、他の企業に重要な影響を与えることを通じて、利益を獲得することにあります。

ひとこと

通常、当社が議決権の50%超を所有していれば子会社と判断し、当社が議決権の20%以上を所有していれば関連会社と判断します。

4 その他有価証券

その他有価証券とは、売買目的有価証券、満期保有目的債券、子会社株式および関連会社株式以外の有価証券をいいます。その他有価証券には、長期的な時価の変動によって利益を得ることを目的として保有する有価証券

や、持合株式のように業務提携の目的で保有する有価証券などがあります。

　満期保有目的債券と**その他有価証券**については、基本的に固定資産の区分に**投資有価証券勘定**で表示しますが、満期まで1年以内のものについては、**有価証券勘定**で表示します。

図解 表示科目と表示区分

保有目的による分類		B/S上の表示科目	B/S上の表示区分
売買目的有価証券		有価証券	流動資産
満期保有目的債券	満期まで1年超	投資有価証券	固定資産 (投資その他の資産)
	満期まで1年以内	有価証券	流動資産
子会社株式 関連会社株式		関係会社株式	固定資産 (投資その他の資産)
その他有価証券	満期まで1年超	投資有価証券	固定資産 (投資その他の資産)
	満期まで1年以内	有価証券	流動資産

ひ と こ と

　本試験で使用する勘定科目については、問題文や答案用紙の指示にしたがってください。

2 売買目的有価証券の評価

Ⅰ 期末評価

　売買目的有価証券は、**時価**をもって貸借対照表価額とし、評価差額は**有価証券評価損益**（または**有価証券運用損益**）として当期の損益に計上し、損益計算書上、営業外収益または営業外費用の区分に相殺した純額で表示します。

図解 表示科目と表示区分

評価損益	表示科目	表示区分	金　額
評価益 （取得原価<時価）	有価証券評価益 （有価証券運用益）	営業外収益	評価損と相殺後 の純額
評価損 （取得原価>時価）	有価証券評価損 （有価証券運用損）	営業外費用	評価益と相殺後 の純額

Ⅱ 会計処理

評価差額の会計処理については、**切放方式**または**洗替方式**が認められています。

1 切放方式

切放方式とは、当期末において時価評価をした場合、翌期はその時価を帳簿価額として処理する方法です。したがって、翌期末の時価と比較する帳簿価額は、当期末の時価となります。

2 洗替方式

洗替方式とは、当期末において時価評価した場合でも、翌期首には取得原価に戻して処理する方法です。したがって、翌期末の時価と比較する帳簿価額は、取得原価となります。

▼ 例1 ——————————————— 売買目的有価証券の期末評価

当期に1,000円で取得した売買目的有価証券の当期末の時価は1,200円であった。翌期末の時価が900円で、翌々期中に、1,700円で売却、代金は現金で受け取った場合の処理を(1)切放方式、(2)洗替方式によって示しなさい。

例1の仕訳　(1)　切放方式

当　期　末：（売買目的有価証券）　　　200　（有価証券評価損益）　　　200

翌　期　首：		仕　訳　な　し		
翌　期　末：	（有価証券評価損益）	300	（売買目的有価証券）	300
翌々期首：		仕　訳　な　し		
翌々期売却：	（現　　　金）	1,700	（売買目的有価証券）	900
			（有価証券売却益）	800

(2)　洗替方式

当　期　末：	（売買目的有価証券）	200	（有価証券評価損益）	200
翌　期　首：	（有価証券評価損益）	200	（売買目的有価証券）	200
翌　期　末：	（有価証券評価損益）	100	（売買目的有価証券）	100
翌々期首：	（売買目的有価証券）	100	（有価証券評価損益）	100
翌々期売却：	（現　　　金）	1,700	（売買目的有価証券）	1,000
			（有価証券売却益）	700

〈解説〉
　どちらの方法でも、各期に計上される損益は、当期200円、翌期△300円、翌々期800円となり、一致します。

3　満期保有目的債券の評価

I　期末評価

　満期保有目的債券は、**取得原価**をもって貸借対照表価額とします。

　ただし、債券を額面金額より低い価額または高い価額で取得した場合において、取得価額と額面金額との差額の性格が金利の調整と認められるときは、**償却原価法**にもとづいて算定された価額をもって貸借対照表価額とします。

図解 満期保有目的債券の期末評価

分　　　類		期末評価
額面金額＝取得価額		取得原価
額面金額 ≠取得価額	差額が金利調整差額と認められない場合	
	差額が金利調整差額と認められる場合	償却原価

Ⅱ 償却原価法

1 償却原価法とは

償却原価法とは、債券を額面金額より低い価額または高い価額で取得した場合において、当該取得差額の性格が金利の調整と認められる場合、その差額を償還期に至るまで毎期一定の方法で貸借対照表価額に加減する方法です。

2 償却方法

金利調整差額の償却方法には、**利息法**と**定額法**があります。原則は利息法ですが、継続適用を条件として定額法を採用することもできます。

❶ 定額法 (容認)

定額法とは、債券の金利調整差額を取得日から償還日までの期間で割って各期の損益に配分し、その配分額を帳簿価額に加減する方法です。

図解 定額法の計算式

$$\underset{\text{償却額}}{\text{金利調整差額}} = \underbrace{(額面金額 - 取得価額)}_{\text{金利調整差額}} \times \frac{当期の所有月数}{取得日から償還日までの月数}$$

❷ 利息法（原則）

利息法とは、帳簿価額に対して実効利子率を掛けた金額を、各期の利息配分額として計上する方法です。

利息法では、利払日ごとに利息配分額とクーポン利息との差額を計算し、その差額を償却額として帳簿価額に加減します。

ひとこと

金利調整差額の償却は、定額法では期末に行いますが、利息法では利払日ごとに行うことに注意しましょう。

●利息法における償却額算定の手順

❶ 利息配分額を算定：帳簿価額×実効利子率
❷ クーポン利息計上額の算定：額面金額×クーポン利子率
❸ 金利調整差額償却額の算定：❶－❷

▼ **例2** ─────────────────────── 利息法

当社は、Y社の社債を×1年4月1日（期首）に取得し、満期保有目的で所有している。次の資料にもとづいて、×1年9月30日（利払日）と×2年3月31日（利払日＝決算日）における仕訳をしなさい（最終数値を円未満四捨五入）。

［資　料］
(1) 取得価額：9,600円
(2) 額面金額：10,000円
(3) 満期日：×4年3月31日
(4) 実効利子率：年7.52%

(5) クーポン利子率（券面利子率）：年6％

(6) 利払日：毎年9月末日と3月末日の年2回

(7) 取得価額と額面金額の差額は、すべて金利調整差額と認められ、償却方法は利息法による。

例2の仕訳

×1年9/30	（現　　　　金）	300	（有価証券利息）	300*1
	（満期保有目的債券）	61	（有価証券利息）	61*2
×2年3/31	（現　　　　金）	300	（有価証券利息）	300*3
	（満期保有目的債券）	63	（有価証券利息）	63*4

* 1　$10,000円×6％×\dfrac{6か月}{12か月}=300円$

* 2　$9,600円×7.52％×\dfrac{6か月}{12か月}≒361円$

　　　361円−300円=61円

* 3　$10,000円×6％×\dfrac{6か月}{12か月}=300円$

* 4　$(9,600円+61円)×7.52％×\dfrac{6か月}{12か月}≒363円$

　　　363円−300円=63円

各年度の帳簿価額（償却原価）の計算方法　　　　（単位：円）

年度	年月日	① 帳簿価額（償却原価）	② 利息配分額（①×7.52%×$\frac{6}{12}$）	③ クーポン利息受取額	④ 金利調整差額（②−③）	⑤ 帳簿価額（償却原価）（①+④）
×1年度	×1年4月1日	9,600	―	―	―	9,600
	×1年9月30日	9,600	361	300	61	9,661
	×2年3月31日	9,661	363	300	63	9,724
×2年度	×2年9月30日	9,724	366	300	66	9,790
	×3年3月31日	9,790	368	300	68	9,858
×3年度	×3年9月30日	9,858	371	300	71	9,929
	×4年3月31日	9,929	371*5	300	71	10,000
	合　計	―	2,200	1,800	400	―

* 5　最終の計算において、額面金額と直近の償却原価との差額を償却額として調整しています。

4 子会社株式・関連会社株式の評価

Ⅰ 期末評価

　子会社株式および関連会社株式は、ともに値上がりを期待して保有する株式ではありませんので、期末に時価による評価替えをする必要はありません。

　したがって、子会社株式・関連会社株式は**取得原価**をもって貸借対照表価額とします。

▶ 例3 ━━━━━━━━━━ **子会社株式・関連会社株式の期末評価**

　当期に2,000円で取得した子会社株式の当期末の時価は2,200円であった。同じく当期に1,500円で取得した関連会社株式の当期末時価は1,300円であった。決算整理仕訳を示しなさい。

例3の仕訳　　　　　　　　　　仕　訳　な　し

5 その他有価証券の評価

Ⅰ 期末評価

　その他有価証券は、長期的には売却する可能性がある有価証券ですから、売買目的有価証券と同じく決算時において**時価**で評価します。

　ただし、事業遂行上などの理由からただちに売買・換金できない場合もあるため、原則として、評価差額はただちに損益として計上せず、**純資産の部**に計上します。

ふむふむ...

ひとこと

評価差額には税効果会計の適用がありますが、税効果会計については教科書2で詳しく学習しますので、ここでは税効果会計は考慮せずに説明します。

Ⅱ 会計処理方法

評価差額の会計処理については、**全部純資産直入法**または**部分純資産直入法**の2つの方法が認められています。また、その他有価証券の評価差額については、**洗替法**のみが適用されます。

1 全部純資産直入法

全部純資産直入法とは、評価差額の合計額を貸借対照表の純資産の部に**その他有価証券評価差額金**として計上する方法です。

2 部分純資産直入法

部分純資産直入法とは、評価差益は貸借対照表の純資産の部に**その他有価証券評価差額金**として計上しますが、評価差損は**投資有価証券評価損**として損益計算書の営業外費用の区分に、当期の損失として計上します。

▼ 例4 ———————————————— その他有価証券の期末評価

当期に1,500円で取得したX社株式（その他有価証券）の当期末の時価は1,400円、翌期末の時価は1,800円であった。当期末、翌期首、翌期末における仕訳を(1)全部純資産直入法と(2)部分純資産直入法で示しなさい。

例4の仕訳　(1)　全部純資産直入法によった場合

当 期 末：（その他有価証券評価差額金）	100	（その他有価証券）	100
翌 期 首：（その他有価証券）	100	（その他有価証券評価差額金）	100
翌 期 末：（その他有価証券）	300	（その他有価証券評価差額金）	300

(2)　部分純資産直入法によった場合

当 期 末：（投資有価証券評価損）	100	（その他有価証券）	100
翌 期 首：（その他有価証券）	100	（投資有価証券評価損）	100
翌 期 末：（その他有価証券）	300	（その他有価証券評価差額金）	300

処理方法	時価＜帳簿価額	時価＞帳簿価額
全部純資産直入法	純資産の部「その他有価証券評価差額金」	
部分純資産直入法	営業外費用「投資有価証券評価損」	純資産の部「その他有価証券評価差額金」

●償却原価法と時価評価の併用

　その他有価証券に時価があり、かつ、取得差額が金利の調整と認められる債券は、償却原価法を適用したうえで、償却原価と時価との差額を評価差額として処理します。

❶　償却原価法を適用し、償却額を有価証券利息として処理
❷　償却原価と時価との差額を評価差額として、全部純資産直入法または部分純資産直入法により処理

6 市場価格のない株式等

Ⅰ 期末評価

　市場において取引されていない株式などの市場価格のない株式等は、**取得原価**で評価します。

7 有価証券の減損処理

I 有価証券の減損処理とは

　売買目的有価証券以外の時価のある有価証券、または市場価格のない株式等については、時価または実質価額が著しく下落した場合には、評価替えが必要になります。

　これを**有価証券の減損処理**といい、減損処理には**強制評価減**と**実価法**があります。

図解 有価証券の減損処理

前提条件	有価証券の種類	減損処理の適用	減損処理の方法
時価がある	売買目的有価証券	×	
	上記以外	○	強制評価減
市場価格がない	株式等	○	実価法

Ⅱ 強制評価減

　満期保有目的の債券、子会社株式および関連会社株式、その他有価証券のうち市場価格のない株式等以外のものについて時価が著しく下落した場合、回復する見込みがあると認められる場合を除いて時価を貸借対照表価額とし、評価差額を当期の損失として計上しなければなりません。これを**強制評価減**といいます。

> **ひ と こ と**
>
> 著しい下落とは、一般的に時価が取得原価の50％程度以上下落した場合などをいいます。

●強制評価減

◆要　　　　件…①　時価が著しく下落
　（①かつ②）　②　回復する見込みがないまたは不明

◆処　　　　理…時価評価（減損部分は特別損失）

▷例5 ━━━━━━━━━━━━━━━━━━━━━━━ **強制評価減**

　1,500円で取得した子会社株式の当期末の時価は700円であった。なお、期末時価の下落は著しい下落であり、回復の見込みはない。決算整理仕訳を示しなさい。

例5の仕訳	（子会社株式評価損）	800*	（子 会 社 株 式）	800

　　　　　　　＊　1,500円－700円＝800円

Ⅲ 実価法

　市場価格のない株式等について、その株式を発行した会社の財政状態が著しく悪化したときは、**実質価額**まで帳簿価額を切り下げます。これを**実価法**といいます。

　なお、実質価額は発行会社の1株あたりの純資産に、所有株式数を掛けて計算します。

●実質価額の計算

❶ 発行会社の純資産＝資産－負債

❷ ❶÷発行会社の発行済株式総数
＝発行会社の１株あたりの純資産⇒１株あたりの実質価額

❸ ❷×所有株式数＝所有株式の実質価額

例6 ──────────────────────── 実価法

Y社株式は関連会社株式（取得価額1,500円、時価は不明、保有株式数30株）である。なお、Y社（発行済株式総数100株）の財政状態は次のとおり著しく悪化しているので、実価法を適用する。

決算整理仕訳を示しなさい。

（Y社）	貸 借 対 照 表	（単位：円）	
諸 資 産	10,000	諸 負 債	8,000

例6の仕訳

当 期 末：（関連会社株式評価損）　　　900　　（関連会社株式）　　　900

〈解説〉
1．Y社株式の実質価額
① 発行会社の純資産＝10,000円－8,000円＝2,000円
② ①÷100株＝@20円（１株あたりの純資産＝１株あたりの実質価額）
③ ②×30株＝600円（所有株式の実質価額）
2．評価損の金額
1,500円－600円＝900円

Ⅳ 強制評価減や実価法が適用された場合の表示

強制評価減や実価法が適用された場合の評価損は、損益計算書上、**投資有価証券評価損、子会社株式評価損・関連会社株式評価損**として特別損失に計上します。

Ⅴ 強制評価減や実価法が適用された場合の翌期首の処理

強制評価減や実価法が適用されたときは、翌期首において取得原価に振り戻す処理はしません。つねに**切放法**が適用されます。

I 有価証券の認識について

　収益・費用、資産・負債を、財務諸表に計上すべきタイミングについての基準を**認識基準**といいます。

　有価証券の認識基準には、**約定日基準**と**修正受渡日基準**とがあります。

●有価証券の認識基準

◆約 定 日 基 準…売買約定日（契約締結日）に、買手は有価証券の発生を認識
　　（原　則）　　　し、売手は有価証券の消滅を認識する基準

◆修正受渡日基準…保有目的区分ごとに、買手は約定日から受渡日までの時価の変
　　（例　外）　　　動のみを認識し、売手は売却損益のみを約定日に認識する基準

▶ 例7 ──────────────────── 有価証券の認識

　次の取引について、①約定日基準および②修正受渡日基準の、それぞれによるＡ社（買手）およびＢ社（売手）の仕訳を示しなさい。なお、両社の決算日はともに３月31日であり、Ａ社は洗替方式を適用する。

［資　料］
(1) ×1年３月28日（約定日）　Ａ社は短期的な売買を目的として、Ｂ社から
　　株式（帳簿価額900円）を1,000円で購入する契約をした。
(2) ×1年３月31日（決算日）　(1)の株式の時価は1,200円である。
(3) ×1年４月１日（期首）
(4) ×1年４月３日（受渡日）　Ａ社はＢ社から株式を受け取り、代金は小切
　　手を振り出して支払った。

例7の仕訳

① 約定日基準

	A社（買手）	B社（売手）
(1)	（売買目的有価証券）1,000 （未　払　金）1,000	（未 収 入 金）1,000 （売買目的有価証券）　900 （有価証券売却益）　100
(2)	（売買目的有価証券）200 （有価証券評価損益）200	仕 訳 な し
(3)	（有価証券評価損益）200 （売買目的有価証券）200	仕 訳 な し
(4)	（未　払　金）1,000 （当 座 預 金）1,000	（現　　金）1,000 （未 収 入 金）1,000

② 修正受渡日基準

	A社（買手）	B社（売手）
(1)	仕 訳 な し	（売買目的有価証券） 100（有価証券売却益） 100
(2)	（売買目的有価証券） 200（有価証券評価損益） 200	仕 訳 な し
(3)	（有価証券評価損益） 200（売買目的有価証券） 200	仕 訳 な し
(4)	（売買目的有価証券）1,000（当 座 預 金）1,000	（現　　　金）1,000（売買目的有価証券）1,000

※ 損益の影響額（太字の損益部分）は、どちらの基準を採用しても同じです。

ひ と こ と

　有価証券において約定日基準が原則である理由は、契約を締結した時点から、有価証券の時価の変動リスクや発行会社の信用リスク（発行会社が、利息を支払ったり、元本を返済できなくなるリスク）が、売手から買手に移転するからです。
　そして、例外である修正受渡日基準では、契約時点では受渡日基準に準じて有価証券本体の発生を認識または消滅させませんが、時価の変動にともなう損益（評価損益・売却損益）だけは約定日基準と同じ結果になるように仕訳を行います。

ふむふむ…

次の資料により、損益計算書（一部）および貸借対照表（一部）を作成しなさい。なお、会計期間は1年、当期は×2年4月1日から×3年3月31日までである。また有価証券はすべて当期中に取得したものである。なお、税効果会計を考慮する必要はない。

［資料1］

決算整理前残高試算表
×3年3月31日　　　　　　　　　　　　（単位：円）

有　価　証　券	1,443,000	有価証券利息	12,000

［資料2］

決算整理前残高試算表の有価証券の内訳は、次の表のとおりである。

銘　　柄	分　　類	取得原価	市場価格	備　　考
A社株式	売買目的有価証券	100,000円	120,000円	
B社株式	その他有価証券	190,000円	200,000円	（注1）
C社株式	その他有価証券	180,000円	175,000円	（注1）
D社株式	子　会　社　株　式	300,000円	330,000円	
E社株式	子　会　社　株　式	256,000円	122,000円	（注2）
F社株式	その他有価証券	270,000円	―	（注3）
G社社債	満期保有目的債券	147,000円	148,000円	（注4）

（注1）　部分純資産直入法による。

（注2）　時価の著しい下落であり、回復の見込みは不明である。

（注3）　F社株式の15％を保有しているが、F社の財政状態は著しく悪化し、その総資産額は2,350,000円、総負債額は1,500,000円となっている。

（注4）　G社社債は、×2年4月1日に額面総額150,000円を額面100円につき98円で取得したものである。満期日は×7年3月31日、クーポン利子率は年8％、利払日は3月と9月の各末日である。取得原価と額面金額との差額は金利の調整と認められるため、償却原価法（利息法）を適用する。クーポンの処理は適正に行われているが、償却額の計上が未処理である。

　　なお、償却額の計算上、実効利子率は年8.5％とし、計算上、端数が生じた場合には、最終数値の円未満を四捨五入すること。

解答

損 益 計 算 書

自×2年4月1日　至×3年3月31日　　　　（単位：円）
⋮

Ⅳ　営業外収益

　　（有 価 証 券 利 息）　　　　　　　　　　（　　12,506）
　　（有 価 証 券 評 価 益）　　　　　　　　　（　　20,000）
⋮

Ⅴ　営業外費用

　　（投資有価証券評価損）　　　　　　　　　（　　5,000）
⋮

Ⅶ　特別損失

　　（子会社株式評価損）　　　　　　　　　　（　134,000）
　　（投資有価証券評価損）　　　　　　　　　（　142,500）
⋮

貸 借 対 照 表

×3年3月31日　　　　　　　　（単位：円）

Ⅰ　流動資産　　　　　　　　　　　⋮
　　⋮　　　　　　　　　　　純資産の部
　　有 価 証 券（120,000）　　　⋮
　　⋮　　　　　　　　Ⅱ　評価・換算差額等
Ⅱ　固定資産　　　　　　　1．その他有価証券評価差額金（10,000）
　　⋮
　3．投資その他の資産
　　投資有価証券（650,006）
　　関係会社株式（422,000）

〈解説〉

1．A社株式（売買目的有価証券〈B/S 有価証券〉、時価法）

　(1)　当期末の評価替え

　　　（売買目的有価証券）　20,000^{*1}（有価証券評価損益）　20,000
　　　　　有価証券

　　　　　＊1　120,000円－100,000円＝20,000円（評価益）

2．B社株式（その他有価証券〈B/S 投資有価証券〉、時価法、部分純資産直入法）

　(1)　科目の振替え

　　　（その他有価証券）　190,000　（有 価 証 券）　190,000
　　　　　投資有価証券

　(2)　当期末の評価替え

　　　（その他有価証券）　10,000^{*2}（その他有価証券評価差額金）　10,000
　　　　　投資有価証券

　　　　　＊2　200,000円－190,000円＝10,000円（評価益＝評価差額金）

3．C社株式 （その他有価証券〈B/S 投資有価証券〉、時価法、部分純資産直入法）
(1) 科目の振替え

（その他有価証券）　180,000　（有　価　証　券）　180,000
　　投資有価証券

(2) 当期末の評価替え

（投資有価証券評価損）　5,000^{*3}　（その他有価証券）　5,000
　　　　　　　　　　　　　　　　　　　投資有価証券

＊3　175,000円 － 180,000円 ＝ △5,000円（評価損）

4．D社株式 （子会社株式〈B/S関係会社株式〉、原価法）
(1) 科目の振替え

（子 会 社 株 式）　300,000　（有　価　証　券）　300,000
　　関係会社株式

5．E社株式 （子会社株式〈B/S関係会社株式〉、強制評価減）
(1) 科目の振替え

（子 会 社 株 式）　256,000　（有　価　証　券）　256,000
　　関係会社株式

(2) 当期末の評価替え

（子会社株式評価損）　134,000^{*4}　（子 会 社 株 式）　134,000
　　　　　　　　　　　　　　　　　　　関係会社株式

＊4　122,000円 － 256,000円 ＝ △134,000円（評価損）

∴子会社株式：300,000円 ＋ 256,000円 － 134,000円 ＝ 422,000円

6．F社株式 （その他有価証券〈B/S 投資有価証券〉、実価法）
(1) 科目の振替え

（その他有価証券）　270,000　（有　価　証　券）　270,000
　　投資有価証券

(2) 当期末の評価替え

（投資有価証券評価損）　142,500^{*5}　（その他有価証券）　142,500
　　　　　　　　　　　　　　　　　　　投資有価証券

＊5　(2,350,000円 － 1,500,000円) × 15％ ＝ 127,500円（実質価額）

127,500円 － 270,000円 ＝ △142,500円（評価損）

7．G社社債 （満期保有目的債券〈B/S 投資有価証券〉、償却原価法、利息法）
(1) 科目の振替え

（満期保有目的債券）　147,000^{*6}　（有　価　証　券）　147,000
　　投資有価証券

＊6　$150,000円 × \dfrac{98円}{100円} ＝ 147,000円$

(2) 償却額の計上

（満期保有目的債券）　506^{*7}　（有 価 証 券 利 息）　506
　　投資有価証券

＊7　$147,000円 × 8.5％ × \dfrac{6か月}{12か月} ≒ 6,248円$（利息配分額＝4/1～9/30）

$6,248円 － 150,000円 × 8％ × \dfrac{6か月}{12か月}$

254

$$= 248円 \text{(償却額=4/1～9/30)}$$

$$(147,000円 + 248円) \times 8.5\% \times \frac{6\,か月}{12か月}$$

$$\fallingdotseq 6,258円 \text{(利息配分額=10/1～3/31)}$$

$$6,258円 - 150,000円 \times 8\% \times \frac{6\,か月}{12か月}$$

$$= 258円 \text{(償却額=10/1～3/31)}$$

$$248円 + 258円 = 506円 \text{(償却額合計)}$$

$$\therefore 投資有価証券：\underbrace{190,000円 + 10,000円}_{\text{B社株式}} + \underbrace{180,000円 - 5,000円}_{\text{C社株式}}$$

$$+ \underbrace{270,000円 - 142,500円}_{\text{F社株式}} + \underbrace{147,000円 + 506円}_{\text{G社社債}} = 650,006円$$

$$\therefore 有価証券利息：12,000円 + 506円 = 12,506円$$

　上記の仕訳を集計して、損益計算書および貸借対照表を作成します。なお、有価証券評価損益は、科目ごとに相殺した正味の金額で記載します。

デリバティブ取引

◆暗記だけではなく、取引の流れの本質的理解を！

デリバティブとは、株式などの価格変動のリスクをヘッジするための契約の一種として生み出されたものです。現在では、リスクヘッジ目的のみならず、投機目的などさまざまな目的でこのデリバティブ取引が行われています。実際、株価指数先物取引などは企業だけではなく個人でも頻繁に行われている取引ですので、身構えることなくその本質を理解していきましょう。

▶ 1級で学習する内容

デリバティブ取引

2級までに学習済み	→	1級で学習する内容

先物取引

スワップ取引

ヘッジ会計

繰延ヘッジ

時価ヘッジ

1 デリバティブ取引

I デリバティブ取引とは

デリバティブとは、金融派生商品ともよばれ、従来から存在する金融商品（株式、債券、預金、貸付金など）から派生した新しい金融商品のことをいいます。このデリバティブを取り扱う取引を**デリバティブ取引**といいます。

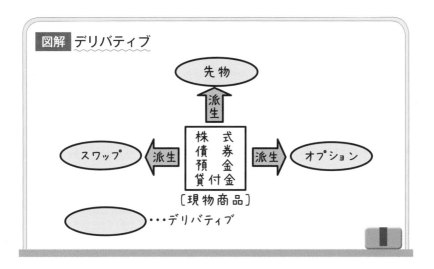

図解 デリバティブ

　デリバティブは従来から存在する金融商品に関する相場変動などに依存して、価格が変動します。そのため、デリバティブは現物取引（株式や債券自体を売買する取引）から生じる相場変動などによる損失の可能性のリスクを低下させる目的で、現物取引と組み合わせて用いられます（リスクヘッジ目的）。

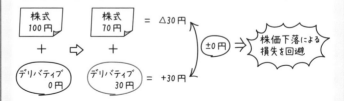

　また、リスクを背負って、少ない元手で多額の利益獲得を目的としてデリバティブが用いられることもあります（投機目的）。

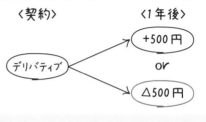

Ⅱ デリバティブ取引の種類

　デリバティブ取引は、主に**先物取引**、**スワップ取引**、**オプション取引**の3つに分類されます。

●デリバティブ取引の種類

◆先　物　取　引：売手と買手が、将来の一定の時期に、一定の商品を、現在の時点で約束した価格（先物価格）で受け渡すことを約束する取引

◆スワップ取引：将来生じるキャッシュ・フローを交換することを約束する取引

◆オプション取引：特定の商品をあらかじめ決めた期日に、あらかじめ決めた価格で売買する権利を売買する取引

ひとこと

　本書では、まず、本試験で出題可能性が高い先物取引、スワップ取引について説明し、参考でオプション取引について説明します。

Ⅲ 会計処理

　デリバティブ取引により生じる正味の債権および債務は、**時価**をもって貸借対照表価額とし、評価差額は、原則として、**当期の損益**として処理します。

これならわかる!!

　デリバティブ取引は、通常、差金（純額）決済により取引が行われます。
　差金決済とは、反対売買（買建て契約なら転売、売建て契約なら買い戻すこと＝当初約束した取引と反対の取引を行うこと）が行われた場合に、商品の実際の受渡しを省略し、売りと買いの差額の受渡しで決済が行われることをいいます。
　このことから、デリバティブ取引の価値は、契約を構成する権利と義務の価値の純額に求められるという発想につながっていきます。

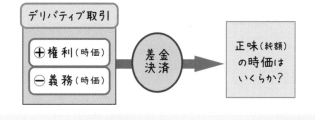

ひとこと

　買建てとは、新規に買うことを約束する場合の取引をいい、売建てとは、新規に売ることを約束する場合の取引をいいます。

2 先物取引

I 先物取引とは

先物取引とは、売手と買手が、将来の一定の時期に、一定の商品を、現在の時点で約束した価格（先物価格）で受け渡すことを約束する取引のことです。

II 先物取引の特徴

先物取引は将来の取引を約束する取引であるため、契約時点では代金の決済は行われません。そのため、将来の決済時点で確実に決済が行われるかどうかの信用不安がつきまとうことになることから、この不安に対処するために信用保証金として証拠金を差し入れます。

ひとこと

先物取引にはさまざまな種類がありますが、ここでは債券先物取引を例にとって説明していきます。

III 会計処理

1 契約時

先物取引から生じる権利と義務は、契約時には等価であり、正味の債権債務の時価は純額で0円となるため、デリバティブに関する資産・負債は計上しません。しかし、証拠金の支払いは契約時に行われるため、委託証拠金の処理は行います。

支払った委託証拠金は、**先物取引差入証拠金**として処理します。

▼ 例1 ━━━━━━━━━━━━━━━━━━━━━━━━━━ 契約時

　×1年2月1日に国債100,000円（1,000口）を額面100円につき93円で買い建てる契約を結び、委託証拠金として現金2,000円を証券会社に差し入れた。

例1の仕訳　（先物取引差入証拠金）　　2,000　（現　　　　　金）　　2,000

ひ と こ と

　売り建てる契約を結んだ場合であっても、証券会社に委託証拠金を差し入れるため、契約時の仕訳は買建て時と同じ処理になります。

2 決算時

　相場の変動による正味の債権または債務を**先物取引差金**として時価評価し、評価差額を**先物損益**として認識します。

▼ 例2 ━━━━━━━━━━━━━━━━━━━━━━━━━━ 決算時

　×1年3月31日（決算日）において、債券先物の価格は額面100円につき94円であった。

例2の仕訳　（先物取引差金）　　1,000*　（先　物　損　益）　　1,000
　　　　　＊（決算時先物@94円－契約時先物@93円）×1,000口＝1,000円

ひ と こ と

　売り建てる契約を結んだ場合は、買建て時とは損益が逆になります。

3 翌期首

決算時に計上した評価差額は翌期首において振り戻します（洗替方式）。

例3 ─────────────────────────────── **翌期首**

×1年4月1日（期首）において、評価差額を振り戻した。

例3の仕訳 （先　物　損　益）　　1,000　（先物取引差金）　　1,000

ひとこと

評価差額を振り戻さない方法（切放方式）もあるので、問題文の指示にしたがって判断してください。

---

4 決済時

反対売買により決済し、差額部分のみの受払いが行われます。また、決済にともない委託証拠金の返還が行われます。

例4 ─────────────────────────────── **決済時**

×1年6月30日に債券先物の価格が97円になり、反対売買による差金決済を行い、委託証拠金とともに現金で受け取った。

例4の仕訳 （現　　　　金）　　4,000　（先　物　損　益）　　4,000*
　　　　　（現　　　　金）　　2,000　（先物取引差入証拠金）　　2,000

＊（決済時先物@97円－契約時先物@93円）×1,000口＝4,000円

ひとこと

売り建てる契約を結んだ場合は、買建て時とは損益が逆になります。また、委託証拠金の返還については買い建てる契約と同じ処理になります。

3 スワップ取引

Ⅰ スワップ取引とは

スワップ取引とは、将来生じるキャッシュ・フローを交換することを約束する取引のことをいいます。

Ⅱ 会計処理

スワップ取引にはさまざまな種類がありますが、ここでは金利スワップ取引（変動金利と固定金利を交換する取引）を取り扱っていきます。

> **ひ と こ と**
>
>
>
> 変動金利とは、金融情勢によって変化する金利のことをいい、固定金利とは、市場金利がどのように変動しようとも、適用される利子率が前もって契約された一定値に固定されている金利のことをいいます。

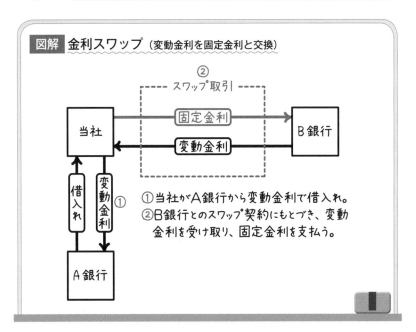

図解 金利スワップ（変動金利を固定金利と交換）

②スワップ取引

当社 ──固定金利──→ B銀行

当社 ←──変動金利── B銀行

①借入れ ／ 変動金利 ①

A銀行

①当社がA銀行から変動金利で借入れ。
②B銀行とのスワップ契約にもとづき、変動金利を受け取り、固定金利を支払う。

1 契約時

金利スワップ取引から生じる権利と義務は、契約時には等価であり、正味の債権債務の時価は純額で0円となります。したがって、契約時の仕訳は不要となります。

▼ **例5** ——————————————————————— **契約時**

当社は、A銀行から変動金利で100,000円の借入れを行っていたが、金利変動リスクを回避するため、×1年4月1日にB銀行と支払利息に対するスワップ取引（変動金利受取り、固定金利年4％支払い）を締結した。

例5の仕訳 　　　　　　　　　　　仕　訳　な　し

2 利払時

利払時には、金利スワップ取引による受払いの純額を**支払利息**または**受取利息**として計上します。

> **ひ と こ と**
>
> ふむふむ...
>
> 借入金の利息に加減算するための支払利息や受取利息を、金利スワップ差損、金利スワップ差益で処理することもあります。問題文の指示にしたがいましょう。

▼ **例6（例5の続き）** ——————————————— **利払時**

×2年3月31日（利払日）の変動金利は年5％であり、決済は現金で行った。

例6の仕訳

p.263 **図解** ① （支　払　利　息）　　5,000　（現　　　　　金）　　5,000

p.263 **図解** ② （現　　　　金）　　1,000　（支　払　利　息）　　1,000*

　　　　　　　　　　　　　　　　　　　　　　　　金利スワップ差損益

　　　*　100,000円×（変動金利5％－固定金利4％）＝1,000円

3 決算時

決算時には、金利スワップの価値を**金利スワップ資産**または**金利スワップ負債**として時価評価し、評価差額は**金利スワップ差損益**として処理します。

▼ **例7（例6の続き）** ──────────────── **決算時**

×2年3月31日（決算日）における金利スワップ取引から生じる正味の債権の時価は800円であった。

例7の仕訳 （金利スワップ資産）　　800　（金利スワップ差損益）　　800

---

4 ヘッジ会計

I ヘッジ取引

ヘッジ取引とは、デリバティブ取引を**ヘッジ手段**として用いる取引をいいます。

```
●ヘッジ取引の目的

❶ ヘッジ対象の資産または負債にかかる相場変動の相殺（資産・負債の相場変動の
  相殺）
❷ ヘッジ対象の資産または負債にかかるキャッシュ・フローを固定し、その変
  動を回避することにより、ヘッジ対象である資産または負債の価格変動、金利
  変動および為替変動といった相場変動などによる損失の可能性を減殺（キャッシ
  ュ・フローの変動の減殺）
```

　ヘッジとは、簡単にいえば、現物商品（株式や債券など）によって損失を被るリスクを回避することです。そのようなヘッジ対象のヘッジ（リスク回避）を行うために、デリバティブ取引（債券先物など）をヘッジ手段として用いる取引がヘッジ取引です。

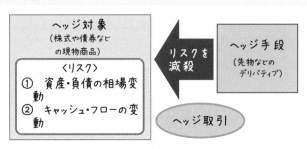

　たとえば、国債（ヘッジ対象）を購入した場合に、その国債の相場変動によって損失を被るリスクをヘッジするために、債券先物（ヘッジ手段）を売り建てた場合を考えてみます。

【例】

	国債現物価格	債券先物価格
購入時・売建時	@97円	@105円
売却時・決済時	@93円	@102円

　この場合、まず国債から生じる損益は次のようになります。

　　@93円－@97円＝△@４円(損失)

　もし、国債の現物取引のみしか行っていない場合は、相場変動によって@４円の損失が生じてしまいます。しかし、この例では、損失のリスクをヘッジする手段として債券先物取引を行っています。債券先物から生じる損益は次のようになります。

　　@105円－@102円＝@３円(利益)

　ヘッジ手段として債券先物取引を行った結果、次のように国債から生じた損失が減殺されています。

　　△@４円（損失）＋@３円（利益）＝△@１円(損失)

　このようにリスク減殺を目的としてデリバティブを用いる取引をヘッジ取引といいます。

Ⅱ ヘッジ会計

ヘッジ会計とは、ヘッジ取引のうち一定の要件を満たすものについて、ヘッジ対象にかかる損益とヘッジ手段にかかる損益を同一の会計期間に認識し、ヘッジの効果を会計に反映させるための特殊な会計処理をいいます。

ひとこと

　ヘッジ取引すべてにヘッジ会計を適用できるのではなく、あくまでヘッジ取引のうち一定の要件を満たしたものだけがヘッジ会計を適用できるという点がポイントです。ヘッジ会計を適用する要件を満たしているかどうかは問題文に与えられるので、要件について特に覚える必要はありません。

Ⅲ ヘッジ会計の方法

　ヘッジ会計の方法には、**繰延ヘッジ（原則）** と **時価ヘッジ（容認）** の2つの方法があります。

●ヘッジ会計の方法

◆繰延ヘッジ：時価評価されているヘッジ手段にかかる損益または評価差額を、
（原則）　　ヘッジ対象にかかる損益が認識されるまで、純資産の部において
　　　　　　繰延ヘッジ損益として繰り延べる方法
◆時価ヘッジ：ヘッジ対象である資産または負債にかかる相場変動などを損益に
（容認）　　反映させることにより、その損益とヘッジ手段にかかる損益とを
　　　　　　同一の会計期間に認識する方法

ひとこと

　時価ヘッジを適用することができるヘッジ対象は、その他有価証券のみに限定されています。

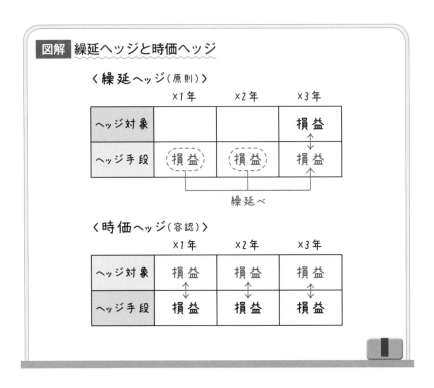

図解 繰延ヘッジと時価ヘッジ

〈繰延ヘッジ（原則）〉

	×1年	×2年	×3年
ヘッジ対象			損益
ヘッジ手段	(損益)	(損益)	損益

繰延べ

〈時価ヘッジ（容認）〉

	×1年	×2年	×3年
ヘッジ対象	損益	損益	損益
ヘッジ手段	損益	損益	損益

Ⅳ 会計処理

具体例を使って、ヘッジ会計について、一連の会計処理をみていきましょう。

1 契約時

契約時は、通常のデリバティブ取引の場合と同様に処理します。

▼ 例8 ———————————————————————————— 契約時

当社は、×1年2月1日に、国債2,000口（その他有価証券）を額面100円につき96円で購入し、代金は現金で支払った。なお、当該国債の購入と同時に、価格変動リスクを回避するため、国債先物によるヘッジ取引を行い、2,000口の国債を額面100円につき98円で売り建て、委託証拠金を現金で3,000円支払っている。

ヘッジ会計の適用要件は満たしているため、ヘッジ会計を適用する。

①ヘッジ対象（現物国債）と②ヘッジ手段（国債先物）の仕訳を示しなさい。

例8の仕訳　ヘッジ対象（現物国債）

（その他有価証券）	192,000*	（現　　　金）	192,000

ヘッジ手段（国債先物）

（先物取引差入証拠金）	3,000	（現　　　金）	3,000

＊　2,000口×@96円＝192,000円

2 決算時

❶ 繰延ヘッジ

繰延ヘッジによって処理する場合、時価評価されているヘッジ手段に損益または評価差額が生じていたとしても、ヘッジ対象に損益が認識されるまで、ヘッジ手段の損益は計上しません。したがって、時価評価した**ヘッジ手段**にかかる損益または評価差額を**繰延ヘッジ損益**として、ヘッジ対象にかかる損益が認識されるまで繰り延べます。

ひ と こ と

繰延ヘッジ損益は税効果会計の適用がありますが、税効果会計については教科書2で詳しく学習しますので、ここでは、税効果会計は考慮せずに説明します。

❷ 時価ヘッジ

時価ヘッジによって処理する場合、**ヘッジ対象**にかかる評価差額を損益に反映させて、その評価差額と、時価評価されているヘッジ手段にかかる

損益を同一の会計期間に認識します。したがって、勘定科目はその他有価証券評価差額金ではなく、**投資有価証券評価損益**で処理します。

なお、ヘッジ手段の損益は、損益計算書上、ヘッジ対象の損益勘定と同一の勘定（**投資有価証券評価損益**）で表示します。

▼ **例9** ━━━━━━━━━━━━━━━━━━━━━━━━━━━ **決算時**

例8の国債と国債先物の×1年3月31日（決算日）の時価は、国債@95円、国債先物@97円であった。

繰延ヘッジを適用した場合および時価ヘッジを適用した場合について、①ヘッジ対象（現物国債）と②ヘッジ手段（国債先物）の仕訳を示しなさい。

なお、その他有価証券の評価差額は全部純資産直入法により処理し、国債先物の評価差額は洗替方式により処理すること。

例9の仕訳　〈繰延ヘッジ〉

　　　ヘッジ対象（現物国債）

（その他有価証券評価差額金）	2,000*1	（その他有価証券）	2,000

　　　ヘッジ手段（国債先物）

（先 物 取 引 差 金）	2,000*2	（繰延ヘッジ損益）	2,000

　　　〈時価ヘッジ〉

　　　ヘッジ対象（現物国債）

（投資有価証券評価損益）	2,000*3	（その他有価証券）	2,000

　　　ヘッジ手段（国債先物）

（先 物 取 引 差 金）	2,000*4	（投資有価証券評価損益）	2,000

＊1　（国債時価@95円－国債取得原価@96円）×2,000口＝△2,000円
＊2　（先物売値@98円－先物時価@97円）×2,000口＝2,000円
＊3　（国債時価@95円－国債取得原価@96円）×2,000口＝△2,000円
＊4　（先物売値@98円－先物時価@97円）×2,000口＝2,000円

３ 翌期首

例9の問題文の指示にしたがい、ヘッジ手段も洗替方式により振り戻します。

例10 ─────────────────────────────── 翌期首

×1年4月1日に、期首につき、再振替仕訳を行う。

例10の仕訳　〈繰延ヘッジ〉

　　　　　ヘッジ対象（現物国債）

（その他有価証券）	2,000	（その他有価証券評価差額金）	2,000

　　　　　ヘッジ手段（国債先物）

（繰延ヘッジ損益）	2,000	（先物取引差金）	2,000

　　　　　〈時価ヘッジ〉

　　　　　ヘッジ対象（現物国債）

（その他有価証券）	2,000	（投資有価証券評価損益）	2,000

　　　　　ヘッジ手段（国債先物）

（投資有価証券評価損益）	2,000	（先物取引差金）	2,000

４ 売却時・決済時

通常の先物取引の処理ならば、仕訳の貸方に「先物損益」を計上しますが、ヘッジ会計を適用する場合は、ヘッジ対象（現物国債）で生じた損益勘定と同じ勘定科目で処理します。

例11

×1年5月20日に、保有する国債2,000口を1口@94円で売却した。また、国債先物2,000口について反対売買を行い、1口@96円で差金決済を現金で行った。

例11の仕訳　〈繰延ヘッジ・時価ヘッジ〉

　　　　　ヘッジ対象（現物国債）

（現 金）	188,000	（その他有価証券）	192,000
（投資有価証券売却損益）	4,000		

　　　　　ヘッジ手段（国債先物）

（現 金）	3,000	（先物取引差入証拠金）	3,000
（現 金）	4,000	（投資有価証券売却損益）	4,000*

　　　　＊　（先物売値@98円－先物時価@96円）×2,000口＝4,000円

> ### ひとこと
>
> 　上記の一連の会計処理では、ヘッジ手段にかかる損益勘定をヘッジ対象の損益の勘定に合わせていますが、ヘッジ対象にかかる損益の勘定に合わせず**先物損益勘定**で処理することもあるので、試験では問題文の指示にしたがいましょう。

CHAPTER 14　デリバティブ取引　基本問題

問1　先物取引

　次の一連の取引について、買い建てた側（買手）および売り建てた側（売手）のそれぞれにおける①契約時（×2年3月1日）、②決算時（×2年3月31日）、③決済時（×2年6月30日）の仕訳を示しなさい。なお、期首の振戻しは行わない。

① ×2年3月1日に国債先物額面総額100,000円（1,000口）を額面100円につき93円で買い建て（売り建て）る契約を結び、委託証拠金として現金2,000円を証券会社に差し入れた。

② ×2年3月31日において、当該先物の価格が単価94円に上昇した。

③ ×2年6月30日に当該先物の価格が単価97円になり、反対売買による差金決済を現金で行った。

問2　金利スワップ取引

　次の金利スワップ取引について仕訳を示しなさい。

① 契約日。B銀行から変動金利の契約で2,000,000円（借入期間3年）を借り入れ、当座預金口座に預け入れた。さらに、金利変動リスクを回避するため、借入れと同時に支払利息に対するスワップ取引（変動金利受取り、固定金利支払い）をA銀行と締結した。

② 利払日。金利スワップ取引により、変動金利50,000円（受取り）と固定金利48,750円（支払い）との差額1,250円を現金で受け取った。

③ 決算日。金利スワップ取引の時価は1,350円（資産）であった。

問3　ヘッジ会計　答案用紙あり

　次の条件により、全部純資産直入法、繰延ヘッジを適用した場合と全部純資産直入法、時価ヘッジを適用した場合のそれぞれによる損益計算書（一部）および貸借対照表（一部）を作成しなさい。なお、当期は×2年4月1日から×3年3月31日までの1年である。また、解答上、計上する数字がないまたは0（ゼロ）の場合は―（線）を記入すること。

［条　件］

1．当期に「その他有価証券」（当期末より1年以内に償還予定）として保有す

る目的で、額面総額200,000円（2,000口）の国債を額面100円につき96円で購入し現金で支払った。なお、当該国債の購入と同時に、価格変動リスクを回避するため、国債先物によるヘッジ取引（当期末より1年以内に決済予定）を行い、額面総額200,000円（2,000口）の国債先物を額面100円につき98円で売り建て、委託証拠金4,000円を現金で支払っている。

2．決算時における国債の時価は単価94円、国債先物の時価は単価97円であった。

解答

問1　先物取引

1．買手

① **契約時**（×2年3月1日）

| （先物取引差入証拠金） | 2,000 | （現　　　　　金） | 2,000 |

② **決算時**（×2年3月31日）

| （先物取引差金） | 1,000*1 | （先　物　損　益） | 1,000 |

③ **決済時**（×2年6月30日）

（現　　　　　金）	2,000	（先物取引差入証拠金）	2,000
（現　　　　　金）	4,000*2	（先物取引差金）	1,000
		（先　物　損　益）	3,000*3

＊1　（先物時価@94円－買値@93円）×1,000口＝1,000円（×1年度の先物利益）
＊2　（先物時価@97円－買値@93円）×1,000口＝4,000円（全体の先物利益＝受取額）
＊3　4,000円－1,000円＝3,000円（×2年度の先物利益）

2．売手

① **契約時**（×2年3月1日）

| （先物取引差入証拠金） | 2,000 | （現　　　　　金） | 2,000 |

② **決算時**（×2年3月31日）

| （先　物　損　益） | 1,000*4 | （先　物　取　引　差　金） | 1,000 |

③ **決済時**（×2年6月30日）

（現　　　　　金）	2,000	（先物取引差入証拠金）	2,000
（先　物　取　引　差　金）	1,000	（現　　　　　金）	4,000*5
（先　物　損　益）	3,000*6		

＊4　（売値@93円－先物時価@94円）×1,000口＝△1,000円（×1年度の先物損失）
＊5　（売値@93円－先物時価@97円）×1,000口＝△4,000円（全体の先物損失＝支払額）
＊6　△4,000円－△1,000円＝△3,000円（×2年度の先物損失）

問2　金利スワップ取引

① 契約日

（当 座 預 金）	2,000,000	（長 期 借 入 金）	2,000,000

② 利払日

（支 払 利 息）	50,000	（現　　　　　金）	50,000
（現　　　　　金）	1,250*	（支 払 利 息）	1,250

③ 決算日

（金利スワップ資産）	1,350	（金利スワップ差損益）	1,350

　　　＊　A銀行に支払う利息：48,750円
　　　　　A銀行から受け取る利息：50,000円
　　　　　受け取る現金：50,000円－48,750円＝1,250円

問3 ヘッジ会計

1. 全部純資産直入法、繰延ヘッジ

損 益 計 算 書

自×2年4月1日 至×3年3月31日 （単位：円）

⋮

Ⅳ 営業外収益

（ 　　―　　 ） （ 　― 　）

⋮

Ⅴ 営業外費用

（ 　　―　　 ） （ 　― 　）

⋮

貸 借 対 照 表

×3年3月31日 （単位：円）

Ⅰ 流　動　資　産		
有　価　証　券（ 188,000 ）		⋮
先 物 取 引 差 金（ 2,000 ）		
先物取引差入証拠金（ 4,000 ）	Ⅱ　評価・換算差額等	
	1．その他有価証券評価差額金（ △4,000 ）	
	2．繰延ヘッジ損益（ 2,000 ）	

2. 全部純資産直入法、時価ヘッジ

損 益 計 算 書

自×2年4月1日 至×3年3月31日 （単位：円）

⋮

Ⅳ 営業外収益

（ 　　―　　 ） （ 　― 　）

⋮

Ⅴ 営業外費用

(投資有価証券評価損) （ 2,000 ）

⋮

貸 借 対 照 表

×3年3月31日 （単位：円）

Ⅰ 流　動　資　産		
有　価　証　券（ 188,000 ）		⋮
先 物 取 引 差 金（ 2,000 ）		
先物取引差入証拠金（ 4,000 ）	Ⅱ　評価・換算差額等	
	1．その他有価証券評価差額金（ 　― 　）	
	2．繰延ヘッジ損益（ 　― 　）	

〈解説〉
1. 全部純資産直入法、繰延ヘッジ

① 購入時および契約時

（その他有価証券）	192,000 *1	（現　　　金）	192,000
（先物取引差入証拠金）	4,000	（現　　　金）	4,000

② 決算時

　その他有価証券は1年以内に償還予定であるため、貸借対照表上「有価証券」として表示します。

（その他有価証券評価差額金）	4,000 *2	（その他有価証券）	4,000
（先物取引差金）	2,000 *3	（繰延ヘッジ損益）	2,000

＊1　@96円×2,000口＝192,000円（原価）

＊2　（現物時価@94円－取得原価@96円）×2,000口＝△4,000円
　　　　　　　　　　　　　　　　　　　　　　　　　　　　（評価差額金）

＊3　（売値@98円－先物時価@97円）×2,000口＝2,000円
　　　　　　　　　　　　　　　　　　　　　　　　（先物利益）

2. 全部純資産直入法、時価ヘッジ

① 購入時および契約時

（その他有価証券）	192,000 *4	（現　　　金）	192,000
（先物取引差入証拠金）	4,000	（現　　　金）	4,000

② 決算時

　時価ヘッジを適用する場合には、その他有価証券の評価方法にかかわらず、その他有価証券の評価差額は当期の損益とします。また、ヘッジ手段の損益勘定を、ヘッジ対象の損益勘定と同じ勘定で処理します。

（投資有価証券評価損益）	4,000 *5	（その他有価証券）	4,000
（先物取引差金）	2,000 *6	（投資有価証券評価損益）	2,000

＊4　@96円×2,000口＝192,000円（原価）

＊5　（現物時価@94円－取得原価@96円）×2,000口
　　　＝△4,000円（評価損益）

＊6　（売値@98円－先物時価@97円）×2,000口＝2,000円
　　　　　　　　　　　　　　　　　　　　　　　（先物利益）

CHAPTER 15

参　考

参考では出題区分の改定にともない日商簿記2級に追加された論点の基本的な事項や本文で取り扱わなかった特殊商品売買の論点などを学習します。出題区分の改定に関する2級の論点は日商簿記1級でも問われる可能性がありますので基礎をしっかり理解しましょう。

1 役務収益・役務原価 （関連テーマ…CHAPTER 03 収益の認識基準）

I 役務収益、役務原価とは

商品売買業では、商品という形のあるモノで取引が行われますが、サービス業ではサービスという形のないモノで取引が行われます。

このようなサービスのことを**役務**といい、役務の提供による営業収益を**役務収益**、それに対応する費用を**役務原価**といいます。

> **ひとこと**
>
>
>
> 商品売買業における**売上**が、サービス業では**役務収益**となります。
> また、商品売買業における**売上原価**が、サービス業では**役務原価**となります。

II 収益認識基準における役務収益の計上

サービス業においては、通常、サービスを提供したときに収益を計上しますが、資格試験の受験指導サービスを行っている会社など（一定期間にわたり継続してサービスを提供している会社）では、履行義務の充足にかかる❶進捗度を合理的に見積ることができる場合と、❷進捗度を合理的に見積ることができない場合で会計処理が異なります。

ひとこと

ここでは、資格試験の受験指導サービスを行っている会社を例に、説明をしていきます。

❶の場合は、進捗度に応じて収益を認識し、❷の場合は、原則として履行義務の充足にかかる進捗度を合理的に見積ることができるときまで原価回収基準を適用します。原価回収基準とは、履行義務を充足する際に発生する費用のうち、回収することが見込まれる費用の金額で収益を認識する方法をいいます。

まずは、❶の場合の処理から説明します。

ひとこと

サービス業における長期にわたる顧客との契約は「一定の期間にわたり充足される履行義務」にあたります。

Ⅲ カリキュラムの進捗度を合理的に見積ることができる場合

1 代金を前受けしたとき

サービスを提供する前に代金を受け取ったときには、まだ**役務収益**を計上することはできず、**前受金**（または**契約負債**）で処理しておきます。

▼ 例1 ———————————————— 代金を前受けしたとき

資格の学校T社は来月開講予定の講座（受講期間18か月）の受講料40,000円を現金で受け取った。

| 例1の仕訳 | （現　　　　金） | 40,000 | （前　受　金） | 40,000 |

2 サービスの提供に先立ち、費用を支払ったとき

サービス業においては、サービスを提供したときに収益を計上するとともに、そのサービスの提供分にかかる費用を計上します。

そのため、まだ提供していないサービスにかかる費用については、**仕掛品**という勘定科目で処理しておきます。

━━━━━━━ サービスの提供に先立ち、費用を支払ったとき

来月開講予定の講座の教材作成費等6,000円を現金で支払った。

| 例2の仕訳 | （仕　掛　品） | 6,000 | （現　　　　金） | 6,000 |

3 決算時

　カリキュラムの進捗度を合理的に見積ることができる場合では、決算時において、さきに前受けしている受講料のうち、カリキュラムが終了している分だけ**前受金**（または**契約負債**）から**役務収益**に振り替えます。

　また、それに対応する費用を**仕掛品**から**役務原価**に振り替えます。

▼ 例3 ━━━━━━━━━━━━━━━━━━━━━━━━━ 決算時

　決算日を迎えた。決算日現在、講座の25％が終了している。なお、受講料40,000円はさきに受け取っており、前受金で処理している（**例1**）。また、講座にかかる費用6,000円は仕掛品勘定で処理している（**例2**）。

　なお、T社は、カリキュラムの進捗度を合理的に見積ることができる。

| 例3の仕訳 | （前　受　金） | 10,000 | （役　務　収　益） | 10,000*1 |
| | （役　務　原　価） | 1,500*2 | （仕　掛　品） | 1,500 |

　　＊1　役務収益の計上：40,000円×25％＝10,000円
　　＊2　役務原価の計上：6,000円×25％＝1,500円

4 全カリキュラムが終了したとき

　全カリキュラムが終了したときには、残りの期間分について、**役務収益**および**役務原価**を計上します。

▼ 例4（例3の続き）━━━━━━━ 全カリキュラムが終了したとき

　例3の翌年度になり、講座のすべてのカリキュラムが終了した。

| 例4の仕訳 | （前　受　金） | 30,000 | （役　務　収　益） | 30,000*1 |
| | （役　務　原　価） | 4,500*2 | （仕　掛　品） | 4,500 |

　　＊1　役務収益の計上：40,000円－10,000円＝30,000円
　　＊2　役務原価の計上：6,000円－1,500円＝4,500円

Ⅳ カリキュラムの進捗度を合理的に見積ることができない場合

　履行義務の充足にかかる進捗度を合理的に見積ることができないが、当該履行義務を充足する際に発生する費用を回収することが見込まれる場合には、原則として履行義務の充足にかかる進捗度を合理的に見積ることができる時まで、一定期間にわたり充足される履行義務について、**原価回収基準**により処理します。

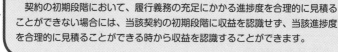

　契約の初期段階において、履行義務の充足にかかる進捗度を合理的に見積ることができない場合には、当該契約の初期段階に収益を認識せず、当該進捗度を合理的に見積ることができる時から収益を認識することができます。

▶ 例5 ── カリキュラムの進捗度を合理的に見積ることができない場合

　資格の学校T社は、履行義務の充足にかかる進捗度を合理的に見積ることができない場合に該当し、充足する際に発生する費用を回収することが見込まれる場合には、進捗度を合理的に見積ることができるときまで原価回収基準を適用することとしている。

　このとき、以下の取引を仕訳しなさい。

(1) 資格の学校T社は来月開講予定の講座（受講期間18か月）の受講料40,000円を現金で受け取った。

(2) 来月開講予定の講座の教材作成費等6,000円を現金で支払った。

(3) 決算日を迎えた。決算日において、履行義務の充足にかかる進捗度を合理的に見積ることができないが、充足する際に発生する費用を回収することが見込まれる。

(4) 本日、講座のすべてのカリキュラムが終了した。

例5の仕訳(1)	(現　　　　金)	40,000	(前　受　　金)	40,000
(2)	(仕　掛　　品)	6,000	(現　　　　金)	6,000
(3)	(前　受　　金)	6,000	(役　務　収　益)	6,000
	(役　務　原　価)	6,000	(仕　掛　　品)	6,000
(4)	(前　受　　金)	34,000	(役　務　収　益)	34,000

2 発行商品券等 （関連テーマ…CHAPTER 03 収益の認識基準）

Ⅰ 商品券とは

　商品券とは、券面に記載された金額の商品を提供してもらう権利を表す証券であり、販売促進の手段の1つとして小売業の企業等により発行されているものです。

　商品券には、自社の店舗でのみ使用することができる「自社商品券」と、ある組合等に加盟している企業の店舗で共通して利用することができる「共通商品券」の2種類があります。ここでは、「自社商品券」について学習します。

> ●**商品券の種類**
>
> ◆**自社商品券**…自社の店舗でのみ使用することができる
> ◆**共通商品券**…ある組合等に加盟している企業の店舗で共通して利用できる

ひとこと

共通商品券は受取商品券として3級で学習済みです。

Ⅱ 自社商品券の会計処理

　自社商品券を販売したときには、顧客から代金の前払いを受け取っているだけで、商品を引き渡すという履行義務を充足していないため、この時点では収益は認識しません。商品券の対価は、商品を引き渡すという履行義務として負債に計上し、履行義務を充足した時に収益を認識します。

　しかし、販売した商品券の中には使用されないものもあり「どのタイミングで収益を認識するべきか」が問題になります。顧客により行使されない権利（非行使部分）がある場合には、以下のいずれかの時点で収益を認識します。

1 顧客による権利行使がされない可能性が高いと企業が見込む場合

顧客の権利行使のパターンと比例して収益を認識します。

$$\begin{pmatrix}（非行使部分の）\\収益の認識額\end{pmatrix}＝非行使部分×\frac{権利行使額}{権利行使見込額}（権利行使割合）$$

ひとこと

なお、行使された商品券については、行使された金額を契約負債から売上に振り替えます。

例6 ―― 顧客による権利行使がされない可能性が高いと企業が見込む場合

各年度の仕訳を行いなさい。
1. 当社は×1年度に1,000円分の自社商品券100枚（100,000円分）を販売した。
2. 当社は、過去の経験から、販売した商品券のうち20%（20,000円分）は非行使になると見込んでいる（将来行使されるのは80,000円分であると見込んでいる）。
3. 商品券は×2年度に50枚、×3年度に30枚行使された。

例6の仕訳　×1年度

| （現　金　預　金） | 100,000 | （契　約　負　債） | 100,000 |

×2年度

| （契　約　負　債） | 50,000 | （売　　　　上） | 50,000*1 |
| （契　約　負　債） | 12,500 | （売　　　　上） | 12,500*2 |

×3年度

| （契　約　負　債） | 30,000 | （売　　　　上） | 30,000*4 |
| （契　約　負　債） | 7,500 | （売　　　　上） | 7,500*5 |

* 1　1,000円×50枚＝50,000円
* 2　$20,000円×\frac{50,000円}{80,000円^{*3}}＝12,500円$
* 3　商品券の売上100,000円－非行使予想分20,000円＝80,000円
* 4　1,000円×30枚＝30,000円
* 5　$20,000円×\frac{30,000円}{80,000円}＝7,500円$

2 履行義務を免れる可能性が極めて低いと企業が見込む場合

（＝顧客による権利行使がされない可能性が極めて低いとき）

残りの権利を行使する可能性が極めて低くなった時に収益を認識します。

ひ と こ と

2の場合というのは、権利行使する可能性が極めて高いと顧客が見込む場合ともいえます。つまり、販売されているすべての商品券が使用されると予想されているということです。

▼ **例7 —— 履行義務を免れる可能性が極めて低いと企業が見込む場合**

各年度の仕訳を行いなさい。

1. 当社は×1年度に1,000円分の自社商品券100枚（100,000円分）を販売した。
2. 当社は、顧客が権利行使する可能性が極めて高いと判断している。
3. 商品券は×2年度に50枚、×3年度に45枚行使された。
4. ×8年度、顧客が残りの商品券5枚について権利行使する可能性が極めて低くなった。

例7の仕訳　×1年度

| （現　金　預　金） | 100,000 | （契　約　負　債） | 100,000 |

×2年度

| （契　約　負　債） | 50,000 | （売　　　　　上） | 50,000*1 |

×3年度

| （契　約　負　債） | 45,000 | （売　　　　　上） | 45,000*2 |

×8年度

| （契　約　負　債） | 5,000 | （売　　　　　上） | 5,000*3 |

＊1　1,000円×50枚＝50,000円
＊2　1,000円×45枚＝45,000円
＊3　1,000円×5枚＝5,000円

Ⅲ プリペイドカードとは

　プリペイドカードとは、それが流通する店舗で商品等と引き換えることのできる金券のことです。商品券と同じく、プリペイドカードも、販売時には顧客から代金の前払いを受けるだけで履行義務を充足していないので、収益は認識しません。

> **ひとこと**
>
> 具体的な会計処理は商品券と同じですので、ここでは省略します。

Ⅳ 発行保証金の供託

　商品券等を発行する場合は、保証金を供託（最寄りの供託所に現金等を預けること）しなければなりません。

　これは、商品券が利用できなくなるような事態が発生した場合、商品券を購入した顧客に払い戻しをしなくてはならないため、そのような事態に備えた法定の引当金のようなものです。供託した保証金相当額は、**発行保証金**として処理します。

> **ひとこと**
>
> 商品券が利用できなくなるような事態というのは、たとえば、商品券を発行した会社が倒産する等です。

▶例8 ─────────────────────── 発行保証金の供託

(1) 当社は×1年8月1日に1,000円分の自社商品券11,000枚を販売した。
(2) 上記商品券の発行にともない、現金5,500,000円を供託した。

例8の仕訳(1) （現　金　預　金）11,000,000 　（契　約　負　債）11,000,000*

(2) （発 行 保 証 金）5,500,000 　（現　金　預　金）5,500,000

　　　＊　1,000円×11,000枚＝11,000,000円

3 売上原価対立法 （関連テーマ…CHAPTER 05 一般商品売買）

売上原価対立法とは、商品を仕入れたときに**商品**の増加で処理（原価で記入）し、商品を売り上げたときに、売価で**売上**を計上するとともに、その商品の原価を**商品**から**売上原価**に振り替える方法をいいます。

ひとこと

　売上原価対立法は、「販売のつど売上原価を商品勘定から売上原価勘定に振り替える方法」です。

▌ 例9 ─────────────────────────── 売上原価対立法

次の一連の取引について、売上原価対立法によって仕訳しなさい。
(1)　商品2,000円を掛けで仕入れた。
(2)　商品（売価2,100円、原価1,500円）を掛けで売り上げた。
(3)　決算日を迎えた。

例9の仕訳(1)	（商　　　　品）	2,000	（買　掛　金）	2,000
(2)	（売　掛　金）	2,100	（売　　　上）	2,100
	（売 上 原 価）	1,500	（商　　　　品）	1,500
(3)		仕　訳　な　し		

ひとこと

　売上を計上した時点で、売上原価を算定しているので3分法のように決算時に仕訳を行う必要はありません。

4 予約販売 （関連テーマ…CHAPTER 06 特殊商品売買 I（割賦販売））

I 予約販売とは

予約販売とは、さきに代金を予約金として受け取り、後日、商品の引き渡しが行われる販売形態をいいます。

II 予約販売の流れ

予約販売の流れは次のとおりです。

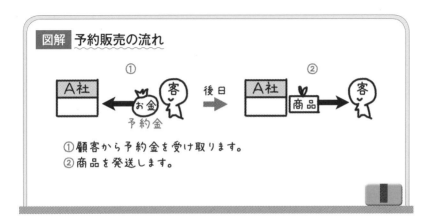

図解 **予約販売の流れ**

① 顧客から予約金を受け取ります。
② 商品を発送します。

III 予約販売の処理

1 予約金を受け取ったとき…p.289 図解 ①

予約販売では、予約金を受け取ったときには、まだ商品を引き渡していません。したがって、予約金を受け取ると、あとで商品を引き渡さなければならない義務が生じます。この義務は**前受金**で処理します。

▼ 例10 ━━━━━━━━━━━━━━━━━━━━━━━━━ 予約金を受け取ったとき

　Ａ音楽株式会社で、クラシック全集（全12巻、@100円）の予約販売を企画したところ、10人から申し込みがあり、予約金12,000円（全12巻、10人分）を現金で受け取った。

例10の仕訳	（現　　　　金）	12,000	（前　受　金）	12,000

2 商品を引き渡したとき…p.289 図解 ②

商品を引き渡したときは、引き渡した分だけ**売上**を計上します。
また、同額の**前受金**を減少させます。

▼ 例11 ━━━━━━━━━━━━━━━━━━━━━━━━━ 商品を引き渡したとき

　Ａ音楽株式会社は、クラシック全集第１巻（@100円）が完成したので、予約者10人に対して発送した。

例11の仕訳	（前　受　金）	1,000	（売　　　上）	1,000*

　　　　　　　　＊　@100円×１巻×10人＝1,000円

5　未着品売買（関連テーマ…CHAPTER 07 **特殊商品売買Ⅱ（委託販売）**）

Ⅰ 未着品売買とは

　遠隔地の取引先から商品を仕入れる場合、**貨物代表証券**を受け取ることがあります。

　貨物代表証券とは、運送会社から発行される貨物（商品）の預り証で、海運会社が発行する**船荷証券**があります。

　この貨物代表証券で表されている商品を**未着品**といい、商品の到着前に貨物代表証券を他者に転売することを**未着品売買**といいます。

Ⅱ 未着品売買の流れ

未着品売買の流れは次のとおりです。

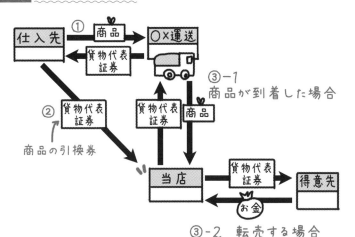

図解 未着品売買の流れ

① 注文を受けた仕入先は、商品の運送を運送会社に依頼し、貨物代表証券（商品の引換券）を受け取ります。
② 当店は仕入先から貨物代表証券を受け取ります。
③-1 商品が到着したら、貨物代表証券と引き換えに商品を受け取ります。
③-2 貨物代表証券は商品の到着前に他者に転売できます。

Ⅲ 未着品売買の処理

1 貨物代表証券を受け取ったとき…p.291 図解②

未着品売買では、貨物代表証券を受け取ったとき、商品を受け取る権利が発生します。この権利は**未着品**で処理します。

▼例12 ━━━━━━━━━━━━━━━ **貨物代表証券を受け取ったとき**

商品1,000円を注文し、貨物代表証券を受け取った。なお、代金は掛けとした。

例12の仕訳	（未　着　品）	1,000	（買　掛　金）	1,000

2 商品が到着したとき…p.291 図解③－1

商品が到着し、貨物代表証券と引き換えで商品を受け取ったときは、**仕入**を計上します。なお、商品の引き取りのさいに発生した引取費用等は**仕入**に含めて処理します。

また、貨物代表証券による商品の引渡請求権がなくなるため、**未着品**を減少させます。

▼例13 ━━━━━━━━━━━━━━━━━ **商品が到着したとき**

かねて受け取っていた貨物代表証券のうち600円について商品が到着したので、貨物代表証券と引き換えで商品を受け取った。なお、そのさいに引取費用10円を現金で支払った。

例13の仕訳	（仕　　　　入）	610	（未　着　品）	600
			（現　　　金）	10

3 貨物代表証券を転売したとき…p.291 図解③－2

　商品の到着前に貨物代表証券を転売したときは、売価で**未着品売上**を計上します。

　なお、転売した貨物代表証券の原価（売上原価）は、**未着品**から仕入に振り替えます。

　この振り替えは売上を計上するつど行う場合（**その都度法**）と、決算時に一括して行う場合（**期末一括法**）があります。

> **ひ と こ と**
>
>
>
> 　その都度法と期末一括法の考え方は、委託販売で学習した内容と同じです。あわせて復習しましょう。

例14 ＝＝＝＝＝＝＝＝＝＝＝＝＝＝ 貨物代表証券を転売したとき

　かねて受け取っていた貨物代表証券のうち400円について得意先に500円で転売し、代金は掛けとした。なお、これにともなう売上原価は仕入勘定に振り替える。

例14の仕訳	（売　掛　金）	500	（未 着 品 売 上）	500
	（仕　　　入）	400	（未　着　品）	400

Ⅰ 受託販売とは

受託販売とは、他社（委託者）の代理店として、他社の商品を販売することをいい、委託販売を受託者の立場からみた取引です。

Ⅱ 受託販売の流れ

受託販売の流れは次のとおりです。

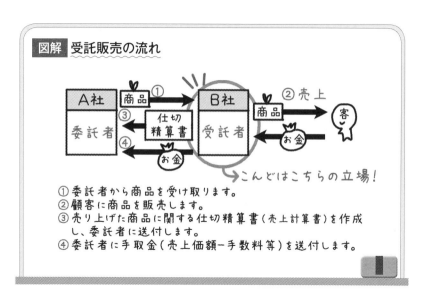

図解 受託販売の流れ

① 委託者から商品を受け取ります。
② 顧客に商品を販売します。
③ 売り上げた商品に関する仕切精算書（売上計算書）を作成し、委託者に送付します。
④ 委託者に手取金（売上価額−手数料等）を送付します。

Ⅲ 受託販売の処理

受託販売では、委託者に対する債権債務はすべて、**受託販売**という勘定科目で処理します。

受託販売

委託者に対する債権	委託者に対する債務
立て替えているお金 =あとで受け取れる	預かっているお金 =あとで支払う

1 商品を受け取ったとき…p.294 図解①

委託者から商品を受け取ったときは、自社が販売する商品を受け取った（仕入れた）わけではないので、仕入等の処理は何もしません。

ただし、引取費用や倉庫料など、委託者が負担すべき費用を立て替えたときは、委託者に対して代金を請求できます（委託者に対する債権が発生します）。そこで、この場合は**受託販売**の借方に記入します。

▼ 例15 ──────────── 商品を受け取ったとき

B社（受託者）は、A社より商品の販売を委託され、商品1,000円を受け取った。そのさい、倉庫料80円を現金で支払った。

例15の仕訳	（受　託　販　売）	80	（現　　　　金）	80

2 商品を販売したとき…p.294 図解②

委託者から受け取った商品は受託者の商品ではないため、これを販売しても**売上**は計上しません。

ただし、商品の販売代金はあとで委託者に渡さなければなりません（委託者に対する債務が発生します）。そこで、商品の販売額は**受託販売**の貸方に記入します。

▼ 例16 ──────────── 商品を販売したとき

B社（受託者）は、A社より販売を委託されていた商品を2,000円で販売し、代金は現金で受け取った。

例16の仕訳	（現　　　　金）	2,000	（受　託　販　売）	2,000

3 仕切精算書を送付したとき…p.294 図解 ③

委託者から受け取った商品を販売すると、委託者から販売手数料を受け取ることができます。そこで、販売手数料を記載した仕切精算書を作成し、これを委託者に送付します。

この時点で、受託者は**受取手数料**を計上します。

なお、この販売手数料はあとで委託者から受け取ることができる（委託者に対する債権が発生する）ため、同額を**受託販売**の借方に記入します。

◤ 例17 ━━━━━━━━━━━━━━ **仕切精算書を送付したとき**

B社（受託者）は、次の仕切精算書を作成し、A社（委託者）に送付するとともに、販売手数料200円を計上した。

仕 切 精 算 書		
総売上高		2,000円
諸 掛 り		
倉 庫 料	80円	
手 数 料	200円	280円
手 取 額		1,720円

例17の仕訳 （受 託 販 売）　　　200　（受 取 手 数 料）　　　200

296

4 委託者に手取額を支払ったとき…p.294 図解④

委託者に手取額を送付すると、委託者に対する債権債務がなくなります。したがって、委託者に手取額を送付したときは、**受託販売**の残高を減少させます（**受託販売**の借方に記入します）。

▼ 例18 ━━━━━━━━━━━━━━━ **委託者に手取額を支払ったとき**

B社（受託者）はA社（委託者）に対し、手取額1,720円を現金で支払った。

| 例18の仕訳 | （受 託 販 売） | 1,720 | （現　　金） | 1,720 |

受 託 販 売

倉庫料の 立替額 80 **例15**	販売額 2,000 **例16**
手数料の 計上額 200 **例17**	
委託者の 手取額 1,720	

ひ と こ と

　委託販売と受託販売は、商品の販売を委託した取引、または商品の販売を受託した取引ですが、これと似たような取引に、委託買付と受託買付があります。

　委託買付と受託買付については**7**、**8**で説明していますので、余裕のある方は確認しておいてください。

ふむふむ…

Ⅰ 委託買付とは

委託買付とは、自社の商品の買付け（購入）を他社に委託することをいいます。

委託買付において、商品の買付けを委託した側を**買付委託者**、商品の買付けを受託した側を**買付受託者**といい、委託買付は買付委託者からみた取引です。

Ⅱ 委託買付の流れ

委託買付の流れは次のとおりです。

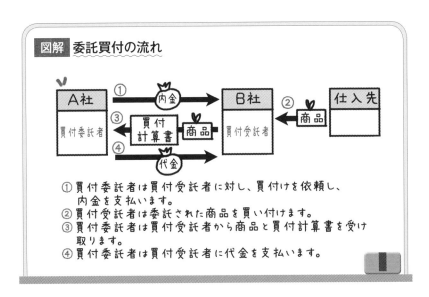

図解 **委託買付の流れ**

① 買付委託者は買付受託者に対し、買付けを依頼し、内金を支払います。
② 買付受託者は委託された商品を買い付けます。
③ 買付委託者は買付受託者から商品と買付計算書を受け取ります。
④ 買付委託者は買付受託者に代金を支払います。

Ⅲ 委託買付の処理

委託買付では、買付受託者に対する債権債務は、**委託買付**という勘定科目で処理します。

1 内金を支払ったとき…p.298 図解①

買付委託者が買付受託者に対し、商品の買付けを依頼し、内金を支払うことによって、あとで商品を受け取る権利（いわゆる前払金）が発生します。そこで、内金を支払ったときは、**委託買付**の借方に記入します。

▶ **例19** ———————————————— 内金を支払ったとき

A社（買付委託者）は、B社（買付受託者）に商品の買付けを委託し、内金500円を現金で支払った。

例19の仕訳 （委 託 買 付） 500 （現 金） 500

2 商品と買付計算書を受け取ったとき…p.298 図解③

買付委託者が商品と買付計算書を受け取ったときは、**仕入**を計上します。

> **ひ と こ と**
>
> このとき、商品の引き取りにかかった費用や買付計算書に記載されている諸掛りは、仕入に要した費用として仕入原価に加算します。

また、さきに内金として支払っていた金額は相殺されてなくなるので、**委託買付**の貸方に記入します。

仕入原価と内金の差額は、あとで支払わなければならない金額なので、その性質は**買掛金**です。したがって、**委託買付**の貸方に記入します。

▼ 例20 ─────────── 商品と買付計算書を受け取ったとき

　A社（買付委託者）は、商品の買付けを委託していたB社（買付受託者）から商品と下記の買付計算書を受け取った。なお、引取費用100円は現金で支払った。

買 付 計 算 書		
買 付 高		3,000円
諸 掛 り		
発送運賃	150円	
手 数 料	300円	450円
内 　 金		500円
請 求 額		2,950円

例20の仕訳　（仕　　　　入）　3,550*¹　（現　　　　金）　　100

　　　　　　　　　　　　　　　　　（委　託　買　付）　3,450*²

＊1　3,000円＋450円＋100円＝3,550円
　　　買付高　諸掛り　引取費用

＊2　①これから支払わなければならない金額（債務の増加）:
　　　　2,950円←請求額
　　　②前払金の減少（債権の減少）: 500円←内金
　　　③①＋②＝3,450円

3 買付受託者に請求額を支払ったとき…p.298 図解④

　買付受託者に代金を支払うと、買付受託者に対する債務がなくなります。したがって、買付受託者に代金を支払ったときは、**委託買付**の残高を減少させます（**委託買付**の借方に記入します）。

▼ **例21** ━━━━━━━━━━━ **買付受託者に請求額を支払ったとき**
　A社（買付委託者）は、B社（買付受託者）に対し、請求額2,950円を現金で支払った。

例21の仕訳	（委　託　買　付）	2,950	（現　　　　金）	2,950

委　託　買　付

内金の支払額 500 **例19**	内金の相殺額 500 **例20**
残高 2,950	請求額 2,950 **例20**

---

8 **受託買付**（関連テーマ…CHAPTER 07 **特殊商品売買Ⅱ**（委託販売））

Ⅰ 受託買付とは

　受託買付とは、他社の商品を、他社に代わって買い付けることをいい、委託買付を買付受託者の立場からみた取引です。

Ⅱ 受託買付の流れ

　受託買付の流れは次のとおりです。

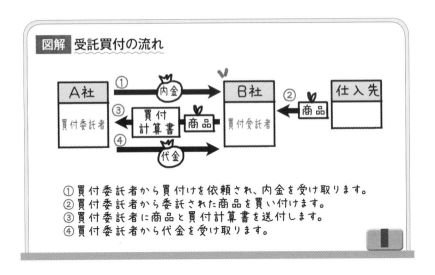

図解 受託買付の流れ

① 買付委託者から買付けを依頼され、内金を受け取ります。
② 買付委託者から委託された商品を買い付けます。
③ 買付委託者に商品と買付計算書を送付します。
④ 買付委託者から代金を受け取ります。

Ⅲ 受託買付の処理

受託買付では、買付委託者に対する債権債務はすべて、**受託買付**という勘定科目で処理します。

受託買付

買付委託者に対する債権	買付委託者に対する債務
あとでお金を受け取れる	あとでお金を支払う

1 内金を受け取ったとき…p.302 図解 ①

買付委託者から商品の買付けを依頼され、内金を受け取ることによって、あとで商品を引き渡す義務（いわゆる前受金）が発生します。そこで、内金を受け取ったときは、**受託買付**の貸方に記入します。

▼ **例22** ────────── **内金を受け取ったとき**

B社（買付受託者）は、A社（買付委託者）から商品の買付けを委託され、内金500円を現金で受け取った。

例22の仕訳 （現　　　　金）　　500　（受 託 買 付）　　500

302

2 商品を買い付けたとき…p.302 図解②

　買付委託者から委託された商品は自社が販売するための商品ではないため、商品を買い付けても**仕入**は計上しません。

　ただし、商品の買付けにかかった金額はあとで買付委託者に請求することができる（買付委託者に対する債権が発生する）ため、商品の買付けにかかった金額を**受託買付**の借方に記入します。

▼ **例23** ━━━━━━━━━━━━━━━━━━━ **商品を買い付けたとき**

　B社（買付受託者）は、商品3,000円を買い付け、代金は現金で支払った。

例23の仕訳	（受　託　買　付）	3,000	（現　　　　金）	3,000

3 商品と買付計算書を送付したとき…p.302 図解③

　買付受託者は委託された商品を買い付けて、買付委託者に送付すると、買付委託者から買付手数料を受け取ることができます。

　買付手数料は買付計算書に記載し、これを商品とともに買付委託者に送付します。この時点で、買付受託者は買付手数料を**受取手数料**として計上します。

　なお、この買付手数料はあとで買付委託者から受け取ることができる（買付委託者に対する債権が発生する）ため、同額を**受託買付**の借方に記入します。

　また、買い付けた商品にかかる費用（発送運賃など）を立て替えたときは、買付委託者に請求することができるので、買付計算書に記載するとともに**受託買付**の借方に記入します。

━━━━━━━━━━━━━ **商品と買付計算書を送付したとき**

B社（買付受託者）は、A社（買付委託者）から買付けを委託されていた商品と下記の買付計算書を送付した。なお、発送運賃150円は現金で支払った。

買 付 計 算 書		
買 付 高		3,000円
諸 掛 り		
発送運賃	150円	
手 数 料	300円	450円
内　　金		500円
請 求 額		2,950円

例24の仕訳	（受 託 買 付）	450	（受 取 手 数 料）	300
			（現　　　　金）	150

4　買付委託者から代金を受け取ったとき…p.302 図解④

　買付委託者から代金を受け取ると、買付委託者に対する債権がなくなります。したがって、買付委託者から代金を受け取ったときは、**受託買付**の残高を減少させます（**受託買付**の貸方に記入します）。

▼例25 ━━━━━━━━━━━━━ **買付委託者から代金を受け取ったとき**

　B社（買付受託者）は、A社（買付委託者）から請求額2,950円を現金で受け取った。

例25の仕訳	（現　　　　金）	2,950	（受 託 買 付）	2,950

受 託 買 付

商品の買付額 3,000 例23	内金の受取額 500 例22
発送運賃 手数料 450 例24	請求額（残高） 2,950

9　クレジット売掛金 （関連テーマ…CHAPTER 12 金銭債権・貸倒引当金）

I　クレジット売掛金とは

クレジット売掛金は、クレジット取引（代金支払いをクレジット・カードなどで行う取引）から生じる売掛金です。通常の売掛金とは区別して、**クレジット売掛金**で処理します。

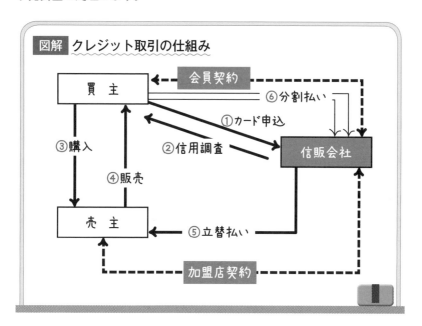

図解　**クレジット取引の仕組み**

買　主

会員契約
⑥分割払い
①カード申込
②信用調査
信販会社

③購入
④販売

売　主

⑤立替払い

加盟店契約

ひとこと

ふむふむ…

　クレジットによる売上の場合、売主と買主との間に信販会社（クレジット会社）が入り、お金のやりとりは売主と信販会社（図の⑤）、買主と信販会社（図の⑥）の間で行われます。そのため、売主は売上代金を信販会社から回収することになり、買主から回収する通常の売掛金とは区別して把握しておく必要があります。このことから、クレジット売掛金という勘定科目を用いて処理をするのです。

Ⅱ クレジット取引の会計処理

1 商品を売り上げたとき

商品を売り上げ、クレジット取引が行われたときは、あとで代金を受け取る権利を**クレジット売掛金**で処理します。

なお、クレジット取引が行われる場合、会社は信販会社に決済手数料を支払います。この決済手数料は**支払手数料**で処理します。

> **ひとこと**
>
> ふむふむ...
>
> 決済手数料を計上するタイミングには、❶商品を売り上げたときと❷決済時がありますが、本書では❶商品を売り上げたときに計上する方法で説明します。

商品を売り上げたときに決済手数料を計上する場合、商品代金から決済手数料を差し引いた金額を**クレジット売掛金**として処理します。

2 代金が入金されたとき

後日、信販会社から商品代金が入金されたときには、**クレジット売掛金**を減少させます。

▼ 例26 ─────────────────── クレジット売掛金

次の一連の取引について仕訳を示しなさい。
(1) 当社は、商品30,000円をクレジット払いの条件で販売した。なお、信販会社へのクレジット手数料（販売代金の1％）を販売時に認識する。
(2) (1)の取引について、信販会社から1％の手数料を差し引いた手取額が当店の当座預金口座に入金された。

例26の仕訳(1)	（クレジット売掛金）	29,700	（売		上）	30,000
	（支 払 手 数 料）	300*				
(2)	（当 座 預 金）	29,700	（クレジット売掛金）			29,700

* 30,000円×1％＝300円

ひとこと

　クレジット売掛金は、信販会社に対する売掛金です。そのため、一般の売掛金と区別すべきとされます。ただし、貸借対照表上の表示においては、一般の売掛金と合算して表示され、明細を別途開示します。試験においては、問題の指示や答案用紙の表記などに従うようにしましょう。

10　電子記録債権（関連テーマ…CHAPTER 12 金銭債権・貸倒引当金）

Ⅰ 電子記録債権とは

　電子記録債権とは、発生または譲渡について、電子記録を要件とする金銭債権のことです。

ひとこと

　取引の安全を確保して事業者の資金調達の円滑化などを図る観点から、従来の指名債権や手形債権とは異なる新しい債権の類型として制度化されたものです。

Ⅱ 売掛金に関連して電子記録債権を発生させ譲渡した場合

　売掛金の回収に電子記録債権を利用した場合、債権者は**売掛金**から**電子記録債権**に振り替えます。一方、債務者は**買掛金**から**電子記録債務**に振り替えます。

▼ 例27 ─ 売掛金に関連して電子記録債権を発生させ譲渡した場合

次の取引について、各社の仕訳を示しなさい。

(1) A社はB社から商品100円を仕入れ、代金を掛けとした。
(2) A社およびB社は取引銀行をとおして電子記録債権の発生記録を行った。
(3) B社はC社に対する買掛金を支払うために、上記の電子記録債権をC社に譲渡し、その譲渡記録を行った。
(4) A社は上記の電子記録債権を現金で決済した。

例27の仕訳　(1)　商品の売買

A社：（仕　　　　　　入）　　　100　（買　掛　金）　　　100

B社：（売　掛　金）　　　100　（売　　　　　上）　　　100

(2)　電子記録債権・債務の発生

A社：（買　掛　金）　　　100　**（電子記録債務）**　　　100

B社：**（電子記録債権）**　　　100　（売　掛　金）　　　100

(3)　電子記録債権の譲渡

A社：　　　　　　　　　　仕　訳　な　し

B社：（買　掛　金）　　　100　**（電子記録債権）**　　　100

C社：**（電子記録債権）**　　　100　（売　掛　金）　　　100

(4)　電子記録債権・債務の決済

A社：**（電子記録債務）**　　　100　（現　　　　金）　　　100

B社：　　　　　　　　　　仕　訳　な　し

C社：（現　　　金）　　　100　**（電子記録債権）**　　　100

ひ と こ と

　本来、電子記録債権を譲渡した場合には、手形の割引・裏書と同様に偶発債務の注記が必要です。また、保証債務の計上も必要になりますが、本問では省略します。

Ⅲ 貸付金に関連して電子記録債権を発生させ譲渡した場合

　貸付金として電子記録債権を利用した場合、債権者、債務者ともに、通常の貸付金・借入金として処理します。

　したがって、貸付金・借入金に対して電子記録債権の発生記録をしても、債権者、債務者ともに**仕訳なし**となります。

> ### ひ と こ と
>
> 　貸付金や借入金等については、現行の企業会計上、証書貸付や手形貸付などについても区分掲記せずに貸付金・借入金などとして表示していることから、これに関連して電子記録債権が発生しても手形債権に準じて取り扱うため、科目の振替えは行いません。

例28 — 貸付金に関連して電子記録債権を発生させ譲渡した場合

次の取引について、各社の仕訳を示しなさい。
(1)　A社はB社に現金200円を貸し付けた。
(2)　A社およびB社は取引銀行をとおして電子記録債権の発生記録を行った。
(3)　A社は上記の電子記録債権を現金で決済した。

例28の仕訳　(1)　金銭の貸借

A社：	(貸　付　金)	200	(現　　　金)	200
B社：	(現　　　金)	200	(借　入　金)	200

(2)　電子記録債権・債務の発生

A社：	仕　訳　な　し
B社：	仕　訳　な　し

(3)　電子記録債権・債務の決済

A社：	(現　　　金)	200	(貸　付　金)	200
B社：	(借　入　金)	200	(現　　　金)	200

Ⅳ 固定資産の購入や有価証券の売買などの取引にもとづいて電子記録債権を発生させた場合

固定資産の購入や有価証券の売買などに電子記録債権を利用した場合には、債権者（営業債権の場合は除く）は、**営業外電子記録債権**で処理し、債務者は**営業外電子記録債務**で処理します。

11 条件付金融資産の譲渡 （関連テーマ…CHAPTER 12 金銭債権・貸倒引当金）

Ⅰ 条件付金融資産の譲渡

金融資産（金銭債権や有価証券など）を譲渡する場合、譲渡人に譲渡する金融資産に関する権利や義務の一部が残ったり、新たな権利や義務が生じることがあります。このような、譲渡後にも譲渡人が譲渡資産や譲受人と一定の関係を有する金融資産の譲渡を**条件付金融資産の譲渡**といいます。

これならわかる!!

　条件付金融資産の譲渡の取扱いは、リスク・経済価値アプローチと財務構成要素アプローチの２つの考え方があります。

① リスク・経済価値アプローチ
　リスク・経済価値アプローチとは、金融資産のリスクと経済価値のほとんどすべてが他に移転した場合に、金融資産の消滅を認識する方法です。

金融資産のリスクと経済価値				
将来の収入	回収サービス業務	買戻権	リコース義務	その他

　さまざまな権利や義務を一体のものとして考えます。
　⇒構成要素ごとには消滅を認識せずに一括して消滅を認識します。

② 財務構成要素アプローチ
　財務構成要素アプローチとは、金融資産を構成する財務的要素に対する支配が他に移転した場合に、移転した財務構成要素の消滅を認識して残存部分の財務構成要素の存続を認識する方法です。

金融資産のリスクと経済価値				
将来の収入	回収サービス業務	買戻権	リコース義務	その他

　構成要素ごとに分解可能と考えます。
　⇒構成要素ごとに消滅を認識します。

　条件付金融資産の譲渡は、財務構成要素アプローチ（構成要素ごとに分解可能）の考え方にもとづいて処理していきます。

ひ と こ と

　上記の２つの考え方は、非常に難しいので、金融資産の権利や義務を一体のものとして考えるか、一つひとつ分解可能と考えるかという点をおさえておけば十分です。

Ⅱ 条件付金融資産の譲渡の会計処理

条件付金融資産の譲渡を行ったときは、譲渡した金融資産の帳簿価額を、譲渡部分と残存部分に時価の比率で按分します。

$$譲渡部分(譲渡原価)=帳簿価額\times\frac{譲渡部分の時価}{譲渡部分の時価+残存部分の時価}$$

$$残\ 存\ 部\ 分=帳簿価額\times\frac{残存部分の時価}{譲渡部分の時価+残存部分の時価}$$

また、譲渡金額から譲渡原価を差し引いた金額を譲渡損益とします。

$$譲渡金額=\frac{譲渡にともなう}{入金額}+\frac{新たな金融}{資産の時価}-\frac{新たな金融}{負債の時価}$$

$$譲渡損益=譲渡金額-譲渡原価$$

▶ 例29 ─────────────── 条件付金融資産の譲渡

当社は、帳簿価額10,000円の貸付金を、A社に7,500円で債権譲渡した。当社は、債権譲渡後も、買戻権を持ち、延滞債権を買戻すリコース義務を負い、譲渡債権の回収代行を行う。この取引は、支配が移転するための条件を満たしている。なお、売却代金は未収入金として処理すること。

区　　分	時　　価
現金収入（譲渡にともなう入金額）	7,500円
回収業務資産（残存部分）	500円
買戻権（新たな資産）	1,000円
リコース義務（新たな負債）	△1,000円
合　　計	8,000円

例29の仕訳
（未　収　入　金）	7,500	（リコース義務）	1,000
（買　戻　権）	1,000	（貸　付　金）	10,000
（回収業務資産）	625		
（貸付金売却損）	1,875		

〈解説〉

　上記の仕訳を分解すると以下のとおりです。

① 譲渡部分

　貸付金のうち譲渡部分の原価を求め、時価で計上した新たに発生した資産・負債との差額を貸付金売却損として計上します。

譲渡金額
（未 収 入 金）　7,500　（リコース義務）　　1,000*1
（買　戻　権）　1,000*1（貸　付　金）　9,375*2
（貸付金売却損）　1,875*3

＊1　時価

＊2　貸付金の譲渡部分（譲渡原価）：$10,000円 \times \dfrac{7,500円}{7,500円 + 500円}$
　　　＝9,375円

＊3　$\underset{譲渡金額}{(7,500円 + 1,000円 - 1,000円)} - 9,375円 = \triangle 1,875円（売却損）$

② 残存部分

　譲渡した貸付金のうち、譲渡後も残る構成要素の原価を求め、科目の振替えを行います。

　（回収業務資産）　　625*（貸　付　金）　　625

　＊　回収業務資産（残存部分）：$10,000円 \times \dfrac{500円}{7,500円 + 500円} = 625円$

（単位：円）

区　分	時　価	対　応	時　価	帳簿価額	譲渡損益
現金収入（譲渡にともなう入金額）	7,500				
買戻権（新たな資産）	1,000	譲渡部分	7,500	9,375	△1,875
リコース義務（新たな負債）	△1,000				
回収業務資産（残存部分）	500	残存部分	500	625	―

〈参考〉

　譲渡した貸付金の構成要素を図にすると次のようになります。

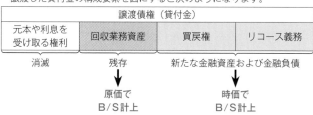

CHAPTER 15　参　考　313

Ⅰ 荷為替手形とは

　遠方にある取引先に商品を売り上げる場合、商品が取引先に到着したあとに代金が支払われるため、代金の回収が遅くなります。

　そこで、代金の回収を早期に行う目的で、売主は運送会社から受け取った貨物代表証券を担保にして、自己受為替手形を振り出し、これを銀行で割り引くことがあります。これを**荷為替の取組み**といい、このとき振り出した手形を**荷為替手形**といいます。

これならわかる!!

　商品の代金は、商品が取引先に到着したあとに支払われます。特に海外の取引先に商品を売り上げる場合には、商品の到着にも時間がかかりますし、代金の支払期日も長く設定されるので、商品の発送から代金の回収まで、長期間を要します。

　このような場合で、早期に代金を回収したいときに、荷為替手形が用いられるのです。

　たとえば、A社（売主）が海外のZ社（買主）に商品を船便で発送したとしましょう。

　A社が商品の発送を運送会社に依頼すると、運送会社から貨物代表証券（船荷証券）が発行されます。

　早く代金を回収したいA社は、自己受為替手形を振り出して、これを銀行で割り引き、現金等を受け取ります。ただし、この時点では、Z社による為替手形の引受けが済んでいないので、A社は担保として貨物代表証券を銀行に渡します。これを荷為替の取組みといいます。なお、荷為替の取組額は通常、商品代金の70〜80%です。

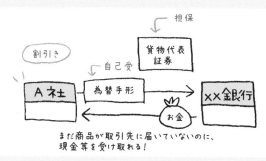

まだ商品が取引先に届いていないのに、
現金等を受け取れる！

　その後、Z社は銀行からA社が振り出した為替手形の引受けを求められるので、これを引き受け、貨物代表証券を受け取ります。

　貨物代表証券を受け取ることによって、Z社は商品の到着後、貨物代表証券と引換えに、商品を受け取ることができます。

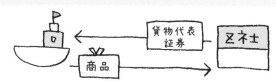

　上記のように、荷為替を取組むことによって、A社は代金（の一部）を商品の到着前に受け取ることができるのです。

Ⅱ 荷為替手形の処理

荷為替手形の売主（＝A社）と買主（＝Z社）の処理は次のとおりです。

1 売主（＝A社）が荷為替手形を取り組んだとき

荷為替手形を取り組んだときは、①自己受為替手形の振出しと②自己受為替手形の割引きを合わせた処理をします。

▼ 例30 ━━━━━━━━━━ 売主が荷為替手形を取り組んだとき

A社は、得意先Z社へ商品1,000円を発送し、その際、取引銀行で額面800円の荷為替を取り組み、割引料40円を差し引かれた残額を当座預金とした。

例30の仕訳	（手 形 売 却 損）	40	（売　　　　　上）	1,000
	（当 座 預 金）	760*1		
	（売　　掛　　金）	200*2		

＊1　800円－40円＝760円
＊2　荷為替手形を取り組まなかった金額は、特に指示がなくても**売掛金**で処理します。
　　1,000円－800円＝200円

〈解説〉
① 自己受為替手形の振出し

	~~（受 取 手 形）~~	~~800~~	（売　　　　上）	1,000
	（売　掛　金）	200		

＋

② 自己受為替手形の割引き

	（手 形 売 却 損）	40	~~（受 取 手 形）~~	~~800~~
	（当 座 預 金）	760		

⬇

③ 荷為替手形の取り組み

	（手 形 売 却 損）	40	（売　　　上）	1,000
	（当 座 預 金）	760		
	（売　掛　金）	200		

2 買主（＝Z社）が荷為替手形を引き受けたとき

荷為替手形を引き受けたときは、通常の為替手形を引き受けたときと同様、**支払手形**で処理します。

また、荷為替手形を引き受けると、貨物代表証券を受け取るので、**未着品**を計上します。

▼ 例31 ─────────── **買主が荷為替手形を引き受けたとき**

Z社は、取引銀行より**例30**の荷為替手形800円の引き受けを求められたので、これを引き受け、貨物代表証券を受け取った。なお、商品1,000円はまだ到着していない。

例31の仕訳	（未 着 品)	1,000	（支 払 手 形)	800
			（買 掛 金)	200*

* 商品代金と荷為替手形の額面との差額は、特に指示がなくても**買掛金**で処理します。
1,000円－800円＝200円

3 買主（＝Z社）が商品を受け取ったとき

貨物代表証券と引き換えに商品を受け取ったときは、**未着品**から**仕入**に振り替えます。

▼ 例32 ─────────── **買主が商品を受け取ったとき**

Z社は、貨物代表証券と引き換えに商品1,000円を受け取った。

例32の仕訳	（仕 入)	1,000	（未 着 品)	1,000

13 有価証券の保有目的の変更 （関連テーマ…CHAPTER 13 有価証券）

I 有価証券の保有目的の変更

　有価証券を取得した当初の保有目的を、取得後に変更することは原則として認められません。これは、保有目的区分を厳密にすることで、経営者による恣意性を排除するためです。ただし、正当な理由がある場合は、保有目的を変更することが認められます。

> **ひとこと**
>
> 　変更が認められる「正当な理由」とは、資産の運用方針の変更、特定の状況が発生した場合や「金融商品実務指針」によって保有目的の変更があったとみなされる場合など、内容が限定されています。本試験では、明確な指示が与えられますので、正当な理由を覚える必要はありません。

II 振替時および振替後の評価

　有価証券の保有目的の変更を行う場合、変更前の保有目的によって処理が異なります。

●保有目的の変更の会計処理

変更前	変更後		振替価額	振替時の評価差額
売買目的有価証券	子会社株式および関連会社株式		振替時の時価	有価証券評価損益
	その他有価証券			
満期保有目的債券	売買目的有価証券		振替時の償却原価または取得原価	—
	その他有価証券			
子会社株式および関連会社株式	売買目的有価証券		帳簿価額	—
	その他有価証券			
その他有価証券	売買目的有価証券		振替時の時価	投資有価証券評価損益
	子会社株式および関連会社株式	全部	帳簿価額	—
		部分	益→帳簿価額 損→前期末時価	

◆変更時の評価額は、変更「前」の保有目的区分に従う。

◆変更後の処理は、変更「後」の保有目的区分に従う。

◆その他有価証券から子会社株式・関連会社株式への変更は例外的な処理をする。

ひ と こ と

たとえば、売買目的有価証券であれば、通常決算時には時価評価します。そのため、保有目的の変更時も、いったん時価評価をしたうえで、他の保有目的の有価証券へ振り替えます。

なお、満期保有目的債券は、取得した当初から満期まで保有する意図をもっていなければならないため、途中から満期保有目的債券に変更することはできません。

例33 ―――― 売買目的有価証券からその他有価証券への振替え

当社が保有する売買目的有価証券5,000円（帳簿価額）をその他有価証券へ保有目的を変更した。なお、振替時の時価は4,000円であった。

例33の仕訳	（その他有価証券）	4,000*	（売買目的有価証券）	5,000
	（有価証券評価損益）	1,000		

〈解説〉

* 振替時の時価で振り替えます。

　　そして、前期末の時価との評価差額は有価証券評価損益として処理します。仕訳を分解すると以下のようになります。

① 時価評価

	（有価証券評価損益）	1,000	（売買目的有価証券）	1,000

② 保有目的の変更

	（その他有価証券）	4,000	（売買目的有価証券）	4,000

ひとこと

　その他有価証券に変更したあとの決算整理仕訳は、いつもどおり、その他有価証券の時価評価の処理を行います。

　たとえば、決算時の時価は3,000円、時価評価は全部純資産直入法（実効税率は40%）の場合は次のようになります。

ふむふむ...

（繰 延 税 金 資 産）	400	（その他有価証券）	1,000
（その他有価証券評価差額金）	600		

▮ 例34 ━━━━ 満期保有目的債券から売買目的有価証券への振替え

　当社が保有する満期保有目的債券5,000円（償却原価）を売買目的有価証券へ保有目的を変更した。なお、振替時の時価は4,000円であった。

例34の仕訳	（売買目的有価証券）	5,000*	（満期保有目的債券）	5,000

　　　　* 振替時の償却原価で振り替えます。

▮ 例35 ━━━━━━ 子会社株式から売買目的有価証券への振替え

　当社が保有する子会社株式5,000円（帳簿価額）を売買目的有価証券へ保有目的を変更した。なお、振替時の時価は4,000円であった。

例35の仕訳	（売買目的有価証券）	5,000*	（子 会 社 株 式）	5,000

　　　　* 振替時の帳簿価額で振り替えます。

ひ と こ と

　子会社株式から他の保有目的に変更する場合とは、保有株式を売却したことにより株式を保有している会社が子会社ではなくなったケースが該当します。この場合、保有目的の変更の処理の前に株式の売却の処理を行います。

▼ 例36 ──────── その他有価証券から他の保有目的への振替え

　次の取引について各問における仕訳を示しなさい。

　当社が保有するその他有価証券5,000円（帳簿価額＝取得原価）の保有目的を変更した。なお、前期末の時価は4,500円、振替時の時価は4,000円であった。また、その他有価証券の評価方法は、部分純資産直入法である。

問1　売買目的有価証券に変更した場合
問2　子会社株式に変更した場合
問3　子会社株式に変更した場合で前期末の時価が5,500円であった場合

例36の仕訳　問1

（売買目的有価証券）	4,000[*1]	（その他有価証券）	5,000
（投資有価証券評価損益）	1,000		

問2

（子会社株式）	4,500[*2]	（その他有価証券）	5,000
（投資有価証券評価損益）	500		

問3

（子会社株式）	5,000[*3]	（その他有価証券）	5,000

　＊1　振替時の時価で振り替えます。なお、評価差額は評価方法にかかわらず損益を計上します。
　＊2　部分純資産直入法を採用し、かつ前期末が評価差損なので前期末の時価で振り替えます。
　＊3　前期末が評価差益なので帳簿価額で振り替えます。

ふむふむ…

ひ と こ と

　その他有価証券から関係会社株式に振り替える場合、企業結合の会計基準との整合性から例外処理が行われます。

14 売買目的有価証券の総記法 （関連テーマ…CHAPTER 13 有価証券）

Ⅰ 取得時、売却時の処理

1 取得時

売買目的有価証券を総記法で記帳している場合、売買目的有価証券を取得したときには、原価で売買目的有価証券勘定の借方に記入します。

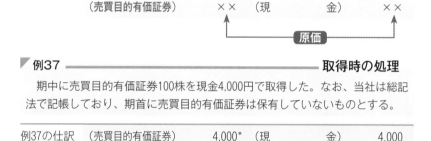

（売買目的有価証券）　　×× （現　　　　金）　　××
　　　　　　　　　　　　　　　　　　　　　　原価

▼ 例37 ——————————————————— 取得時の処理

期中に売買目的有価証券100株を現金4,000円で取得した。なお、当社は総記法で記帳しており、期首に売買目的有価証券は保有していないものとする。

| 例37の仕訳 | （売買目的有価証券） | 4,000* | （現　　　　金） | 4,000 |

* 取得原価

2 売却時

売買目的有価証券を売却したときには、売価で売買目的有価証券勘定の貸方に記入します。

（現　　　　金）　　×× （売買目的有価証券）　　××
　　　　　　　　　　　　　　　　　　　　　売価

322

例38 ——————————————————— 売却時の処理

次の取引について各問における仕訳を示しなさい。なお、当社は総記法で記帳しており、期首に売買目的有価証券は保有していないものとする。

期中に取得した売買目的有価証券100株（取得原価4,000円）のうち50株を売却した。

問1　現金6,000円で売却した場合

問2　現金1,000円で売却した場合

例38の仕訳　問1

（現　　　金）	6,000	（売買目的有価証券）	6,000*

問2

（現　　　金）	1,000	（売買目的有価証券）	1,000*

＊　売却価額

ひとこと

売却時の貸方に記入する売買目的有価証券の金額は売価なので売却損益は売却時には計上しません。

II 決算時の処理

決算時には、有価証券運用損益を計算し、売買目的有価証券から有価証券運用損益に振り替えます。

なお、有価証券運用損益の計算にあたっては、期末に保有する有価証券の原価にもとづいて、売却損益を計算した後、時価に評価替えするために評価損益を計算します。

ひとこと

解答上、売却損益と評価損益を区別する必要がない場合には、期末に保有する有価証券の時価にもとづいて売却損益と評価損益をまとめて運用損益として計算することができます。

次の取引について各問における決算整理仕訳を示しなさい。なお、当社は総記法で記帳しており、期首に売買目的有価証券は保有していないものとする。また、売却損益と評価損益を区別する必要はない。

当社は、期中に売買目的有価証券100株（取得原価4,000円）を取得し、うち50株を売却した。なお、期末に保有する売買目的有価証券は50株であり、時価は2,500円である。

問1　期中に6,000円で売却した場合

問2　期中に1,000円で売却した場合

例39の仕訳　問1

（売買目的有価証券）	4,500	（有価証券運用損益）	4,500*1

問2

（有価証券運用損益）	500*2	（売買目的有価証券）	500

＊1　売買目的有価証券の残高：借方4,000円－貸方6,000円
　　　　　　　　　　　　　　＝貸方残高2,000円
　　　運用損益：期末時価2,500円＋貸方残高2,000円＝4,500円（運用益）

売買目的有価証券

当期取得（原価）	当期売却（売価）
運用損益	}貸方残高2,000円
4,500円	}期末時価2,500円

有価証券運用損益

	運用損益
	4,500円

＊2　売買目的有価証券の残高：借方4,000円－貸方1,000円
　　　　　　　　　　　　　　＝借方残高3,000円
　　　運用損益：期末時価2,500円－借方残高3,000円＝△500円（運用損）

売買目的有価証券

当期取得（原価）	当期売却（売価）
	運用損益　500円
借方残高3,000円	期末時価2,500円

有価証券運用損益

運用損益　500円

ひとこと

　売却損益と評価損益を区別する場合、問1は売却損益が貸方4,000円（＝売却価額6,000円－帳簿価額2,000円）、評価損益が貸方500円（＝期末時価2,500円－帳簿価額2,000円）、問2は売却損益が借方1,000円（＝売却価額1,000円－帳簿価額2,000円）、評価損益が貸方500円（＝期末時価2,500円－帳簿価額2,000円）となります。それぞれを合算すると、上記の有価証券運用損益と同額になります。

I オプション取引

オプションとは、特定の商品（原資産）をあらかじめ決めた期日（権利行使期日）に、あらかじめ決めた価格（権利行使価格）で売買する権利のことです。

この権利を売買する取引を**オプション取引**といいます。

> **ひとこと**
>
> 特定の商品そのものを売買する取引ではなく、「買う権利」や「売る権利」を売買する取引がオプション取引です。

図解 オプション取引とは

たとえば、株式オプションの買う権利を購入する場合

① 特定の商品を　➡　A社株式を
② あらかじめ決めた期日に　➡　X3年7月26日に
③ あらかじめ決めた価格で　➡　10,000円で
④ 売買する権利を　➡　買う権利を
⑤ 売買する取引　➡　1,000円で買う取引

> **ひとこと**
>
> 将来の売買について、現時点で取引価格を決めるという点で、オプション取引は先物取引と似ています。しかし、先物取引が「特定の商品そのもの」に関する取引なのに対して、オプション取引は、売買の「権利」に関する取引である点で異なります。

Ⅱ オプション取引の種類

オプション取引のうち、買う権利を**コール・オプション**といい、売る権利を**プット・オプション**といいます。

図解 **オプション取引の種類**

オプション取引は、コール・オプションとプット・オプションのそれぞれに買い手と売り手がいるので、次の4つに区分されます。

● コール・オプション
→ 買い手：買う権利を持つ側
→ 売り手：売る義務を負う側

● プット・オプション
→ 買い手：売る権利を持つ側
→ 売り手：買う義務を負う側

ひ と こ と

本書では、コール・オプションの買い手側の処理を学習していきます。

Ⅲ オプション取引の特徴

オプション取引では、買い手は権利を購入する際、売手にオプション料を支払います。なお、オプションは売買するための権利なので、購入しても、必ず権利を行使しなければならないわけではありません。権利行使すると不利になる場合は、オプション料だけ負担し、権利を放棄することができます。

これならわかる!!

たとえば、A社株式を×3年7月26日に10,000円で買える権利（コール・オプション）を、オプション料1,000円を支払って購入した場合を考えます。

① ×3年7月26日のA社株式の時価が13,000円である場合

買い手はオプションを行使すると、13,000円の株を10,000円で購入でき、買い手は3,000円得します。

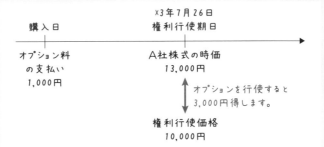

なお、最初にオプション料1,000円を支払っているので、純粋なもうけは2,000円となります。

② ×3年7月26日のA社株式の時価が7,000円である場合

買い手はオプションを行使すると、市場から購入すれば7,000円で買える株に10,000円支払うことになり、3,000円損します。

わざわざ、損する状況で権利を行使する必要はありません。そこで、買い手は権利を放棄します。

この場合、買い手は支払ったオプション料1,000円のみ負担します。

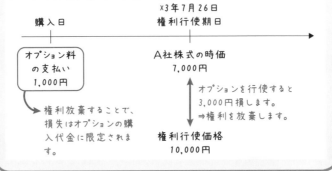

Ⅳ オプションの会計処理（買い手側）

1 購入時（契約時）

オプション料を支払った際には、**オプション資産**として処理します。

例40 ——————————————————— 購入時

当社（決算日は3月31日）は、×1年2月1日に甲社株式に関する以下のオプション取引（株式オプションの購入）を行った。

> 種　　　　類：コール・オプション
> オプション料：500円（現金払い）
> 権利行使期日：5月31日
> 権利行使価格：6,000円

例40の仕訳	（オプション資産）	500	（現 金）	500

ひ と こ と

先物取引やスワップ取引と異なり、オプション料の支払いがあるため、契約時にデリバティブに関する資産の計上を行います。

2 決算時

オプションは、期末に時価評価し、評価差額を**オプション損益**として処理します。

　×1年3月31日（決算日）において、決算日のオプションの時価は600円であった。

| 例41の仕訳 | （オプション資産） | 100 | （オプション損益） | 100* |

＊　時価600円－帳簿価額500円＝100円

3 翌期首

決算時に計上した評価差額は翌期首において振り戻します。

　×1年4月1日（期首）において、評価差額を振り戻した。

| 例42の仕訳 | （オプション損益） | 100 | （オプション資産） | 100 |

4 権利行使期日（権利を行使した場合）

　買い手が権利行使した場合、反対売買により決済し、差額部分のみ受払いを行います。また、**オプション資産**については、権利行使によりなくなるため減らし、受払い額との差額を**オプション損益**で処理します。

　×1年5月31日（権利行使期日）における甲社株式の時価は9,000円であったため、オプションの権利を行使した。なお、反対売買による差金決済を行い、現金を受け取った。

| 例43の仕訳 | （現　　　　金） | 3,000*1 | （オプション資産） | 500*2 |
| | | | （オプション損益） | 2,500*3 |

＊1　時価9,000円－権利行使価格6,000円＝3,000円
＊2　オプションの帳簿価額
＊3　貸借差額

権利行使期日の甲社株式の時価は9,000円なので、市場で甲社株式を購入するには、9,000円を支払う必要があります。しかし、オプションの権利を行使すれば6,000円で購入することができます。したがって、今回の例題のケースでは、オプションの権利を行使します。

5 権利行使期日（権利を放棄した場合）

買い手が権利を放棄した場合、**オプション資産**を減らすとともに、相手勘定は**オプション損益**として処理します。

例44 ——————— 権利行使期日（権利を放棄した場合）

×1年5月31日（権利行使期日）における甲社株式の時価は4,000円であったため、オプションの権利を放棄した。

例44の仕訳	（オプション損益）	500	（オプション資産）	500*

＊ オプションの帳簿価額

権利行使期日の甲社株式の時価は4,000円なので、市場から甲社株式を購入すれば、4,000円の支払いで済みます。しかし、オプションの権利を行使すると、6,000円を支払う必要があり、市場から購入するより割高になります。したがって、今回の例題のケースでは、オプションの権利を放棄します。

索 引

これで全部のモヤモヤが
解消したー♪

● イラスト：matsu（マツモト ナオコ）

みんなが欲しかったシリーズ

みんなが欲しかった！
簿記の教科書　日商1級　商業簿記・会計学1
損益会計・資産会計編　第9版

2012年12月10日　初　版　第1刷発行
2021年11月24日　第9版　第1刷発行
2024年8月30日　　　　　第5刷発行

監　　修	滝　澤　な　な　み	
著　　者	TAC出版 開発グループ	
発　行　者	多　田　敏　男	
発　行　所	TAC株式会社　出版事業部	
	（TAC出版）	

〒101-8383
東京都千代田区神田三崎町3-2-18
電話 03 (5276) 9492 (営業)
FAX 03 (5276) 9674
https://shuppan.tac-school.co.jp

組　　版	有限会社　マーリンクレイン	
印　　刷	株式会社　ワ　コ　ー	
製　　本	東京美術紙工協業組合	

© TAC 2021　　　Printed in Japan　　　ISBN 978-4-8132-9909-7
N.D.C. 336

簿記検定講座のご案内

選べる学習メディアでご自身に合うスタイルでご受講ください!

通学講座　3級コース　3・2級コース　2級コース　1級コース　1級上級コース

教室講座　通って学ぶ

定期的な日程で通学する学習スタイル。常に講師と接することができるという教室講座の最大のメリットがありますので、疑問点はその日のうちに解決できます。また、勉強仲間との情報交換も積極的に行えるのが特徴です。

ビデオブース講座　通って学ぶ　予約制

ご自身のスケジュールに合わせて、TACのビデオブースで学習するスタイル。日程を自由に設定できるため、忙しい社会人に人気の講座です。

直前期教室出席制度
直前期以降、教室受講に振り替えることができます。

| 無料体験入学 | ご自身の目で、耳で体験し納得してご入学いただくために、無料体験入学をご用意しました。 |
| 無料講座説明会 | もっとTACのことを知りたいという方は、無料講座説明会にご参加ください。 |

無料
予約不要※

※ビデオブース講座の無料体験入学は要予約。
無料講座説明会は一部校舎では要予約。

通信講座　3級コース　3・2級コース　2級コース　1級コース　1級上級コース

Web通信講座　スマホやタブレットにも対応　見て学ぶ

教室講座の生講義をブロードバンドを利用し動画で配信します。ご自身のペースに合わせて、24時間いつでも何度でも繰り返し受講することができます。また、講義動画はダウンロードして2週間視聴可能です。有効期間内は何度でもダウンロード可能です。

※Web通信講座の配信期間は、お申込コースの目標月の翌月末までです。

TAC WEB SCHOOL ホームページ
URL https://portal.tac-school.co.jp/
※お申込み前に、左記のサイトにて必ず動作環境をご確認ください。

DVD通信講座　見て学ぶ

講義を収録したデジタル映像をご自宅にお届けします。講義の臨場感をクリアな画像でご自宅にて再現することができます。

※DVD-Rメディア対応のDVDプレーヤーでのみ受講が可能です。パソコンやゲーム機での動作保証はいたしておりません。

資料通信講座（1級のみ）

テキスト・添削問題を中心として学習します。

Webでも無料配信中！　スマホ・タブレット　パソコン

「TAC動画チャンネル」

- **講座説明会**　※収録内容の変更のため、配信されない期間が生じる場合がございます。
- **1回目の講義（前半分）が視聴できます**

詳しくは、TACホームページ「TAC動画チャンネル」をクリック！

TAC動画チャンネル　簿記　**検索**

コースの詳細は、簿記検定講座パンフレット・TACホームページをご覧ください。

パンフレットのご請求・お問い合わせは、TACカスタマーセンターまで

通話無料 0120-509-117　ゴウカク イイナ

受付時間　月～金 9:30～19:00　土・日・祝 9:30～18:00
※携帯電話からもご利用になれます。

TAC簿記検定講座ホームページ
TAC 簿記　**検索**

簿記検定講座

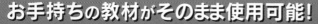

お手持ちの教材がそのまま使用可能!
【テキストなしコース】のご案内

TAC簿記検定講座のカリキュラムは市販の教材を使用しておりますので、こちらのテキストを使ってそのまま受講することができます。独学では分かりにくかった論点や本試験対策も、TAC講師の詳しい解説で理解度も120％UP！本試験合格に必要なアウトプット力が身につきます。独学との差を体感してください。

左記の各メディアが【テキストなしコース】でお得に受講可能!

こんな人にオススメ!

● テキストにした書き込みをそのまま活かしたい！
● これ以上テキストを増やしたくない！
● とにかく受講料を安く抑えたい！

※お申込前に必ずお手持ちのバージョンをご確認ください。場合によっては最新のものに買い直していただくことがございます。詳細はお問い合わせください。

お手持ちの教材をフル活用!!

合格テキスト

合格トレーニング

会計業界への就職・転職支援サービス

TACの100%出資子会社であるTACプロフェッションバンク（TPB）は、会計・税務分野に特化した転職エージェントです。勉強された知識とご希望に合ったお仕事を一緒に探しませんか？ 相談だけでも大歓迎です！ どうぞお気軽にご利用ください。

人材コンサルタントが無料でサポート

Step1 相談受付
完全予約制です。HPからご登録いただくか、各オフィスまでお電話ください。

Step2 面談
ご経験やご希望をお聞かせください。あなたの将来について一緒に考えましょう。

Step3 情報提供
ご希望に違うお仕事があれば、その場でご紹介します。強制はいたしませんのでご安心ください。

正社員で働く

- 安定した収入を得たい
- キャリアプランについて相談したい
- 面接日程や入社時期などの調整をしてほしい
- 今就職すべきか、勉強を優先すべきか迷っている
- 職場の雰囲気など、求人票でわからない情報がほしい

TACキャリアエージェント

https://tacnavi.com/

派遣で働く（関東のみ）

- 勉強を優先して働きたい
- 将来のために実務経験を積んでおきたい
- まずは色々な職場や職種を経験したい
- 家庭との両立を第一に考えたい
- 就業環境を確認してから正社員で働きたい

TACの経理・会計派遣

https://tacnavi.com/haken/

※ご経験やご希望内容によってはご支援が難しい場合がございます。予めご了承ください。　※面談時間は原則お一人様30分とさせていただきます。

自分のペースでじっくりチョイス

アルバイト・正社員で働く

- 自分の好きなタイミングで就職活動をしたい
- どんな求人案件があるのか見たい
- 企業からのスカウトを待ちたい
- WEB上で応募管理をしたい

Webで

TACキャリアナビ

https://tacnavi.com/kyujin/

就職・転職・派遣就労の強制は一切いたしません。会計業界への就職・転職を希望される方への無料支援サービスです。どうぞお気軽にお問い合わせください。

TACプロフェッションバンク

- 有料職業紹介事業 許可番号13-ユ-010678
- 一般労働者派遣事業 許可番号（派）13-010932
- 特定募集情報等提供事業 届出受理番号51-募-000541

東京オフィス
〒101-0051
東京都千代田区神田神保町 1-103 東京パークタワー 2F
TEL.03-3518-6775

大阪オフィス
〒530-0013
大阪府大阪市北区茶屋町 6-20 吉田茶屋町ビル 5F
TEL.06-6371-5851

名古屋 登録会場
〒453-0014
愛知県名古屋市中村区則武 1-1-7 NEWNO 名古屋駅西 8F
TEL.0120-757-655

10860572

TAC出版 書籍のご案内

TAC出版では、資格の学校TAC各講座の定評ある執筆陣による資格試験の参考書をはじめ、資格取得者の開業法や仕事術、実務書、ビジネス書、一般書などを発行しています!

TAC出版の書籍
*一部書籍は、早稲田経営出版のブランドにて刊行しております。

資格・検定試験の受験対策書籍

- ✪日商簿記検定
- ✪建設業経理士
- ✪全経簿記上級
- ✪税　理　士
- ✪公認会計士
- ✪社会保険労務士
- ✪中小企業診断士
- ✪証券アナリスト

- ✪ファイナンシャルプランナー(FP)
- ✪証券外務員
- ✪貸金業務取扱主任者
- ✪不動産鑑定士
- ✪宅地建物取引士
- ✪賃貸不動産経営管理士
- ✪マンション管理士
- ✪管理業務主任者

- ✪司法書士
- ✪行政書士
- ✪司法試験
- ✪弁理士
- ✪公務員試験(大卒程度・高卒者)
- ✪情報処理試験
- ✪介護福祉士
- ✪ケアマネジャー
- ✪電験三種　ほか

実務書・ビジネス書

- ✪会計実務、税法、税務、経理
- ✪総務、労務、人事
- ✪ビジネススキル、マナー、就職、自己啓発
- ✪資格取得者の開業法、仕事術、営業術

一般書・エンタメ書

- ✪ファッション
- ✪エッセイ、レシピ
- ✪スポーツ
- ✪旅行ガイド (おとな旅プレミアム/旅コン)

TAC出版

(2024年2月現在)

書籍のご購入は

1 全国の書店、大学生協、ネット書店で

2 TAC各校の書籍コーナーで

資格の学校TACの校舎は全国に展開!
校舎のご確認はホームページにて

資格の学校TAC ホームページ
https://www.tac-school.co.jp

3 TAC出版書籍販売サイトで

CYBER TAC出版書籍販売サイト
BOOK STORE

24時間
ご注文
受付中

TAC 出版 で 検索

https://bookstore.tac-school.co.jp/

新刊情報を
いち早くチェック!

たっぷり読める
立ち読み機能

学習お役立ちの
特設ページも充実!

TAC出版書籍販売サイト「サイバーブックストア」では、TAC出版および早稲田経営出版から刊行されている、すべての最新書籍をお取り扱いしています。

また、会員登録(無料)をしていただくことで、会員様限定キャンペーンのほか、送料無料サービス、メールマガジン配信サービス、マイページのご利用など、うれしい特典がたくさん受けられます。

サイバーブックストア会員は、特典がいっぱい!(一部抜粋)

通常、1万円(税込)未満のご注文につきましては、送料・手数料として500円(全国一律・税込)頂戴しておりますが、1冊から無料となります。

専用の「マイページ」は、「購入履歴・配送状況の確認」のほか、「ほしいものリスト」や「マイフォルダ」など、便利な機能が満載です。

メールマガジンでは、キャンペーンやおすすめ書籍、新刊情報のほか、「電子ブック版TACNEWS(ダイジェスト版)」をお届けします。

書籍の発売を、販売開始当日にメールにてお知らせします。これなら買い忘れの心配もありません。

日商簿記検定試験対策書籍のご案内

TAC出版の日商簿記検定試験対策書籍は、学習の各段階に対応していますので、あなたのステップに応じて、合格に向けてご活用ください!

3タイプのインプット教材

①

> 簿記を専門的な知識にしていきたい方向け

満点合格を目指し
次の級への土台を築く

「合格テキスト」

「合格トレーニング」

- 大判のB5判、3級～1級累計300万部超の、信頼の定番テキスト&トレーニング! TACの教室でも使用している公式テキストです。3級のみオールカラー。
- 出題論点はすべて網羅しているので、簿記をきちんと学んでいきたい方にぴったりです!
- ◆3級 □2級 商簿、2級 工簿 ■1級 商・会 各3点、1級 工・原 各3点

②

> スタンダードにメリハリつけて学びたい方向け

教室講義のような
わかりやすさでしっかり学べる

「簿記の教科書」

「簿記の問題集」

滝澤 ななみ 著

- A5判、4色オールカラーのテキスト(2級・3級のみ)&模擬試験つき問題集!
- 豊富な図解と実例つきのわかりやすい説明で、もうモヤモヤしない!!
- ◆3級 □2級 商簿、2級 工簿 ■1級 商・会 各3点、1級 工・原 各3点

③

> 気軽に始めて、早く全体像をつかみたい方向け

初学者でも楽しく続けられる!

「スッキリわかる」

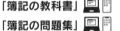
テキスト／問題集一体型

滝澤 ななみ 著（1級は商・会のみ）

- 小型のA5判(4色オールカラー)によるテキスト／問題集一体型。これ一冊でOKの、圧倒的に人気の教材です。
- 豊富なイラストとわかりやすいレイアウト!かわいいキャラの「ゴエモン」と一緒に楽しく学べます。

◆3級 □2級 商簿、2級 工簿
■1級 商・会 4点、1級 工・原 4点

「スッキリうかる本試験予想問題集」

滝澤 ななみ 監修　TAC出版開発グループ 編著

- 本試験タイプの予想問題9回分を掲載
- ◆3級 □2級

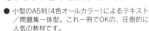

TAC出版

コンセプト問題集

得点力をつける!
『みんなが欲しかった! やさしすぎる解き方の本』

B5判　滝澤ななみ 著

● 授業で解き方を教わっているような 新感覚問題集。再受験にも有効。
◆3級　□2級

本試験対策問題集

本試験タイプの問題集
『合格するための本試験問題集』 📱

（1級は過去問題集）

B5判

● 12回分（1級は14回分）の問題を収載。ていねいな「解答への道」、各問対策が充実
● 年2回刊行。
◆3級　□2級　■1級

知識のヌケをなくす!
『まるっと完全予想問題集』 📱

（1級は網羅型完全予想問題集）

A4判

● オリジナル予想問題(3級10回分、2級12回分、1級8回分)で本試験の重要出題パターンを網羅。
● 実力養成にも直前の本試験対策にも有効。
◆3級　□2級　■1級

直前予想

『〇年度試験をあてる
TAC予想模試
＋解き方テキスト
〇～〇月試験対応』 📱

（1級は第〇回試験をあてるTAC直前予想模試）

A4判

● TAC講師陣による4回分の予想問題で最終仕上げ。
● 2級・3級は、第1部解き方テキスト編、第2部予想模試編の2部構成。
● 年3回(1級は年2回)、各試験に向けて発行します。
◆3級　□2級　■1級

あなたに合った合格メソッドをもう一冊!

仕訳 『究極の仕訳集』 📱

B6変型判

● 悩む仕訳をスッキリ整理。ハンディサイズ、一問一答式で基本の仕訳を一気に覚える。
◆3級　□2級

仕訳 『究極の計算と仕訳集』

B6変型判　境 浩一朗 著

● 1級商会で覚えるべき計算と仕訳がすべてつまった1冊!
■1級 商・会

理論 『究極の会計学理論集』

B6変型判

● 会計学の理論問題を論点別に整理、手軽なサイズが便利です。
■1級 商・会,全経上級

電卓 『カンタン電卓操作術』

A5変型判　TAC電卓研究会 編

● 実践的な電卓の操作方法について、丁寧に説明します!

📱 : ネット試験の演習ができる模擬試験プログラムつき(2級・3級)

📱 : スマホで使える仕訳Webアプリつき(2級・3級)

・2024年2月現在　・刊行内容、表紙等は変更することがあります　・とくに記述がある商品以外は、TAC簿記検定講座編です

書籍の正誤に関するご確認とお問合せについて

書籍の記載内容に誤りではないかと思われる箇所がございましたら、以下の手順にてご確認とお問合せをしてくださいますよう、お願い申し上げます。

なお、正誤のお問合せ以外の**書籍内容に関する解説および受験指導などは、一切行っておりません。**
そのようなお問合せにつきましては、お答えいたしかねますので、あらかじめご了承ください。

1 「Cyber Book Store」にて正誤表を確認する

TAC出版書籍販売サイト「Cyber Book Store」の
トップページ内「正誤表」コーナーにて、正誤表をご確認ください。

CYBER TAC出版書籍販売サイト
BOOK STORE

URL:https://bookstore.tac-school.co.jp/

2 **1**の正誤表がない、あるいは正誤表に該当箇所の記載がない
⇒ 下記①、②のどちらかの方法で文書にて問合せをする

★ご注意ください★

お電話でのお問合せは、お受けいたしません。

①、②のどちらの方法でも、お問合せの際には、「お名前」とともに、
「対象の書籍名（○級・第○回対策も含む）およびその版数（第○版・○○年度版など）」
「お問合せ該当箇所の頁数と行数」
「誤りと思われる記載」
「正しいとお考えになる記載とその根拠」
を明記してください。

なお、回答までに１週間前後を要する場合もございます。あらかじめご了承ください。

① ウェブページ「Cyber Book Store」内の「お問合せフォーム」より問合せをする

【お問合せフォームアドレス】

https://bookstore.tac-school.co.jp/inquiry/

② メールにより問合せをする

【メール宛先　TAC出版】

syuppan-h@tac-school.co.jp

※土日祝日はお問合せ対応をおこなっておりません。
※正誤のお問合せ対応は、該当書籍の改訂版刊行月末日までといたします。

乱丁・落丁による交換は、該当書籍の改訂版刊行月末日までといたします。なお、書籍の在庫状況等により、お受けできない場合もございます。
また、各種本試験の実施の延期、中止を理由とした本書の返品はお受けいたしません。返金もいたしかねますので、あらかじめご了承くださいますようお願い申し上げます。

（2022年7月現在）

簿記の教科書
日商1級 商業簿記・会計学 1

別　冊

○RIRON ～理論～
○基本問題答案用紙

　この冊子には、重要な理論を集めた「RIRON ～理論～」と、基本問題（ 答案用紙あり の問題）の答案用紙がとじこまれています。

〈別冊ご利用時の注意〉

別冊は、この色紙を残したままていねいに抜き取り、ご利用ください。
また、抜き取る際の損傷についてのお取替えはご遠慮願います。

別冊の使い方

Step ❶ この色紙を残したまま、ていねいに抜き取ってください。色紙は、本体からとれませんので、ご注意ください。

Step ❷ 抜き取った用紙を針金のついているページでしっかりと開き、工具を使用して、針金を外してください。針金で負傷しないよう、お気をつけください。

Step ❸ アイテムごとに分けて、お使いください。

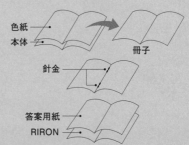

RIRON
〜理論〜

本試験へ向けて最低限覚えておくべき重要な
理論を厳選しました。
試験直前の復習に活用してください。

理論問題「重要論点○×カード」はスマホ学習に対応しています。
スマホ学習用PDFはTAC出版書籍販売サイト「サイバーブックス
トア」からダウンロードしてください。

● CHAPTER01 会計学の基礎知識

「企業会計原則」に掲げる一般原則は、
真実性の原則、正規の簿記の原則、資本取
引・損益取引区分の原則、重要性の原則、
継続性の原則、保守主義の原則、単一性の
原則の７つである。

×
　重要性の原則ではなく、明瞭性の原則で
ある。
　「一般原則一〜七」

重要論点○×カード

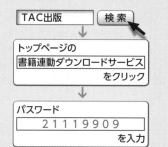

■ダウンロードページへのアクセス方法

TAC出版　[検索]

↓

トップページの
書籍連動ダウンロードサービス
をクリック

↓

パスワード
21119909
を入力

※ダウンロードページのアクセスに
は上記のパスワードが必要です。

財務会計と管理会計

財務会計	企業外部の利害関係者(株主や債権者など)に対して、情報を提供する。
管理会計	企業内部の管理者に対して、情報を提供する。

会計公準

①企業実体の公準	会計の対象を「企業」とし、会計の対象範囲を明確にする。
②継続企業の公準	企業は永久に活動することを前提とし、一定の会計期間を定めて計算を行う。
③貨幣的評価の公準	会計はすべて貨幣という統一的な単位で測定する。

企業会計原則の一般原則

①真実性の原則	真実な報告をしなければならない。 すべての企業会計の前提となる最高規範。 ここでいう「真実」とは絶対的な真実ではなく、相対的な真実を意味する。
②正規の簿記の原則	まず正確な会計帳簿を作成し、その帳簿をもとに財務諸表を作成する。
③資本取引・損益取引区分の原則	資本取引と損益取引を明瞭に区別する。 特に資本剰余金と利益剰余金とを混同してはならない。
④明瞭性の原則	明瞭でわかりやすい表示をすること。 具体的に以下が含まれる。 重要な会計方針の注記：会計方針*1のうち重要なものは財務諸表に注記しなければならない。 ＊1　会計方針：企業が採用している会計処理の原則および手続き 重要な後発事象の注記：後発事象*2のうち重要なものは財務諸表に注記しなければならない。 ＊2　後発事象：決算日以後財務諸表作成日前に生じた事象であって、次期以降の財政状態または経営成績に影響を与えるもの

⑤継続性の原則	いったん採用した会計処理の原則および手続きはむやみに変更してはならない。 正当な理由がある場合にかぎり会計方針の変更が容認されている。
⑥保守主義の原則	慎重な会計処理（収益は小さく・遅く、費用は大きく・早く計上）を求める。 過度の保守主義は、真実性の原則に反するため認められない。
⑦単一性の原則	目的により複数の形式の財務諸表を作ることがあっても、もととなる会計帳簿は単一のものでなければならない。

損益計算書

CHAPTER 01,02

利益計算	収益を集計し、それに費やした費用を対応させて利益を計算する（費用収益対応の原則）。
費用計上	経済的価値の減少にもとづいて費用を認識する（発生主義）。
収益・費用の測定	収益および費用の計上金額の決定の基礎を現金収支にもとづいて行う（収支額基準）。 収支額基準では、現在のみならず、過去や未来の収支も含まれる。
表示	収益から費用を差し引いて経常利益を表示し、これに特別損益に属する項目を加減して当期純利益を表示する。 原則として収益および費用を総額によって表示する（総額主義）。

貸借対照表

CHAPTER 01,10

資産	原則として資産を取得原価にもとづいて測定する（取得原価主義）。 計上した資産額を、資産を使用した期間に費用として配分する（費用配分の原則）。
表示	すべての資産・負債・純資産（資本）をもれなく記載しなければならないが、正規の簿記の原則にもとづいて、重要性の低い資産や負債を計上しないことは認められている。 資産、負債および純資産（資本）を総額によって記載することを原則とする（総額主義）。 資産の部を流動資産、固定資産および繰延資産に、負債の部を流動負債および固定負債に区分する。

分類	まず正常営業循環基準*1が適用され、さらに一年基準*2を適用する。 ＊1　正常営業循環基準：企業の主たる営業サイクル内にあるものを流動項目とする基準。 ＊2　一年基準：決算日の翌日から1年以内に入金または支払期限が到来するものは流動項目とし、入金または支払期限の到来が1年を超えるものは固定項目とする基準。
配列	原則として、流動性配列法*3によって表示する。 ＊3　流動性配列法：資産、負債の配列を流動項目→固定項目の順序で配列する方法。

決算日における工事進捗度　　　　　　　　　　CHAPTER 04

$$工事進捗度 = \frac{決算日までに発生した工事原価}{見積工事原価総額}$$

工事収益の計算　　　　　　　　　　　　　　　CHAPTER 04

$$当期の工事収益 = 当期までの工事収益 - 過年度の工事収益$$

$$当期までの工事収益 = 工事収益総額 \times 工事進捗度$$

◆工事収益総額を変更した場合

$$当期の工事収益 = 変更後工事収益総額 \times 工事進捗度 - 過年度の工事収益$$

◆工事原価総額を変更した場合

$$当期の工事収益 = 工事収益総額 \times 変更後工事進捗度 - 過年度の工事収益$$

$$工事進捗度 = \frac{決算日までに発生した工事原価}{変更後見積工事原価総額}$$

総記法　商品売買益の求め方

期末商品残高	算　定　方　法
貸方残高	期末商品棚卸高＋商品勘定貸方残高
借方残高	期末商品棚卸高－商品勘定借方残高

期末棚卸資産の評価額

期末棚卸資産の評価額＝数量×単価

・数量計算の方法には継続記録法と棚卸計算法がある。

・払出単価の計算方法には、個別法、先入先出法、平均原価法、売価還元法がある。

・最終仕入原価法は会計基準では認められていない。

棚卸資産に該当するもの

・商品、製品

・仕掛品、半製品、建設業の未成工事支出金

・原材料、工場消耗品

・トレーディング目的で保有する資産

・事務用消耗品、荷造用品

棚卸資産に関する表示区分

棚卸資産	B/S流動資産
原価性のある棚卸減耗損	P/L売上原価の内訳科目、または販売費及び一般管理費
原価性のない棚卸減耗損	P/L営業外費用、または特別損失
商品評価損	原則、P/L売上原価の内訳項目 ただし、臨時的かつ多額に生じたときは特別損失

売価還元法：商品グループごとに期末商品の売価合計に原価率を掛けて期末商品原価を計算する方法

◆売価還元原価法の原価率

$$原価率＝\frac{期首商品原価＋当期仕入原価}{期首商品売価＋当期仕入原価＋原始値入額＋値上額^{*1}－値下額^{*2}}$$

◆売価還元低価法の原価率

$$原価率＝\frac{期首商品原価＋当期仕入原価}{期首商品売価＋当期仕入原価＋原始値入額＋値上額^{*1}}$$

＊1　値上取消額がある場合には、値上取消額を差し引いた純値上額
＊2　値下取消額がある場合には、値下取消額を差し引いた純値下額

会計上の変更・誤謬の訂正　　　　　　　　　　　　　　　CHAPTER 09

会計上の変更	会計方針の変更、表示方法の変更および会計上の見積りの変更のこと
誤謬	原因となる行為が意図的であるか否かにかかわらず、財務諸表作成時に入手可能な情報を使用しなかったことによる、またはこれを誤用したことによる誤りのこと
会計方針の変更	正当な理由により、従来採用していた一般に公正妥当と認められた会計方針からほかの一般に公正妥当と認められた会計方針に変更すること
表示方法の変更	従来採用していた一般に公正妥当と認められた表示方法からほかの一般に公正妥当と認められた表示方法に変更すること
会計上の見積りの変更	新たに入手可能となった情報にもとづいて、過去に財務諸表を作成する際に行った会計上の見積りを変更すること

会計上の変更と誤謬の訂正の処理方法 CHAPTER 09

<table>
<tr><th></th><th></th><th>遡及処理</th><th>処理の名称</th><th>定義</th></tr>
<tr><td rowspan="3">会計上の変更</td><td>会計上の見積りの変更</td><td>しない</td><td>—</td><td>—</td></tr>
<tr><td>会計方針の変更</td><td rowspan="3">する</td><td>遡及適用</td><td>新たな会計方針を過去の財務諸表に遡って適用していたかのように会計処理すること</td></tr>
<tr><td>表示方法の変更</td><td>財務諸表の組替え</td><td>新たな表示方法を過去の財務諸表に遡って適用していたかのように表示を変更すること</td></tr>
<tr><td></td><td>過去の誤謬の訂正</td><td>修正再表示</td><td>過去の財務諸表における誤謬の訂正を財務諸表に反映すること</td></tr>
</table>

金銭債権の貸借対照表価額 CHAPTER 12

- 取得価額から貸倒引当金を控除した金額
- 取得価額と債権金額の差額が金利調整差額と認められる場合は、償却原価から貸倒引当金を控除した金額

償却原価法 CHAPTER 12

債権金額と取得価額の差額（金利調整差額）を償還日に至るまで、毎期一定の方法で債権の貸借対照表価額に加減する方法。原則は、利息法であるが、継続適用を条件として定額法を採用することもできる。

貸倒見積高の算定方法 CHAPTER 12

<table>
<tr><th></th><th>算定方法</th><th>算定式</th></tr>
<tr><td>一般債権</td><td>貸倒実績率法</td><td>債権全体または同種・同類の債権の期末残高×過去の貸倒実績率</td></tr>
<tr><td rowspan="2">貸倒懸念債権</td><td>財務内容評価法</td><td>（債権金額－担保処分・保証回収見込額）×貸倒設定率</td></tr>
<tr><td>キャッシュ・フロー見積法</td><td>債権金額－将来キャッシュ・フローの割引現在価値</td></tr>
<tr><td>破産更生債権等</td><td>財務内容評価法</td><td>債権金額－担保処分・保証回収見込額</td></tr>
</table>

	貸借対照表価額	評価差額の処理		
売買目的有価証券	時価	営業外収益または営業外費用の区分に相殺して純額で表示「有価証券評価損益」		切放方式または洗替方式
満期保有目的債券	取得原価または償却原価（金利調整差額がある場合）	—		—
子会社株式・関連会社株式	取得原価	—		—
その他有価証券	時価	全部純資産直入法	純資産の部「その他有価証券評価差額金」	洗替方式
		部分純資産直入法	評価差益…純資産の部「その他有価証券評価差額金」評価差損…営業外費用「投資有価証券評価損」	
市場価格のない株式等	取得原価	—		—

対象	要件	処理	
売買目的有価証券以外の時価のある有価証券（強制評価減）	時価が著しく下落かつ回復する見込みがないまたは不明	時価を貸借対照表価額とし、評価差額を当期の損失として計上	切放法
市場価格のない株式等（実価法）	発行会社の財政状態が著しく悪化	実質価額まで帳簿価額を切り下げる	切放法

保有目的による分類		B/Sの表示科目	B/S上の表示区分
売買目的有価証券		有価証券	流動資産
満期保有目的債券	満期まで1年超	投資有価証券	固定資産 （投資その他の資産）
	満期まで1年以内	有価証券	流動資産
子会社株式 関連会社株式		関係会社株式	固定資産 （投資その他の資産）
その他有価証券	満期まで1年超	投資有価証券	固定資産 （投資その他の資産）
	満期まで1年以内	有価証券	流動資産

有価証券の認識基準　　　　　　　　　　　　　　　　　　CHAPTER 13

約定日基準（原則）	売買約定日（契約締結日）に、買手は有価証券の発生を認識し、売手は有価証券の消滅を認識する基準
修正受渡日基準（例外）	保有目的ごとに、買手は約定日から受渡日までの時価の変動のみを認識し、売手は売却損益のみを約定日に認識する基準

デリバティブ取引により生じる正味の債権および債務　　CHAPTER 14

◨貸借対照表価額：時価
◨評価差額の処理：原則として、当期の損益として処理する。

ヘッジ会計　　　　　　　　　　　　　　　　　　　　　　CHAPTER 14

ヘッジ会計	ヘッジ取引のうち一定の要件を満たすものについて、ヘッジ対象にかかる損益とヘッジ手段にかかる損益を同一の会計期間に認識し、ヘッジの効果を会計に反映させるための特殊な処理
繰延ヘッジ（原則）	時価評価されているヘッジ手段にかかる損益または評価差額を、ヘッジ対象にかかる損益が認識されるまで、純資産の部において繰延ヘッジ損益として繰り延べる方法
時価ヘッジ（容認）	ヘッジ対象である資産または負債にかかる相場変動などを損益に反映させることにより、その損益とヘッジ手段にかかる損益とを同一の会計期間に認識する方法

「企業会計原則」に掲げる一般原則は、真実性の原則、正規の簿記の原則、資本取引・損益取引区分の原則、重要性の原則、継続性の原則、保守主義の原則、単一性の原則の7つである。

×

重要性の原則ではなく、明瞭性の原則である。

「一般原則一～七」

真実性の原則における真実は、相対的な真実ではなく、絶対的な真実といわれる。

×

絶対的な真実ではなく、相対的な真実といわれる。

「一般原則一」

重要性の乏しいものについては、本来の厳密な会計処理によらないで他の簡便な方法によることも、正規の簿記の原則に従った処理として認められる。

○

「企業会計原則注解【注1】」

新株発行費は、新株発行による資本剰余金があるときには、これと相殺することができる。

×

新株発行費と資本剰余金を相殺することは、利益剰余金と資本剰余金を混同することになり、認められない。

「一般原則三」「企業会計原則注解【注2】」

代替的な会計基準が認められていない場合には、会計方針の注記を省略することができる。

○

「企業会計原則注解【注1-2】」

後発事象とは、貸借対照表日後に発生した事象で、当期の財政状態および経営成績に影響を及ぼすものをいう。

×

次期以後の財政状態および経営成績に影響を及ぼすものをいう。
「企業会計原則注解【注1-3】」

貸借対照日後に発生した主要な取引先の倒産は、重要な後発事象であり、財務諸表に注記しなければならない。

○

「企業会計原則注解【注1-3】」

いったん採用した会計処理の原則または手続きは、正当な理由により変更を行う場合を除き、財務諸表を作成する各時期を通じて継続して適用しなければならない。

○

「一般原則五」「企業会計原則注解【注3】」

企業の財政に不利な影響を及ぼす可能性がある場合には、保守主義の原則が真実性の原則に優先する。

×

真実性の原則は企業会計の前提となる最高規範であり、過度に保守的な会計処理を行うことにより、真実な報告をゆがめてはならない。

「一般原則六」「企業会計原則注解【注4】」

すべての費用および収益は、その支出および収入にもとづいて計上し、その発生した期間に正しく割り当てられるように処理しなければならない。

○

「損益計算書原則一A」

未払費用は、一定の契約に従い、継続して役務の提供を受ける場合、すでに提供された役務に対していまだその対価の支払いが終らないものをいう。このような役務に対する対価は、発生主義により当期の費用に計上しなければならない。

○

「企業会計原則注解【注5】」

前受収益は、一定の契約に従い、一時的な役務の提供を行う場合、いまだ提供していない役務に対し支払いを受けた対価をいう。このような役務に対する対価は、役務を提供することによって、次期以降の収益となるものであるから、これを当期の損益計算書から除去するとともに、貸借対照表の負債の部に計上しなければならない。

×

前受収益は、継続して役務の提供を行う場合に計上されるものであり、一時的な役務の提供の場合には、前受金として計上される。

「企業会計原則注解【注5】」

簿記の教科書
日商１級　商業簿記・会計学　１
基本問題　答案用紙

答案用紙はダウンロードでもご利用いただけます。
TAC出版書籍サイト・サイバーブックストアにアクセスしてください。
https://bookstore.tac-school.co.jp/

問2　工事進行基準と原価回収基準

(1)　各年度の工事利益

	×1年度	×2年度	×3年度
(A)工事進行基準	千円	千円	千円
(B)原価回収基準	千円	千円	千円

(2)　×2年度末の貸借対照表項目

	工事未収入金	未成工事受入金	未成工事支出金
(A)工事進行基準	千円	千円	千円
(B)原価回収基準	千円	千円	千円

記入すべき金額がない場合には、——（線）を入れること。

問3　工事進行基準（見積りの変更）

	第1期	第2期	第3期
工事収益	円	円	円
工事原価	円	円	円
工事利益	円	円	円

問1　原価率の算定

設問1

仕入割引：
（　　　　　　　）　　　　　　（　　　　　　　）

設問2

損 益 計 算 書　　　　　　　（単位：円）

Ⅰ　売　　上　　高		（　　　　　　　）
Ⅱ　売　上　原　価			
1．期首商品棚卸高	（　　　　　）		
2．当期商品仕入高	（　　　　　）		
合　　　計	（　　　　　）		
3．期末商品棚卸高	（　　　　　）		
差　　　引	（　　　　　）		
4．（　　　　　）	（　　　　　）		
5．（　　　　　）	（　　　　　）	（　　　　　）	
売 上 総 利 益		（　　　　　）	
Ⅲ　販売費及び一般管理費			
1．販売費及び一般管理費	（　　　　　）	（　　　　　）	
営 業 利 益		（　　　　　）	
Ⅳ　営 業 外 収 益			
1．（　　　　　）		（　　　　　）	
経 常 利 益		（　　　　　）	

問2　総記法

損 益 計 算 書　　　（単位：円）

Ⅰ　売　　上　　高　　　　　　　　　　　　　（　　　　　　　）

Ⅱ　売　上　原　価

　1．期首商品棚卸高　　　　（　　　　　　　）

　2．当期商品仕入高　　　　（　　　　　　　）

　　　　合　　　計　　　　　（　　　　　　　）

　3．期末商品棚卸高　　　　（　　　　　　　）　（　　　　　　　）

　　　売 上 総 利 益　　　　　　　　　　　　　（　　　　　　　）

貸 借 対 照 表　　　（単位：円）

商　　　　　品（　　　　　　）

4

問3 期末商品の評価

損 益 計 算 書　　　　　　　　（単位：円）

	①	②
I 売 上 高	（　　　）	（　　　）
II 売 上 原 価		
1．期首商品棚卸高	（　　　）	（　　　）
2．当期商品仕入高	（　　　）	（　　　）
合　　　計	（　　　）	（　　　）
3．期末商品棚卸高	（　　　）	（　　　）
差　　　引	（　　　）	（　　　）
4．（　　　　　　）	（　　　）（　　　）	（　　　）（　　　）
売 上 総 利 益	（　　　）	（　　　）
III 販売費及び一般管理費		
1．（　　　　　　）	（　　　）	（　　　）
営 業 利 益	（　　　）	（　　　）
IV 営 業 外 収 益	（以下は①と同じ）	
1．（　　　　　　）	（　　　）	
経 常 利 益	（　　　）	

問1　割賦販売①

(1) ＿＿＿＿＿＿＿＿＿＿＿＿＿＿ 円

(2) ＿＿＿＿＿＿＿＿＿＿＿＿＿＿ 円

問1　委託販売（その都度法）

損　益　計　算　書　　　　　　（単位：円）

Ⅰ　売　　上　　高
　1．一 般 売 上 高　　　（　　　　　　）
　2．積 送 品 売 上 高　　（　　　　　　）　（　　　　　　　　）
Ⅱ　売　　上　原　価
　1．期首商品棚卸高　　　（　　　　　　）
　2．当期商品仕入高　　　（　　　　　　）
　　　合　　　　　計　　　（　　　　　　）
　3．期末商品棚卸高　　　（　　　　　　）　（　　　　　　　　）
　　　売　上　総　利　益　　　　　　　　　（　　　　　　　　）

貸　借　対　照　表　　　　　　（単位：円）

商　　　　　品（　　　　　）

7

問2　委託販売（期末一括法）

損 益 計 算 書　　　　　　（単位：円）

Ⅰ 売 上 高

　1．一 般 売 上 高　　　　　（　　　　　　　）

　2．積 送 品 売 上 高　　　　（　　　　　　　）　（　　　　　　　　）

Ⅱ 売 上 原 価

　1．期首商品棚卸高　　　　　（　　　　　　　）

　2．当期商品仕入高　　　　　（　　　　　　　）

　　　　合　　　計　　　　　（　　　　　　　）

　3．期末商品棚卸高　　　　　（　　　　　　　）　（　　　　　　　　）

　　　売 上 総 利 益　　　　　　　　　　　　　（　　　　　　　　）

貸 借 対 照 表　　　　　　（単位：円）

商　　　　　品（　　　　）

8

問3　委託販売（積送諸掛の会計処理）

(1)　仕訳

1．（　　　　　　　　）　　　　（　　　　　　　　）
2．（　　　　　　　　）　　　　（　　　　　　　　）
　　（　　　　　　　　）　　　　（　　　　　　　　）
3．（　　　　　　　　）　　　　（　　　　　　　　）
　　（　　　　　　　　）
4．（　　　　　　　　）　　　　（　　　　　　　　）
　　（　　　　　　　　）　　　　（　　　　　　　　）
　　（　　　　　　　　）　　　　（　　　　　　　　）

(2)　決算整理後残高試算表

決算整理後残高試算表　　　　（単位：円）

売　　掛　　金	（　　　）	積 送 品 売 上	（　　　　）
積　　送　　品	（　　　）		
繰 延 積 送 諸 掛	（　　　）		
仕　　　　入	（　　　）		
積　送　諸　掛	（　　　）		

問1　試用販売（対照勘定法）

損　益　計　算　書 （単位：円）

Ⅰ　売　上　高
　1．一般売上高　　　（　　　　　）
　2．試用品売上高　　（　　　　　）　（　　　　　）
Ⅱ　売　上　原　価
　1．期首商品棚卸高　（　　　　　）
　2．当期商品仕入高　（　　　　　）
　　　　合　　　計　　（　　　　　）
　3．期末商品棚卸高　（　　　　　）　（　　　　　）
　　　売　上　総　利　益　　　　　　　（　　　　　）

問1　現金預金①

貸 借 対 照 表

×4年12月31日　　　　　　　　（単位：円）

流動資産			流動負債		
現 金 預 金	(	)	買 掛 金	(	)
受 取 手 形	(	)	未 払 金	(	)
固定資産					
(	)	(	)		

勘 定 科 目	金　　　　額
	円

問2　現金預金②

貸 借 対 照 表

×4年3月31日　　　　　　　　（単位：円）

流動資産			流動負債		
現 金	(	)	支 払 手 形	(	)
当 座 預 金	(	)	買 掛 金	(	)
受 取 手 形	(	)	未 払 金	(	)
(	)	(	)		
固定資産					
(	)	(	)		

勘 定 科 目	金　　　　額
	円

問1　時間価値

(1)　方程式

_____

(2)　償却原価 _____ 円

問3　貸倒引当金①

(1) _____ 円　(2) _____ 円　(3) _____ 円

問4　貸倒引当金②

(1)　損益計算書および貸借対照表

損　益　計　算　書

自×1年4月1日　至×2年3月31日　　（単位：円）

Ⅲ　販売費及び一般管理費

（　　　　　　　　）　　　　　　　（　　　　　　　）

Ⅳ　営業外収益

（　　　　　　　　）　　　　　　　（　　　　　　　）

（　　　　　　　　）　　　　　　　（　　　　　　　）

Ⅴ　営業外費用

（　　　　　　　　）　　　　　　　（　　　　　　　）

貸　借　対　照　表

×2年3月31日　　（単位：円）

Ⅰ　流動資産

売　掛　金（　　　　　　）

短期貸付金（　　　　　　）

貸倒引当金（△　　　　　）

Ⅱ　固定資産

︙

3．投資その他の資産

長期貸付金（　　　　　　）

貸倒引当金（△　　　　　）

(2)　翌期の仕訳

（　　　　　　　）　（　　　　　　　）

問7　手形の裏書き・割引き

貸　借　対　照　表

×4年3月31日　　　　　　　　　　　　　（単位：円）

I　流動資産		I　流動負債	
受 取 手 形	100,000	保 証 債 務	（　　　　　）
不 渡 手 形	（　　　　）		

損　益　計　算　書

自×3年4月1日　至×4年3月31日　　　　　　（単位：円）

⋮

IV　営業外収益
　　保証債務取崩益　　　　　　　　　　　（　　　　　）
V　営業外費用
　　手 形 売 却 損　　　　　　　　　　　（　　　　　）
　　保 証 債 務 費 用　　　　　　　　　　（　　　　　）

損　益　計　算　書

自×2年4月1日　至×3年3月31日　　　（単位：円）

⋮

Ⅳ　営業外収益

（　　　　　　　　　　　）　　　　　　　（　　　　　　　　　）

（　　　　　　　　　　　）　　　　　　　（　　　　　　　　　）

⋮

Ⅴ　営業外費用

（　　　　　　　　　　　）　　　　　　　（　　　　　　　　　）

⋮

Ⅶ　特別損失

（　　　　　　　　　　　）　　　　　　　（　　　　　　　　　）

（　　　　　　　　　　　）　　　　　　　（　　　　　　　　　）

⋮

貸　借　対　照　表

×3年3月31日　　　　（単位：円）

Ⅰ　流動資産

⋮

　有　価　証　券　（　　　　　　）

⋮

Ⅱ　固定資産

⋮

　3．投資その他の資産

　　投資有価証券　（　　　　　　）

　　関係会社株式　（　　　　　　）

純資産の部

⋮

Ⅱ　評価・換算差額等

1．その他有価証券評価差額金　（　　　　　　　）

問3　ヘッジ会計

1. 全部純資産直入法、繰延ヘッジ

損 益 計 算 書

自×2年4月1日　至×3年3月31日　　　　（単位：円）

$\vdots$

Ⅳ　営業外収益

（　　　　　　　　　）　　　　　　　　　　（　　　　　　　）

$\vdots$

Ⅴ　営業外費用

（　　　　　　　　　）　　　　　　　　　　（　　　　　　　）

$\vdots$

貸 借 対 照 表

×3年3月31日　　　　　　（単位：円）

Ⅰ　流 動 資 産		
有 価 証 券（　　　　）	$\vdots$	
先 物 取 引 差 金（　　　　）		
先物取引差入証拠金（　　　　）	Ⅱ　評価・換算差額等	
	1．その他有価証券評価差額金（　　　　）	
	2．繰延ヘッジ損益（　　　　）	

２．全部純資産直入法、時価ヘッジ

損 益 計 算 書
自×2年４月１日　至×3年３月31日　　　　（単位：円）

⋮

Ⅳ　営業外収益

（　　　　　　　　）　　　　　　　　　　　　　　（　　　　　　　）

⋮

Ⅴ　営業外費用

（　　　　　　　　）　　　　　　　　　　　　　　（　　　　　　　）

⋮

貸 借 対 照 表
×3年３月31日　　　　　　（単位：円）

Ⅰ　流　動　資　産		
有　価　証　券（　　　　）	⋮	
先 物 取 引 差 金（　　　　）		
先物取引差入証拠金 （　　　　）	Ⅱ　評価・換算差額等	
	１．その他有価証券評価差額金 （　　　　）	
	２．繰延ヘッジ損益（　　　　）	

16

● CHAPTER01 会計学の基礎知識

貸借対照表において資産、負債および純資産（資本）は、総額によって記載することを原則とするが、損益計算書においては、有価証券評価損益などは純額で表示されるから、総額主義の適用はない。

×

例外的に純額で表示される項目はあるが、原則として損益計算書においても総額主義の原則が適用される。
「損益計算書原則一B」
「貸借対照表原則一B」

● CHAPTER01 会計学の基礎知識

正規の簿記の原則に従って処理された場合に生じた簿外資産および簿外負債は、貸借対照表の記載外におくことができる。

○

「貸借対照表原則一」

● CHAPTER01 会計学の基礎知識

貸借対照表に記載する資産の価額は、原則として、当該資産の取得原価を基礎として計上し、資産の種類に応じた費用配分の原則によって、各事業年度に配分しなければならない。

○

「貸借対照表原則五」

● CHAPTER02 損益計算書の基礎

損益計算書とは、一時点において発生した収益と費用を集計して、その企業の経営成績を利害関係者に報告するための書類をいう。

×

損益計算書は、一会計期間に属するすべての収益とこれに対応するすべての費用を集計するものであり、一時点の収益・費用を集計するものではない。
「損益計算書原則一」

収益認識基準における、基本となる原則は、約束した財又はサービスの顧客への移転を当該財又はサービスと交換に企業が権利を得ると見込む対価の額で描写するように、収益を認識することである。

○

「収益認識に関する会計基準16」

「取引価格」とは、財又はサービスの顧客への移転と交換に企業が権利を得ると見込む対価の額（ただし、顧客財との契約から生じた債権を除く。）をいう。

○

「収益認識に関する会計基準8」

「契約資産」とは、企業が顧客に移転した財（商品）又はサービスと交換に受け取る対価に対する企業の権利のことであり、具体例として売掛金などがある。

×

契約資産には、顧客との契約から生じた契約（売掛金など）は含まれない。
「収益認識に関する会計基準10」

顧客との取引に重要な金融要素が含まれる場合、取引価格の算定に当たっては、約束した対価の額に含まれる金利相当分の影響を必ず調整する。

×

約束した財（商品）またはサービスを顧客に移転する時点と顧客が支払いを行う時点の間が1年以内であると見込まれる場合、重要な金融要素の影響について、約束した対価の額を調整しないことができる。
「収益認識に関する会計基準58」

● CHAPTER03 収益の認識基準

企業は約束した財又はサービスを顧客に移転することにより履行義務を充足したときに又は充足するにつれて収益を認識する。

○

「収益認識に関する会計基準35」

● CHAPTER03 収益の認識基準

一定の期間にわたり充足される履行義務の収益の認識に関して、進捗度を合理的に見積れない場合は、原則として履行義務を充足した時点で収益を認識する。

×

進捗度を合理的に見積ることができない場合でも、履行義務の充足時に発生費用の回収が見込まれる場合は、回収が見込まれる費用の金額で履行義務の充足時に収益を認識する（原価回収基準）。
「収益認識に関する会計基準45」

● CHAPTER05 一般商品売買

仕入戻し高は仕入価額から控除されるが、仕入割引は営業外費用となる。

×

仕入割引は営業外収益となる。
「財務諸表等規則第79条、第90条」

● CHAPTER05 一般商品売買

総記法とは、商品を仕入れたときに原価で商品勘定の借方に記入し、商品を販売したときには販売分の利益の額を貸方に記入する方法をいう。

×

総記法では商品を販売したときに売価で商品勘定の貸方に記入する。

商品、製品、半製品、原材料、仕掛品等の棚卸資産は、流動資産に属するものとする。

○

「貸借対照表原則四（一）A」

「棚卸資産の評価に関する会計基準」によると、棚卸資産の評価方法として、個別法、先入先出法、平均原価法、売価還元法、最終仕入原価法が認められている。

×

最終仕入原価法は認められていない。
「棚卸資産の評価に関する会計基準6-2」

正味売却価額が取得原価より低下したが、その下落が翌事業年度末までに回復すると認められる場合には、評価損を計上しないこともできる。

×

回復の見込みにかかわらず、評価損を計上しなければならない。
「棚卸資産の評価に関する会計基準7」

売価還元法は、商品グループごとに期末商品の売価合計に原価率を掛けて期末商品原価を計算する方法である。

○

「棚卸資産の評価に関する会計基準6-2(4)」

売価還元低価法は、値下額等が売価合計額に適切に反映されている場合に適用を認められ、値上額および値上取消額を除外した売価還元法の原価率を用いる。

×

値下額および値下取消額を除外した売価還元法の原価率を用いる。

「棚卸資産の評価に関する会計基準13」

棚卸資産の収益性の低下による簿価切下額は売上原価とするが、棚卸資産の製造に関連し不可避的に発生すると認められるときには製造原価として処理する。また、臨時の事象に起因し、または、多額であるときには、特別損失に計上する。

×

臨時の事象に起因し、か・つ・、多額であるときには、特別損失に計上する。

「棚卸資産の評価に関する会計基準17」

棚卸減耗費が原価性を有しないものと認められる場合には、営業外費用または特別損失として表示し、原価性を有するものと認められる場合には、製造原価、売上原価の内訳科目または販売費として表示しなければならない。

○

「企業会計原則注解【注10】(3)」

会計上の変更とは、会計方針の変更、表示方法の変更、会計上の見積りの変更および過去の財務諸表における誤謬の訂正をいう。

×

過去の財務諸表における誤謬の訂正は、会計上の変更には該当しない。

「会計方針の開示、会計上の変更及び誤謬の訂正に関する会計基準4(4)」

正当な理由により会計方針を変更する場合、新たな会計方針を過去の期間の財務諸表に適用するが、これを修正再表示という。

×

新たな会計方針を過去の期間に適用することを遡及適用という。

「会計方針の開示、会計上の変更及び誤謬の訂正に関する会計基準4(9)」

財務諸表の表示方法を変更した場合には、原則として表示する過去の財務諸表について、新たな表示方法に従い財務諸表の組替えを行う。

○

「会計方針の開示、会計上の変更及び誤謬の訂正に関する会計基準14」

会計上の見積りを変更した場合には、新たな見積りを過去の期間に遡及適用する。

×

会計上の見積りを変更した場合には、当該変更が変更期間のみに影響する場合には、当該変更期間に会計処理を行い、当該変更が将来の期間にも影響する場合には、将来にわたり会計処理を行う。「会計方針の開示、会計上の変更及び誤謬の訂正に関する会計基準17」

「誤謬」とは、原因となる行為が意図的であるか否かにかかわらず、財務諸表作成時に入手可能な情報を使用しなかったことによる、またはこれを誤用したことによる、誤りをいう。

○

「会計方針の開示、会計上の変更及び誤謬の訂正に関する会計基準4(8)」

● CHAPTER09 会計上の変更・誤謬の訂正

過去の財務諸表における誤謬が発見された場合には、表示する過去の財務諸表を修正再表示する。

○

「会計方針の開示、会計上の変更及び誤謬の訂正に関する会計基準21」

● CHAPTER10 貸借対照表の基礎

受取手形、売掛金等の債権が流動資産に分類されるのは一年基準によるものである。

×

受取手形、売掛金等の企業の主目的たる営業取引により発生した債権は、正常営業循環基準にもとづき流動資産に計上される。
「貸借対照表原則四」
「企業会計原則注解【注16】」

● CHAPTER10 貸借対照表の基礎

資産および負債の項目の配列は、流動性配列法によらなければならない。

×

流動性配列法が原則とされるが、業種によっては固定性配列法によることも認められる。
「貸借対照表原則三」

● CHAPTER12 金銭債権・貸倒引当金

破産更生債権等の貸倒見積高は、貸倒引当金で処理しなければならない。

×

破産更生債権等の貸倒見積高は、債権金額または取得原価から直接減額することができる。
「金融資産に関する会計基準注解(注10)」

債権を債権金額より低い価額又は高い価額で取得した場合は、必ず償却原価法に基づいて算定された価額から貸倒見積高に基づいて算定された貸倒引当金を控除した金額とする。

×

償却原価法の適用は、取得価額と債権金額との差額の性格が金利の調整と認められるときに限る。

「金融商品に関する会計基準14」

償却原価法とは、金融資産または金融負債を債権額または債務額と異なる金額で計上した場合において、当該差額に相当する金額を弁済期または償還期に至るまで毎期一定の方法で取得価額に加減する方法をいう。

○

「金融商品に関する会計基準（注5）」

債権の回収可能性に応じて区分し、経営破綻または実質的に経営破綻に陥っている債務者に対する債権のことを貸倒懸念債権という。

×

経営破綻または実質的に経営破綻に陥っている債務者に対する債権は破産更生債権等という。

「金融商品に関する会計基準27」

売買目的有価証券およびその他有価証券は、時価をもって貸借対照表価額とし、評価差額は当期の損益として処理する。

×

その他有価証券の評価差額は、全部純資産直入法または部分純資産直入法により処理する。

「金融商品に関する会計基準15、18」

子会社株式および関連会社株式は、取得原価をもって貸借対照表価額とする。

〇

「金融商品に関する会計基準17」

甲社が乙社の発行済株式総数の30%に相当する株式を所有している場合、当該株式は関連会社株式である。

〇

「金融商品に関する会計基準17」

その他有価証券の評価差額は、切放方式または洗替方式により処理する。

×

その他有価証券の評価差額は、洗替方式により処理する。

「金融商品に関する会計基準18」

満期保有目的の債券、子会社株式および関連会社株式ならびにその他有価証券のうち、市場価格のない株式等以外のものについて時価が著しく下落したときは、回復する見込みがあると認められる場合を除き、時価をもって貸借対照表価額とし、評価差額は当期の損失として処理しなければならない。

〇

「金融商品に関する会計基準20」

● CHAPTER13 有価証券

市場価格のある株式等については、その株式の実質価額が著しく低下した場合は、相当の減額をしなければならない。

×

実価法が適用されるのは、市場価格のない株式等である。

「金融商品に関する会計基準21」

● CHAPTER14 デリバティブ取引

デリバティブ取引により生じる正味の債権および債務は、時価をもって貸借対照表価額とし、評価差額は、原則として、当期の損益として処理する。

○

「金融商品に関する会計基準25」

● CHAPTER14 デリバティブ取引

時価ヘッジとは、時価評価されているヘッジ手段にかかる損益または評価差額を、ヘッジ対象にかかる損益が認識されるまで純資産の部において繰り延べる方法をいう。

×

本問は繰延ヘッジの方法である。時価ヘッジとは、ヘッジ対象である資産または負債にかかる相場変動等を損益に反映させることにより、その損益とヘッジ手段にかかる損益とを同一の会計期間に認識する方法をいう。「金融商品に関する会計基準32」

● CHAPTER14 デリバティブ取引

ヘッジ会計は、原則として、時価ヘッジによるが、繰延ヘッジによる方法も認められている。

×

原則は繰延ヘッジであり、時価ヘッジは容認規定である。

「金融商品に関する会計基準32」